ANAYA ESPAÑOL LENGU

en *verbos*
Modelos de conjugación **prácticos** regulares e irregulares

Gloria Caballero González

ANAYA ñ ELE

Diseño del proyecto: Milagros Bodas, Sonia de Pedro

© Del texto: Gloria Caballero González
© De esta edición: Grupo Anaya, S.A., 2006,
  Juan Ignacio Luca de Tena, 15 -28027 Madrid

Depósito legal: M-23.047-2006
ISBN: 84-667-5276-5
Printed in Spain

Imprime: Varoprinter, S.A. c/ Artesanía, 17.
         Polígono Industrial. 28820 Coslada (Madrid)

Coordinación y edición: Milagros Bodas, Sonia de Pedro
Diseño de interiores y maquetación: Ángel Guerrero
Diseño de cubierta: Fernando Chiralt
Corrección: Manuel Pérez

Las normas ortográficas seguidas en este libro son las establecidas por la Real Academia Española en su última edición de la *Ortografía,* del año 1999.

Reservados todos los derechos. El contenido de esta obra está protegido por la Ley, que establece penas de prisión y/o multas, además de las correspondientes indemnizaciones por daños y perjuicios, para quienes reprodujeren, plagiaren, distribuyeren o comunicaren públicamente, en todo o en parte, una obra literaria, artística o científica, o su transformación, interpretación o ejecución artística fijada en cualquier tipo de soporte o comunicada a través de cualquier medio, sin la preceptiva autorización.

PRESENTACIÓN

Anaya ELE en es una colección temática diseñada para aunar teoría y práctica en distintos ámbitos de la enseñanza de Español como Lengua Extranjera. Su objetivo es ofrecer un material útil donde la teoría se combine de forma coherente con la práctica y permita al alumno una ejercitación formal y contextualizada a través de actividades amenas y variadas, teniendo en cuenta siempre el **uso** de los contenidos que se practiquen.

La colección se inicia con un libro dedicado a los **verbos** en un único volumen, un **referente** destinado a estudiantes de todos los niveles. Se incluyen paradigmas conjugados y un listado de 3.500 verbos de uso con referencia a su modelo de conjugación.

Anaya ELE en contempla una serie dedicada a la **gramática,** al **vocabulario** y a la **fonética,** estructurada en tres niveles y adaptada al Plan Curricular del Instituto Cervantes.

En todos los manuales **se incluyen las claves** de los ejercicios; de esta forma se constituye en una herramienta eficaz para ser utilizada en el aula o en el **autoaprendizaje**.

Anaya ELE en pone al alcance del estudiante de español como lengua extranjera un material de trabajo que le sirve de complemento a cualquier método.

ÍNDICE

CÓMO MOVERSE POR ESTE LIBRO 7

VERBOS CONJUGADOS por orden alfabético 17

ACTIVIDADES 149

    Práctica 1: Presentes regulares e irregulares en 1.ª persona 150

    Práctica 2: Irregularidades → e > ie / o > ue (presente de
    indicativo, presente de subjuntivo e imperativo) 154

    Práctica 3: Presente de indicativo → e > i / c > zc / -uir 156

    Práctica 4: Imperativo 161

    Práctica 5: Presente de subjuntivo irregular 166

    Práctica 6: Pretérito imperfecto de indicativo 169

    Práctica 7: Futuro y condicional 171

    Práctica 8: Pretéritos indefinidos irregulares 174

    Práctica 9: Pretérito imperfecto de subjuntivo 180

    Práctica 10: Gerundio 183

    Práctica 11: Pretérito perfecto 184

ÍNDICE ALFABÉTICO DE VERBOS 187

SOLUCIONES 215

CÓMO MOVERSE POR ESTE LIBRO

ANAYA ELE en Verbos es un manual de conjugación de fácil manejo pensado para el estudiante de Español como Lengua Extranjera. En su elaboración se han tenido en cuenta las dificultades con las que se encuentra un estudiante extranjero a la hora de enfrentarse a los diferentes tipos de irregularidades que presenta la conjugación verbal en español. Por ello, pretende ser una herramienta de consulta útil y segura ante todas aquellas dudas que puedan surgirle durante su proceso de aprendizaje.

ANAYA ELE en Verbos es un libro **práctico** que obedece precisamente al deseo de limitar el campo de los paradigmas verbales a aquellos que realmente puedan ser utilizados por un hablante no nativo, tanto en un registro culto como en un registro coloquial. Por ese motivo, se han excluido todos aquellos verbos que incluso para un hablante nativo podrían resultar desconocidos o poco usuales.

Para llevar a cabo la selección de los modelos de conjugación, así como de los infinitivos del listado final, se ha dado prioridad en todo momento al aspecto práctico de los mismos. Ello explica la abundancia de verbos regulares que aparecen conjugados, puesto que se consideran de uso básico e imprescindible para un estudiante de ELE. Por la misma razón, se ha hecho hincapié en las irregularidades más comunes conjugando varios paradigmas para el mismo tipo de irregularidad.

Ejemplo   Para la irregularidad O > UE se conjugan varios verbos *(acordarse, cocer, aprobar,* etc.).

ESTRUCTURA

• El libro está dividido en cuatro partes claramente diferenciadas:

1. **Verbos conjugados**
2. **Actividades**
3. **Índice alfabético de verbos**
4. **Soluciones**

1. Verbos conjugados

- Se han conjugado 130 verbos regulares e irregulares ordenados alfabéticamente, todos ellos de uso habitual salvo en algún caso en el que se han incluido paradigmas de uso menos frecuente para contemplar una determinada irregularidad *(mecer, sumergir)*.

  Cada modelo de conjugación lleva un número en la parte superior al que nos remitirá el listado alfabético final; listado en el cual aparecen en negrita los verbos conjugados como modelo.

  Está comprobado que frecuentemente a los alumnos les resulta difícil conjugar verbos diferentes a los que se presentan como modelo, a pesar de que pertenezcan a la misma irregularidad.

  Ejemplo Para la irregularidad E > I, aunque el modelo sea el verbo *pedir* se han conjugado otros infinitivos como *reír, repetir, preferir,* etc.

- Se ha optado por no conjugar el verbo *haber*. Se trata de un verbo de capital importancia dado que es un verbo auxiliar; sin embargo, al ser un verbo vacío de significado, y puesto que ya está conjugado en todos los tiempos compuestos se ha suprimido, ya que no se trata de un verbo de "uso" propiamente dicho, sino de una herramienta de conjugación.

- En este manual se le ha dado una importancia especial al modo imperativo, por esa razón se ha incluido la forma negativa de todas las personas. Es indiscutible que las pautas para la comprensión y la formación del imperativo debe darlas preferentemente el profesor, pero en el caso de que el estudiante no cuente con ese apoyo, se considera de gran utilidad tenerlas como referencia.

  En este apartado se ha incluido a pie de página una sección, TÉRMINOS Y EXPRESIONES, con información de tipo léxico donde se incluyen el propio verbo en su uso pronominal (si lo tiene) y la preposición con la que suele construirse, así como sustantivos, adjetivos derivados del verbo, adverbios y **expresiones idiomáticas**. Dado que no se trata de un diccionario de frases hechas, solo se han seleccionado las de uso más frecuente.

LOS TIEMPOS SELECCIONADOS

- Se han suprimido de este manual el pretérito anterior de indicativo y los futuros de subjuntivo. Ello obedece a que los futuros del modo subjuntivo apenas son usados por los hablantes nativos, su uso ha quedado relegado al lenguaje jurídico-administrativo y no se emplean en la lengua oral, salvo en fórmulas legales y en un reducido número de frases coloquiales.

El pretérito anterior es un tiempo en desuso que en la lengua común es sustituido normalmente por el pretérito pluscuamperfecto o por el pretérito indefinido.

- Con el fin de evitar confusiones con la **terminología** para nombrar los diferentes tiempos, estos se han simplificado al máximo, de forma que se ha preferido el empleo de "pretérito indefinido" en lugar de "pretérito perfecto simple", de esta forma, el estudiante asociará el término "perfecto" a los tiempos compuestos. Del mismo modo, los futuros y los condicionales aparecen con el término "perfecto" en lugar de "compuesto". Esta unificación de todos los tiempos compuestos bajo la denominación de "perfecto" se ha hecho con el propósito de facilitar la comprensión y evitar ambigüedades y confusiones.

2. Actividades

Este apartado está dividido en once puntos que corresponden a aquellos aspectos del verbo que presentan mayores dificultades a la hora de **aprender** y **fijar** su morfología. Se trata de actividades estructurales y lúdicas para que el estudiante se ejercite de una forma deductiva en las irregularidades más complejas.

3. Índice alfabético de verbos

Se recogen cerca de 3.500 verbos. Al lado de cada infinitivo aparece un número que corresponde a su modelo de conjugación. En algunos verbos aparece un segundo número de referencia. Si este número aparece entre paréntesis se está señalando un cambio puramente ortográfico, no de etimología verbal:

Ejemplo 1 *empezar* → 25 (19): significa que posee la irregularidad vocálica E > IE del modelo *cerrar,* 25, y la ortografía Z > C del modelo *bostezar* (19).

Si el segundo número aparece separado por comas del primero se están señalando irregularidades morfológicas en el verbo y se recogerán por orden numérico.

Ejemplo 2 *anochecer* → 34, 84: significa que posee la irregularidad consonántica C > ZC, 34, del verbo *conocer,* y al mismo tiempo se trata de un verbo unipersonal como *nevar,* 84, del que solo se conjuga la tercera persona.

- Junto a algunos infinitivos aparece la preposición (o las preposiciones) que rige el verbo.
- En los verbos en que aparece el número acompañado de un asterisco **(*)**, este indica una peculiaridad en la formación de la tercera persona del plural del pretérito indefinido y del pretérito imperfecto de subjuntivo. En ellos la **-i-** de esta forma conjugada desaparece:

Ejemplo *gruñir* → ellos/ -as gruñeron; ellos/ -as gruñeran
         teñir → ellos/ -as tiñeron; ellos/ -as tiñeran

- Por último, se recogen entre paréntesis los participios que no coinciden con el modelo de verbo conjugado al que se remite.

4. Soluciones

Las claves de los ejercicios se presentan al final del libro.

VERBOS DEFECTIVOS

- Se trata de un grupo de verbos cuya conjugación es incompleta, es decir, que no se pueden conjugar en todas las personas ni en todos los tiempos. Muchos de ellos solo se utilizan en las terceras personas del singular y del plural, así como en las formas no personales del verbo.

- En el listado alfabético de verbos, al lado de estos aparece la abreviatura **def.** y a su lado un número que corresponde al modelo regular o irregular al que pertenecen.

Ejemplo *acontecer* → def. 34, 35, que significa que en algunos de los tiempos y personas en los que se conjuga tiene la irregularidad C > ZC, y le sirve de referencia el verbo *conocer,* 34, y además que solo se conjuga en las terceras personas de singular y plural, como *consistir,* 35.

Verbos atmosféricos

- Se han incluido en el listado final los verbos atmosféricos o meteorológicos, que solo se conjugan en 3.ª persona del singular, y se han remitido al modelo de *nevar*.

VERBOS IRREGULARES

Posiblemente la gran cantidad de verbos irregulares que posee la conjugación española sea una de las dificultades más importantes con las que se encuentra un estudiante de ELE. Las lenguas de origen latino poseen muchos tiempos verbales y, como sucede en el caso de los pasados, cuenta con varios tiempos para expresarlos.

Esta riqueza verbal supone para los estudiantes un auténtico reto no solo para usarlos correctamente, sino también para conjugarlos y aprenderlos.

Existen algunas reglas que pueden ayudar a agrupar estas irregularidades. Normalmente cuando un verbo es irregular en un tiempo concreto, suele conservar la misma irregularidad en otros tiempos aunque no siempre en las mismas personas.

A continuación aparecen agrupados los tiempos verbales en los que se mantiene la misma irregularidad.

1. Irregularidad en presente de indicativo, presente de subjuntivo y en el imperativo. **Ejemplo** *duermo, duermas, duerme (tú)*.
2. Irregularidad en pretérito indefinido y pretérito imperfecto de subjuntivo. **Ejemplo** *supe, supiera o supiese*.
3. Irregularidad en el futuro y condicional. **Ejemplo** *tendré, tendría*.

Las irregularidades verbales pueden ser de cuatro tipos

1. vocálicas

1.1. Por diptongación vocálica:

e > ie: p**e**nsar → p**ie**nso

o > ue: c**o**ntar → c**ue**nto

1.2. Por cambio vocálico:

o > u: p**o**der → p**u**de

e > i: m**e**dir → m**i**dió

1.3. Por incremento de vocal:

estar → esto**y**

2. consonánticas

2.1. Por incremento de consonante:

salir → sal**g**o

2.2. Por sustitución de una consonante por otra:

ha**c**er → ha**g**o

3. mixtas

3.1. Por pérdida de consonantes y de vocales:

haber → he

3.2. Por sustitución de vocales y consonantes por otras distintas:

c**ab**er → c**up**e

4. totales

Verbos que cambian totalmente su forma de infinitivo al ser conjugados en algunos tiempos.

ser → fui

ir → voy

NOTA No se consideran irregularidades las variaciones acentuales o prosódicas. **Ejemplo** ia > ia (cam**bia**r, él cam**bia**); o ia > ía (des**via**r, él des**vía**); ua > úa (ac**tua**r, él ac**túa**); au > aú (**au**nar, él a**ú**na)…; por ello no se han incluido modelos de conjugación de este tipo.

EL VOSEO

- Se trata de una variante hispanoamericana, especialmente generalizada en Argentina, que consiste en el uso del pronombre "vos" donde nosotros usamos "tú". Se conjuga con la segunda persona del singular: **vos** *comés*, en lugar de **tú** *comes*.

Debido a las alteraciones acentuales y de diptongación que sufren las formas verbales en algunos tiempos al someterse a este fenómeno, se ha preferido simplemente hacer una mención de él, y no transcribirlas en los paradigmas conjugados, con el fin de evitarle una confusión mayor al estudiante.

Ejemplo *vos* **tenés**, en lugar de *tú* **tienes**.

- En cuanto a la acentuación de verbos como *reír, fiar, huir,* etc., en sus formas verbales *rió, riáis, fié, fiáis, huí, riáis,* se ha tenido en cuenta su pronunciación bisílaba; si bien hay zonas de Hispanoamérica donde estas mismas formas verbales se hacen monosílabas.

NOCIONES GENERALES SOBRE EL VERBO

- El verbo está formado por una **raíz** o **lexema,** que es la parte que nos da la significación del verbo, y por un morfema llamado **desinencia** (morfemas flexivos) que es la parte que aporta información sobre la persona, el número, el tiempo y el modo.

Ejemplo estud- (lexema o raíz), **-iábamos** (desinencia): primera persona del plural del pretérito imperfecto del modo indicativo.

Las conjugaciones

Todos los verbos de la conjugación española pertenecen a una de estas tres conjugaciones, dependiendo de la terminación de su infinitivo:

1.ª **conjugación:** verbos que acaban en **-AR**

2.ª **conjugación:** verbos que acaban en **-ER**

3.ª **conjugación:** verbos que acaban en **-IR**

Los números verbales

Son dos:

Singular → yo, tú, él, ella, usted

Plural → nosotros/ -as, vosotros/ -as, ellos/ -as, ustedes

Las personas

Son seis en todos los tiempos (salvo en el modo imperativo, en el que no existen las personas yo, él, ella, ellos/ -as):

1.ª persona del singular → **yo**

2.ª persona del singular → **tú**

3.ª persona del singular → **él, ella, usted**

1.ª persona del plural → **nosotros/ -as**

2.ª persona del plural → **vosotros/ -as**

3.ª persona del plural → **ellos/ -as, ustedes**

Aunque las formas de *usted / ustedes* son la correspondencia formal de los pronombres *tú* y *vosotros*, a la hora de ser conjugados concuerdan con las terceras personas.

Ejemplo *usted come.*

Los tiempos verbales

1. Presente

2. Pasado o pretérito

3. Futuro

Los modos verbales

1. Indicativo

2. Subjuntivo

3. Imperativo

Formas simples Tiempos formados por una sola forma verbal.

1. Las formas personales

indicativo: presente, pretérito imperfecto, futuro simple, condicional simple.

subjuntivo: presente, pretérito imperfecto.

imperativo

2. Las formas no personales

infinitivo simple

gerundio simple

participio simple

Formas compuestas Se forman con el verbo auxiliar *haber* + participio del verbo que se conjuga.

1. Las formas personales

indicativo: pretérito perfecto, pretérito pluscuamperfecto, futuro perfecto, condicional perfecto.

subjuntivo: pretérito perfecto, pretérito pluscuamperfecto.

2. Las formas no personales

infinitivo compuesto

gerundio compuesto

Verbos conjugados
por orden alfabético

1 ABRIR

Gerundio: abriendo **Participio:** abierto
G. compuesto: habiendo abierto **Inf. compuesto:** haber abierto

INDICATIVO

T. SIMPLES

Presente
abro
abres
abre
abrimos
abrís
abren

T. COMPUESTOS

Pretérito perfecto
he abierto
has abierto
ha abierto
hemos abierto
habéis abierto
han abierto

Pretérito imperfecto
abría
abrías
abría
abríamos
abríais
abrían

Pret. pluscuamperfecto
había abierto
habías abierto
había abierto
habíamos abierto
habíais abierto
habían abierto

Pretérito indefinido
abrí   abrimos
abriste   abristeis
abrió   abrieron

Futuro
abriré
abrirás
abrirá
abriremos
abriréis
abrirán

Futuro perfecto
habré abierto
habrás abierto
habrá abierto
habremos abierto
habréis abierto
habrán abierto

Condicional
abriría
abrirías
abriría
abriríamos
abriríais
abrirían

Condicional perfecto
habría abierto
habrías abierto
habría abierto
habríamos abierto
habríais abierto
habrían abierto

SUBJUNTIVO

TIEMPOS SIMPLES

Presente
abra
abras
abra
abramos
abráis
abran

Pret. imperfecto
abriera o abriese
abrieras o abrieses
abriera o abriese
abriéramos o abriésemos
abrierais o abrieseis
abrieran o abriesen

TIEMPOS COMPUESTOS

Pret. perfecto
haya abierto
hayas abierto
haya abierto
hayamos abierto
hayáis abierto
hayan abierto

Pret. pluscuamperfecto
hubiera o hubiese abierto
hubieras o hubieses abierto
hubiera o hubiese abierto
hubiéramos o hubiésemos abierto
hubierais o hubieseis abierto
hubieran o hubiesen abierto

IMPERATIVO

abre tú/ no abras
abrid vosotros/ no abráis
abramos nosotros/ no abramos
abra usted/ no abra
abran ustedes/ no abran

Términos y expresiones

El abridor
La abertura
La apertura
En un abrir y cerrar de ojos – *rápidamente*

Gerundio: acercándose **Participio:** acercado
G. compuesto: habiéndose acercado **Inf. compuesto:** haberse acercado

ACERCARSE A 2

INDICATIVO

T. SIMPLES

Presente
me acerco
te acercas
se acerca
nos acercamos
os acercáis
se acercan

Pretérito imperfecto
me acercaba
te acercabas
se acercaba
nos acercábamos
os acercabais
se acercaban

Pretérito indefinido
me acerqué   nos acercamos
te acercaste   os acercasteis
se acercó   se acercaron

Futuro
me acercaré
te acercarás
se acercará
nos acercaremos
os acercaréis
se acercarán

Condicional
me acercaría
te acercarías
se acercaría
nos acercaríamos
os acercaríais
se acercarían

T. COMPUESTOS

Pretérito perfecto
me he acercado
te has acercado
se ha acercado
nos hemos acercado
os habéis acercado
se han acercado

Pret. pluscuamperfecto
me había acercado
te habías acercado
se había acercado
nos habíamos acercado
os habíais acercado
se habían acercado

Futuro perfecto
me habré acercado
te habrás acercado
se habrá acercado
nos habremos acercado
os habréis acercado
se habrán acercado

Condicional perfecto
me habría acercado
te habrías acercado
se habría acercado
nos habríamos acercado
os habríais acercado
se habrían acercado

SUBJUNTIVO

TIEMPOS SIMPLES

Presente
me acerque
te acerques
se acerque
nos acerquemos
os acerquéis
se acerquen

Pret. imperfecto
me acercara o acercase
te acercaras o acercases
se acercara o acercase
nos acercáramos o acercásemos
os acercarais o acercaseis
se acercaran o acercasen

TIEMPOS COMPUESTOS

Pret. perfecto
me haya acercado
te hayas acercado
se haya acercado
nos hayamos acercado
os hayáis acercado
se hayan acercado

Pret. pluscuamperfecto
me hubiera o hubiese acercado
te hubieras o hubieses acercado
se hubiera o hubiese acercado
nos hubiéramos o hubiésemos acercado
os hubierais o hubieseis acercado
se hubieran o hubiesen acercado

IMPERATIVO

acércate tú/ no te acerques
acercaos vosotros/ no os acerquéis
acerquémonos nosotros/ no nos acerquemos
acérquese usted/ no se acerque
acérquense ustedes/ no se acerquen

Términos y expresiones

Acercar   La cercanía
El acercamiento   El cerco
La cerca   Cercar a alguien – *rodear*
El cercado

3 ACERTAR

Gerundio: acertando **Participio:** acertado
G. compuesto: habiendo acertado **Inf. compuesto:** haber acertado

INDICATIVO

T. SIMPLES

Presente
acierto
aciertas
acierta
acertamos
acertáis
aciertan

Pretérito imperfecto
acertaba
acertabas
acertaba
acertábamos
acertabais
acertaban

Pretérito indefinido
acerté   acertamos
acertaste   acertasteis
acertó   acertaron

Futuro
acertaré
acertarás
acertará
acertaremos
acertaréis
acertarán

Condicional
acertaría
acertarías
acertaría
acertaríamos
acertaríais
acertarían

T. COMPUESTOS

Pretérito perfecto
he acertado
has acertado
ha acertado
hemos acertado
habéis acertado
han acertado

Pret. pluscuamperfecto
había acertado
habías acertado
había acertado
habíamos acertado
habíais acertado
habían acertado

Futuro perfecto
habré acertado
habrás acertado
habrá acertado
habremos acertado
habréis acertado
habrán acertado

Condicional perfecto
habría acertado
habrías acertado
habría acertado
habríamos acertado
habríais acertado
habrían acertado

SUBJUNTIVO

TIEMPOS SIMPLES

Presente
acierte
aciertes
acierte
acertemos
acertéis
acierten

Pret. imperfecto
acertara o acertase
acertaras o acertases
acertara o acertase
acertáramos o acertásemos
acertarais o acertaseis
acertaran o acertasen

TIEMPOS COMPUESTOS

Pret. perfecto
haya acertado
hayas acertado
haya acertado
hayamos acertado
hayáis acertado
hayan acertado

Pret. pluscuamperfecto
hubiera o hubiese acertado
hubieras o hubieses acertado
hubiera o hubiese acertado
hubiéramos o hubiésemos acertado
hubierais o hubieseis acertado
hubieran o hubiesen acertado

IMPERATIVO

acierta tú/ no aciertes
acertad vosotros/ no acertéis
acertemos nosotros/ no acertemos
acierte usted/ no acierte
acierten ustedes/ no acierten

Términos y expresiones

Acertar a – *conseguir*   El acierto
Acertar con – *atinar*   Acertadamente
El/ la acertante   Ciertamente
El acertijo

Gerundio: acompañando **Participio:** acompañado
G. compuesto: habiendo acompañado **Inf. compuesto:** haber acompañado

ACOMPAÑAR 4

INDICATIVO

T. SIMPLES

Presente
acompaño
acompañas
acompaña
acompañamos
acompañáis
acompañan

Pretérito imperfecto
acompañaba
acompañabas
acompañaba
acompañábamos
acompañabais
acompañaban

Pretérito indefinido
acompañé   acompañamos
acompañaste   acompañasteis
acompañó   acompañaron

Futuro
acompañaré
acompañarás
acompañará
acompañaremos
acompañaréis
acompañarán

Condicional
acompañaría
acompañarías
acompañaría
acompañaríamos
acompañaríais
acompañarían

T. COMPUESTOS

Pretérito perfecto
he acompañado
has acompañado
ha acompañado
hemos acompañado
habéis acompañado
han acompañado

Pret. pluscuamperfecto
había acompañado
habías acompañado
había acompañado
habíamos acompañado
habíais acompañado
habían acompañado

Futuro perfecto
habré acompañado
habrás acompañado
habrá acompañado
habremos acompañado
habréis acompañado
habrán acompañado

Condicional perfecto
habría acompañado
habrías acompañado
habría acompañado
habríamos acompañado
habríais acompañado
habrían acompañado

SUBJUNTIVO

TIEMPOS SIMPLES

Presente
acompañe
acompañes
acompañe
acompañemos
acompañéis
acompañen

Pret. imperfecto
acompañara o acompañase
acompañaras o acompañases
acompañara o acompañase
acompañáramos o acompañásemos
acompañarais o acompañaseis
acompañaran o acompañasen

TIEMPOS COMPUESTOS

Pret. perfecto
haya acompañado
hayas acompañado
haya acompañado
hayamos acompañado
hayáis acompañado
hayan acompañado

Pret. pluscuamperfecto
hubiera o hubiese acompañado
hubieras o hubieses acompañado
hubiera o hubiese acompañado
hubiéramos o hubiésemos acompañado
hubierais o hubieseis acompañado
hubieran o hubiesen acompañado

IMPERATIVO

acompaña tú/ no acompañes
acompañad vosotros/ no acompañéis
acompañemos nosotros/ no acompañemos
acompañe usted/ no acompañe
acompañen ustedes/ no acompañen

Términos y expresiones

El acompañamiento   El compañero/ la compañera
El/ la acompañante   La compañía

5 ACORDARSE DE

Gerundio: acordándose **Participio:** acordado
G. compuesto: habiéndose acordado **Inf. compuesto:** haberse acordado

INDICATIVO

T. SIMPLES

Presente
me acuerdo
te acuerdas
se acuerda
nos acordamos
os acordáis
se acuerdan

Pretérito imperfecto
me acordaba
te acordabas
se acordaba
nos acordábamos
os acordabais
se acordaban

Pretérito indefinido
me acordé   nos acordamos
te acordaste   os acordasteis
se acordó   se acordaron

Futuro
me acordaré
te acordarás
se acordará
nos acordaremos
os acordaréis
se acordarán

Condicional
me acordaría
te acordarías
se acordaría
nos acordaríamos
os acordaríais
se acordarían

T. COMPUESTOS

Pretérito perfecto
me he acordado
te has acordado
se ha acordado
nos hemos acordado
os habéis acordado
se han acordado

Pret. pluscuamperfecto
me había acordado
te habías acordado
se había acordado
nos habíamos acordado
os habíais acordado
se habían acordado

Futuro perfecto
me habré acordado
te habrás acordado
se habrá acordado
nos habremos acordado
os habréis acordado
se habrán acordado

Condicional perfecto
me habría acordado
te habrías acordado
se habría acordado
nos habríamos acordado
os habríais acordado
se habrían acordado

SUBJUNTIVO

TIEMPOS SIMPLES

Presente
me acuerde
te acuerdes
se acuerde
nos acordemos
os acordéis
se acuerden

Pret. imperfecto
me acordara o acordase
te acordaras o acordases
se acordara o acordase
nos acordáramos o acordásemos
os acordarais o acordaseis
se acordaran o acordasen

TIEMPOS COMPUESTOS

Pret. perfecto
me haya acordado
te hayas acordado
se haya acordado
nos hayamos acordado
os hayáis acordado
se hayan acordado

Pret. pluscuamperfecto
me hubiera o hubiese acordado
te hubieras o hubieses acordado
se hubiera o hubiese acordado
nos hubiéramos o hubiésemos acordado
os hubierais o hubieseis acordado
se hubieran o hubiesen acordado

IMPERATIVO

acuérdate tú/ no te acuerdes
acordaos vosotros/ no os acordéis
acordémonos nosotros/ no nos acordemos
acuérdese usted/ no se acuerde
acuérdense ustedes/ no se acuerden

Términos y expresiones

El acuerdo/ el desacuerdo
Acordar algo – *ponerse de acuerdo*

GERUNDIO: acostándose　　**PARTICIPIO:** acostado
G. COMPUESTO: habiéndose acostado　**INF. COMPUESTO:** haberse acostado

ACOSTARSE 6

INDICATIVO

T. SIMPLES

PRESENTE
me acuesto
te acuestas
se acuesta
nos acostamos
os acostáis
se acuestan

PRETÉRITO IMPERFECTO
me acostaba
te acostabas
se acostaba
nos acostábamos
os acostabais
se acostaban

PRETÉRITO INDEFINIDO
me acosté   nos acostamos
te acostaste   os acostasteis
se acostó   se acostaron

FUTURO
me acostaré
te acostarás
se acostará
nos acostaremos
os acostaréis
se acostarán

CONDICIONAL
me acostaría
te acostarías
se acostaría
nos acostaríamos
os acostaríais
se acostarían

T. COMPUESTOS

PRETÉRITO PERFECTO
me he acostado
te has acostado
se ha acostado
nos hemos acostado
os habéis acostado
se han acostado

PRET. PLUSCUAMPERFECTO
me había acostado
te habías acostado
se había acostado
nos habíamos acostado
os habíais acostado
se habían acostado

FUTURO PERFECTO
me habré acostado
te habrás acostado
se habrá acostado
nos habremos acostado
os habréis acostado
se habrán acostado

CONDICIONAL PERFECTO
me habría acostado
te habrías acostado
se habría acostado
nos habríamos acostado
os habríais acostado
se habrían acostado

SUBJUNTIVO

TIEMPOS SIMPLES

PRDENTE
me acueste
te acuestes
se acueste
nos acostemos
os acostéis
se acuesten

PRET. IMPERFECTO
me acostara o acostase
te acostaras o acostases
se acostara o acostase
nos acostáramos o acostásemos
os acostarais o acostaseis
se acostaran o acostasen

TIEMPOS COMPUESTOS

PRET. PERFECTO
me haya acostado
te hayas acostado
se haya acostado
nos hayamos acostado
os hayáis acostado
se hayan acostado

PRET. PLUSCUAMPERFECTO
me hubiera o hubiese acostado
te hubieras o hubieses acostado
se hubiera o hubiese acostado
nos hubiéramos o hubiésemos acostado
os hubierais o hubieseis acostado
se hubieran o hubiesen acostado

IMPERATIVO

acuéstate tú/ no te acuestes
acostaos vosotros/ no os acostéis
acostémonos nosotros/ no nos acostemos
acuéstese usted/ no se acueste
acuéstense ustedes/ no se acuesten

TÉRMINOS Y EXPRESIONES

Acostar

7. ACOSTUMBRARSE A

Gerundio: acostumbrándose **Participio:** acostumbrado
G. compuesto: habiéndose acostumbrado **Inf. compuesto:** haberse acostumbrado

INDICATIVO

T. SIMPLES

Presente
me acostumbro
te acostumbras
se acostumbra
nos acostumbramos
os acostumbráis
se acostumbran

Pretérito imperfecto
me acostumbraba
te acostumbrabas
se acostumbraba
nos acostumbrábamos
os acostumbrabais
se acostumbraba

Pretérito indefinido
me acostumbré   nos acostumbramos
te acostumbraste   os acostumbrasteis
se acostumbró   se acostumbraron

Futuro
me acostumbraré
te acostumbrarás
se acostumbrará
nos acostumbraremos
os acostumbraréis
se acostumbrarán

Condicional
me acostumbraría
te acostumbrarías
se acostumbraría
nos acostumbraríamos
os acostumbraríais
se acostumbrarían

T. COMPUESTOS

Pretérito perfecto
me he acostumbrado
te has acostumbrado
se ha acostumbrado
nos hemos acostumbrado
os habéis acostumbrado
se han acostumbrado

Pret. pluscuamperfecto
me había acostumbrado
te habías acostumbrado
se había acostumbrado
nos habíamos acostumbrado
os habíais acostumbrado
se habían acostumbrado

Futuro perfecto
me habré acostumbrado
te habrás acostumbrado
se habrá acostumbrado
nos habremos acostumbrado
os habréis acostumbrado
se habrán acostumbrado

Condicional perfecto
me habría acostumbrado
te habrías acostumbrado
se habría acostumbrado
nos habríamos acostumbrado
os habríais acostumbrado
se habrían acostumbrado

SUBJUNTIVO

TIEMPOS SIMPLES

Presente
me acostumbre
te acostumbres
se acostumbre
nos acostumbremos
os acostumbréis
se acostumbren

Pret. imperfecto
me acostumbrara o acostumbrase
te acostumbraras o acostumbrases
se acostumbrara o acostumbrase
nos acostumbráramos o acostumbrásemos
os acostumbrarais o acostumbraseis
se acostumbraran o acostumbrasen

TIEMPOS COMPUESTOS

Pret. perfecto
me haya acostumbrado
te hayas acostumbrado
se haya acostumbrado
nos hayamos acostumbrado
os hayáis acostumbrado
se hayan acostumbrado

Pret. pluscuamperfecto
me hubiera o hubiese acostumbrado
te hubieras o hubieses acostumbrado
se hubiera o hubiese acostumbrado
nos hubiéramos o hubiésemos acostumbrado
os hubierais o hubieseis acostumbrado
se hubieran o hubiesen acostumbrado

IMPERATIVO

acostúmbrate tú/ no te acostumbres
acostumbraos vosotros/ no os acostumbréis
acostumbrémonos nosotros/ no nos acostumbremos
acostúmbrese usted/ no se acostumbre
acostúmbrense ustedes/ no se acostumbren

TÉRMINOS Y EXPRESIONES

La costumbre
Tener la costumbre de hacer algo

GERUNDIO: adquiriendo
G. COMPUESTO: habiendo adquirido
PARTICIPIO: adquirido
INF. COMPUESTO: haber adquirido

ADQUIRIR 8

INDICATIVO

T. SIMPLES

PRESENTE
adquiero
adquieres
adquiere
adquirimos
adquirís
adquieren

PRETÉRITO IMPERFECTO
adquiría
adquirías
adquiría
adquiríamos
adquiríais
adquirían

PRETÉRITO INDEFINIDO
adquirí   adquirimos
adquiriste   adquiristeis
adquirió   adquirieron

FUTURO
adquiriré
adquirirás
adquirirá
adquiriremos
adquiriréis
adquirirán

CONDICIONAL
adquiriría
adquirirías
adquiriría
adquiriríamos
adquiriríais
adquirirían

T. COMPUESTOS

PRETÉRITO PERFECTO
he adquirido
has adquirido
ha adquirido
hemos adquirido
habéis adquirido
han adquirido

PRET. PLUSCUAMPERFECTO
había adquirido
habías adquirido
había adquirido
habíamos adquirido
habíais adquirido
habían adquirido

FUTURO PERFECTO
habré adquirido
habrás adquirido
habrá adquirido
habremos adquirido
habréis adquirido
habrán adquirido

CONDICIONAL PERFECTO
habría adquirido
habrías adquirido
habría adquirido
habríamos adquirido
habríais adquirido
habrían adquirido

SUBJUNTIVO

TIEMPOS SIMPLES

PRESENTE
adquiera
adquieras
adquiera
adquiramos
adquiráis
adquieran

PRET. IMPERFECTO
adquiriera o adquiriese
adquirieras o adquirieses
adquiriera o adquiriese
adquiriéramos o adquiriésemos
adquirierais o adquirieseis
adquirieran o adquiriesen

TIEMPOS COMPUESTOS

PRET. PERFECTO
haya adquirido
hayas adquirido
haya adquirido
hayamos adquirido
hayáis adquirido
hayan adquirido

PRET. PLUSCUAMPERFECTO
hubiera o hubiese adquirido
hubieras o hubieses adquirido
hubiera o hubiese adquirido
hubiéramos o hubiésemos adquirido
hubierais o hubieseis adquirido
hubieran o hubiesen adquirido

IMPERATIVO

adquiere tú/ no adquieras
adquirid vosotros/ no adquiráis
adquiramos nosotros/ no adquiramos
adquiera usted/ no adquiera
adquieran ustedes/ no adquieran

TÉRMINOS Y EXPRESIONES

La adquisición
Adquirible
Adquisitivo/ -a

9 ALMORZAR

Gerundio: almorzando
G. compuesto: habiendo almorzado
Participio: almorzado
Inf. compuesto: haber almorzado

INDICATIVO

T. SIMPLES

Presente
almuerzo
almuerzas
almuerza
almorzamos
almorzáis
almuerzan

Pretérito imperfecto
almorzaba
almorzabas
almorzaba
almorzábamos
almorzabais
almorzaban

Pretérito indefinido
almorcé almorzamos
almorzaste almorzasteis
almorzó almorzaron

Futuro
almorzaré
almorzarás
almorzará
almorzaremos
almorzaréis
almorzarán

Condicional
almorzaría
almorzarías
almorzaría
almorzaríamos
almorzaríais
almorzarían

T. COMPUESTOS

Pretérito perfecto
he almorzado
has almorzado
ha almorzado
hemos almorzado
habéis almorzado
han almorzado

Pret. pluscuamperfecto
había almorzado
habías almorzado
había almorzado
habíamos almorzado
habíais almorzado
habían almorzado

Futuro perfecto
habré almorzado
habrás almorzado
habrá almorzado
habremos almorzado
habréis almorzado
habrán almorzado

Condicional perfecto
habría almorzado
habrías almorzado
habría almorzado
habríamos almorzado
habríais almorzado
habrían almorzado

SUBJUNTIVO

TIEMPOS SIMPLES

Presente
almuerce
almuerces
almuerce
almorcemos
almorcéis
almuercen

Pret. imperfecto
almorzara o almorzase
almorzaras o almorzases
almorzara o almorzase
almorzáramos o almorzásemos
almorzarais o almorzaseis
almorzaran o almorzasen

TIEMPOS COMPUESTOS

Pret. perfecto
haya almorzado
hayas almorzado
haya almorzado
hayamos almorzado
hayáis almorzado
hayan almorzado

Pret. pluscuamperfecto
hubiera o hubiese almorzado
hubieras o hubieses almorzado
hubiera o hubiese almorzado
hubiéramos o hubiésemos almorzado
hubierais o hubieseis almorzado
hubieran o hubiesen almorzado

IMPERATIVO

almuerza tú/ no almuerces
almorzad vosotros/ no almorcéis
almorcemos nosotros/ no almorcemos
almuerce usted/ no almuerce
almuercen ustedes/ no almuercen

Términos y expresiones
El almuerzo

Gerundio: amando **Participio:** amado
G. compuesto: habiendo amado **Inf. compuesto:** haber amado

AMAR 10

INDICATIVO

T. SIMPLES

Presente
amo
amas
ama
amamos
amáis
aman

Pretérito imperfecto
amaba
amabas
amaba
amábamos
amabais
amaban

Pretérito indefinido
amé   amamos
amaste   amasteis
amó   amaron

Futuro
amaré
amarás
amará
amaremos
amaréis
amarán

Condicional
amaría
amarías
amaría
amaríamos
amaríais
amarían

T. COMPUESTOS

Pretérito perfecto
he amado
has amado
ha amado
hemos amado
habéis amado
han amado

Pret. pluscuamperfecto
había amado
habías amado
había amado
habíamos amado
habíais amado
habían amado

Futuro perfecto
habré amado
habrás amado
habrá amado
habremos amado
habréis amado
habrán amado

Condicional perfecto
habría amado
habrías amado
habría amado
habríamos amado
habríais amado
habrían amado

SUBJUNTIVO

TIEMPOS SIMPLES

Presente
ame
ames
ame
amemos
améis
amen

Pret. imperfecto
amara o amase
amaras o amases
amara o amase
amáramos o amásemos
amarais o amaseis
amaran o amasen

TIEMPOS COMPUESTOS

Pret. perfecto
haya amado
hayas amado
haya amado
hayamos amado
hayáis amado
hayan amado

Pret. pluscuamperfecto
hubiera o hubiese amado
hubieras o hubieses amado
hubiera o hubiese amado
hubiéramos o hubiésemos amado
hubierais o hubieseis amado
hubieran o hubiesen amado

IMPERATIVO

ama tú/ no ames
amad vosotros/ no améis
amemos nosotros/ no amemos
ame usted/ no ame
amen ustedes/ no amen

Términos y expresiones

La amabilidad   Amablemente
El/ la amante   Amorosamente
El amor/ el desamor
Amable
Amoroso/ -a

11 ANDAR

Gerundio: andando **Participio:** andado
G. compuesto: habiendo andado **Inf. compuesto:** haber andado

INDICATIVO

T. SIMPLES | T. COMPUESTOS

Presente | **Pretérito perfecto**
ando | he andado
andas | has andado
anda | ha andado
andamos | hemos andado
andáis | habéis andado
andan | han andado

Pretérito imperfecto | **Pret. pluscuamperfecto**
andaba | había andado
andabas | habías andado
andaba | había andado
andábamos | habíamos andado
andabais | habíais andado
andaban | habían andado

Pretérito indefinido
anduve anduvimos
anduviste anduvisteis
anduvo anduvieron

Futuro | **Futuro perfecto**
andaré | habré andado
andarás | habrás andado
andará | habrá andado
andaremos | habremos andado
andaréis | habréis andado
andarán | habrán andado

Condicional | **Condicional perfecto**
andaría | habría andado
andarías | habrías andado
andaría | habría andado
andaríamos | habríamos andado
andaríais | habríais andado
andarían | habrían andado

SUBJUNTIVO

TIEMPOS SIMPLES

Presente | **Pret. imperfecto**
ande | anduviera o anduviese
andes | anduvieras o anduvieses
ande | anduviera o anduviese
andemos | anduviéramos o anduviésemos
andéis | anduvierais o anduvieseis
anden | anduvieran o anduviesen

TIEMPOS COMPUESTOS

Pret. perfecto | **Pret. pluscuamperfecto**
haya andado | hubiera o hubiese andado
hayas andado | hubieras o hubieses andado
haya andado | hubiera o hubiese andado
hayamos andado | hubiéramos o hubiésemos andado
hayáis andado | hubierais o hubieseis andado
hayan andado | hubieran o hubiesen andado

IMPERATIVO

anda tú/ no andes
andad vosotros/ no andéis
andemos nosotros/ no andemos
ande usted/ no ande
anden ustedes/ no anden

Términos y expresiones

Las andanzas
Andante
Andariego/ -a
Andar con pies de plomo/ andarse con ojo – *actuar con precaución*

Andar de puntillas – *apoyando la punta de los pies en el suelo*
Andarse por las ramas – *divagar, no hablar directamente de un asunto*

Gerundio: apagando
G. compuesto: habiendo apagado
Participio: apagado
Inf. compuesto: haber apagado

APAGAR 12

INDICATIVO

T. SIMPLES

Presente
apago
apagas
apaga
apagamos
apagáis
apagan

Pretérito imperfecto
apagaba
apagabas
apagaba
apagábamos
apagabais
apagaban

Pretérito indefinido
apagué   apagamos
apagaste   apagasteis
apagó   apagaron

Futuro
apagaré
apagarás
apagará
apagaremos
apagaréis
apagarán

Condicional
apagaría
apagarías
apagaría
apagaríamos
apagaríais
apagarían

T. COMPUESTOS

Pretérito perfecto
he apagado
has apagado
ha apagado
hemos apagado
habéis apagado
han apagado

Pret. pluscuamperfecto
había apagado
habías apagado
había apagado
habíamos apagado
habíais apagado
habían apagado

Futuro perfecto
habré apagado
habrás apagado
habrá apagado
habremos apagado
habréis apagado
habrán apagado

Condicional perfecto
habría apagado
habrías apagado
habría apagado
habríamos apagado
habríais apagado
habrían apagado

SUBJUNTIVO

TIEMPOS SIMPLES

Presente
apague
apagues
apague
apaguemos
apaguéis
apaguen

Pret. imperfecto
apagara o apagase
apagaras o apagases
apagara o apagase
apagáramos o apagásemos
apagarais o apagaseis
apagaran o apagasen

TIEMPOS COMPUESTOS

Pret. perfecto
haya apagado
hayas apagado
haya apagado
hayamos apagado
hayáis apagado
hayan apagado

Pret. pluscuamperfecto
hubiera o hubiese apagado
hubieras o hubieses apagado
hubiera o hubiese apagado
hubiéramos o hubiésemos apagado
hubierais o hubieseis apagado
hubieran o hubiesen apagado

IMPERATIVO

apaga tú/ no apagues
apagad vosotros/ no apaguéis
apaguemos nosotros/ no apaguemos
apague usted/ no apague
apaguen ustedes/ no apaguen

Términos y expresiones

El apagón
Apaga y vámonos – es *inútil conseguir algo dadas las circunstancias*

13 APRENDER

Gerundio: aprendiendo **Participio:** aprendido
G. compuesto: habiendo aprendido **Inf. compuesto:** haber aprendido

INDICATIVO

T. SIMPLES

Presente
aprendo
aprendes
aprende
aprendemos
aprendéis
aprenden

Pretérito imperfecto
aprendía
aprendías
aprendía
aprendíamos
aprendíais
aprendían

Pretérito indefinido
aprendí   aprendimos
aprendiste   aprendisteis
aprendió   aprendieron

Futuro
aprenderé
aprenderás
aprenderá
aprenderemos
aprenderéis
aprenderán

Condicional
aprendería
aprenderías
aprendería
aprenderíamos
aprenderíais
aprenderían

T. COMPUESTOS

Pretérito perfecto
he aprendido
has aprendido
ha aprendido
hemos aprendido
habéis aprendido
han aprendido

Pret. pluscuamperfecto
había aprendido
habías aprendido
había aprendido
habíamos aprendido
habíais aprendido
habían aprendido

Futuro perfecto
habré aprendido
habrás aprendido
habrá aprendido
habremos aprendido
habréis aprendido
habrán aprendido

Condicional perfecto
habría aprendido
habrías aprendido
habría aprendido
habríamos aprendido
habríais aprendido
habrían aprendido

SUBJUNTIVO

TIEMPOS SIMPLES

Presente
aprenda
aprendas
aprenda
aprendamos
aprendáis
aprendan

Pret. imperfecto
aprendiera o aprendiese
aprendieras o aprendieses
aprendiera o aprendiese
aprendiéramos o aprendiésemos
aprendierais o aprendieseis
aprendieran o aprendiesen

TIEMPOS COMPUESTOS

Pret. perfecto
haya aprendido
hayas aprendido
haya aprendido
hayamos aprendido
hayáis aprendido
hayan aprendido

Pret. pluscuamperfecto
hubiera o hubiese aprendido
hubieras o hubieses aprendido
hubiera o hubiese aprendido
hubiéramos o hubiésemos aprendido
hubierais o hubieseis aprendido
hubieran o hubiesen aprendido

IMPERATIVO

aprende tú/ no aprendas
aprended vosotros/ no aprendáis
aprendamos nosotros/ no aprendamos
aprenda usted/ no aprenda
aprendan ustedes/ no aprendan

Términos y expresiones

Aprender a (hacer algo)
El aprendiz
El aprendizaje

Gerundio: aprobando
G. compuesto: habiendo aprobado
Participio: aprobado
Inf. compuesto: haber aprobado

APROBAR 14

INDICATIVO

T. SIMPLES

Presente
- apruebo
- apruebas
- aprueba
- aprobamos
- aprobáis
- aprueban

Pretérito imperfecto
- aprobaba
- aprobabas
- aprobaba
- aprobábamos
- aprobabais
- aprobaban

Pretérito indefinido
- aprobé
- aprobaste
- aprobó
- aprobamos
- aprobasteis
- aprobaron

Futuro
- aprobaré
- aprobarás
- aprobará
- aprobaremos
- aprobaréis
- aprobarán

Condicional
- aprobaría
- aprobarías
- aprobaría
- aprobaríamos
- aprobaríais
- aprobarían

T. COMPUESTOS

Pretérito perfecto
- he aprobado
- has aprobado
- ha aprobado
- hemos aprobado
- habéis aprobado
- han aprobado

Pret. pluscuamperfecto
- había aprobado
- habías aprobado
- había aprobado
- habíamos aprobado
- habíais aprobado
- habían aprobado

Futuro perfecto
- habré aprobado
- habrás aprobado
- habrá aprobado
- habremos aprobado
- habréis aprobado
- habrán aprobado

Condicional perfecto
- habría aprobado
- habrías aprobado
- habría aprobado
- habríamos aprobado
- habríais aprobado
- habrían aprobado

SUBJUNTIVO

TIEMPOS SIMPLES

Presente
- apruebe
- apruebes
- apruebe
- aprobemos
- aprobéis
- aprueben

Pret. imperfecto
- aprobara o aprobase
- aprobaras o aprobases
- aprobara o aprobase
- aprobáramos o aprobásemos
- aprobarais o aprobaseis
- aprobaran o aprobasen

TIEMPOS COMPUESTOS

Pret. perfecto
- haya aprobado
- hayas aprobado
- haya aprobado
- hayamos aprobado
- hayáis aprobado
- hayan aprobado

Pret. pluscuamperfecto
- hubiera o hubiese aprobado
- hubieras o hubieses aprobado
- hubiera o hubiese aprobado
- hubiéramos o hubiésemos aprobado
- hubierais o hubieseis aprobado
- hubieran o hubiesen aprobado

IMPERATIVO

- aprueba tú/ no apruebes
- aprobad vosotros/ no aprobéis
- aprobemos nosotros/ no aprobemos
- apruebe usted/ no apruebe
- aprueben ustedes/ no aprueben

Términos y expresiones

El aprobado
La aprobación/ la desaprobación

15 ARREPENTIRSE DE

Gerundio: arrepintiéndose
G. compuesto: habiéndose arrepentido
Participio: arrepentido
Inf. compuesto: haberse arrepentido

INDICATIVO

T. SIMPLES

Presente
me arrepiento
te arrepientes
se arrepiente
nos arrepentimos
os arrepentís
se arrepienten

Pretérito imperfecto
me arrepentía
te arrepentías
se arrepentía
nos arrepentíamos
os arrepentíais
se arrepentían

Pretérito indefinido
me arrepentí   nos arrepentimos
te arrepentiste   os arrepentisteis
se arrepintió   se arrepintieron

Futuro
me arrepentiré
te arrepentirás
se arrepentirá
nos arrepentiremos
os arrepentiréis
se arrepentirán

Condicional
me arrepentiría
te arrepentirías
se arrepentiría
nos arrepentiríamos
os arrepentiríais
se arrepentirían

T. COMPUESTOS

Pretérito perfecto
me he arrepentido
te has arrepentido
se ha arrepentido
nos hemos arrepentido
os habéis arrepentido
se han arrepentido

Pret. pluscuamperfecto
me había arrepentido
te habías arrepentido
se había arrepentido
nos habíamos arrepentido
os habíais arrepentido
se habían arrepentido

Futuro perfecto
me habré arrepentido
te habrás arrepentido
se habrá arrepentido
nos habremos arrepentido
os habréis arrepentido
se habrán arrepentido

Condicional perfecto
me habría arrepentido
te habrías arrepentido
se habría arrepentido
nos habríamos arrepentido
os habríais arrepentido
se habrían arrepentido

SUBJUNTIVO

TIEMPOS SIMPLES

Presente
me arrepienta
te arrepientas
se arrepienta
nos arrepintamos
os arrepintáis
se arrepientan

Pret. imperfecto
me arrepintiera o arrepintiese
te arrepintieras o arrepintieses
se arrepintiera o arrepintiese
nos arrepintiéramos o arrepintiésemos
os arrepintierais o arrepintieseis
se arrepintieran o arrepintiesen

TIEMPOS COMPUESTOS

Pret. perfecto
me haya arrepentido
te hayas arrepentido
se haya arrepentido
nos hayamos arrepentido
os hayáis arrepentido
se hayan arrepentido

Pret. pluscuamperfecto
me hubiera o hubiese arrepentido
te hubieras o hubieses arrepentido
se hubiera o hubiese arrepentido
nos hubiéramos o hubiésemos arrepentido
os hubierais o hubieseis arrepentido
se hubieran o hubiesen arrepentido

IMPERATIVO

arrepiéntete tú/ no te arrepientas
arrepentíos vosotros/ no os arrepintáis
arrepintámonos nosotros/ no nos arrepintamos
arrepiéntase usted/ no se arrepienta
arrepiéntanse ustedes/ no se arrepientan

Términos y expresiones
El arrepentimiento

GERUNDIO: atendiendo
G. COMPUESTO: habiendo atendido
PARTICIPIO: atendido
INF. COMPUESTO: haber atendido

ATENDER   16

INDICATIVO

T. SIMPLES

PRESENTE
atiendo
atiendes
atiende
atendemos
atendéis
atienden

PRETÉRITO IMPERFECTO
atendía
atendías
atendía
atendíamos
atendíais
atendían

PRETÉRITO INDEFINIDO
atendí   atendimos
atendiste   atendisteis
atendió   atendieron

FUTURO
atenderé
atenderás
atenderá
atenderemos
atenderéis
atenderán

CONDICIONAL
atendería
atenderías
atendería
atenderíamos
atenderíais
atenderían

T. COMPUESTOS

PRETÉRITO PERFECTO
he atendido
has atendido
ha atendido
hemos atendido
habéis atendido
han atendido

PRET. PLUSCUAMPERFECTO
había atendido
habías atendido
había atendido
habíamos atendido
habíais atendido
habían atendido

FUTURO PERFECTO
habré atendido
habrás atendido
habrá atendido
habremos atendido
habréis atendido
habrán atendido

CONDICIONAL PERFECTO
habría atendido
habrías atendido
habría atendido
habríamos atendido
habríais atendido
habrían atendido

SUBJUNTIVO

TIEMPOS SIMPLES

PRESENTE
atienda
atiendas
atienda
atendamos
atendáis
atiendan

PRET. IMPERFECTO
atendiera o atendiese
atendieras o atendieses
atendiera o atendiese
atendiéramos o atendiésemos
atendierais o atendieseis
atendieran o atendiesen

TIEMPOS COMPUESTOS

PRET. PERFECTO
haya atendido
hayas atendido
haya atendido
hayamos atendido
hayáis atendido
hayan atendido

PRET. PLUSCUAMPERFECTO
hubiera o hubiese atendido
hubieras o hubieses atendido
hubiera o hubiese atendido
hubiéramos o hubiésemos atendido
hubierais o hubieseis atendido
hubieran o hubiesen atendido

IMPERATIVO

atiende tú/ no atiendas
atended vosotros/ no atendáis
atendamos nosotros/ no atendamos
atienda usted/ no atienda
atiendan ustedes/ no atiendan

TÉRMINOS Y EXPRESIONES

La atención   Llamar la atención – *reprender/ advertir/ destacar*
Atento/ -a   Prestar atención – *atender con cuidado*
Atentamente

17 AVERIGUAR

Gerundio: averiguando **Participio:** averiguado
G. compuesto: habiendo averiguado **Inf. compuesto:** haber averiguado

INDICATIVO

T. SIMPLES

Presente
averiguo
averiguas
averigua
averiguamos
averiguáis
averiguan

Pretérito imperfecto
averiguaba
averiguabas
averiguaba
averiguábamos
averiguabais
averiguaban

Pretérito indefinido
averigüé averiguamos
averiguaste averiguasteis
averiguó averiguaron

Futuro
averiguaré
averiguarás
averiguará
averiguaremos
averiguaréis
averiguarán

Condicional
averiguaría
averiguarías
averiguaría
averiguaríamos
averiguaríais
averiguarían

T. COMPUESTOS

Pretérito perfecto
he averiguado
has averiguado
ha averiguado
hemos averiguado
habéis averiguado
han averiguado

Pret. pluscuamperfecto
había averiguado
habías averiguado
había averiguado
habíamos averiguado
habíais averiguado
habían averiguado

Futuro perfecto
habré averiguado
habrás averiguado
habrá averiguado
habremos averiguado
habréis averiguado
habrán averiguado

Condicional perfecto
habría averiguado
habrías averiguado
habría averiguado
habríamos averiguado
habríais averiguado
habrían averiguado

SUBJUNTIVO

TIEMPOS SIMPLES

Presente
averigüe
averigües
averigüe
averigüemos
averigüéis
averigüen

Pret. imperfecto
averiguara o averiguase
averiguaras o averiguases
averiguara o averiguase
averiguáramos o averiguásemos
averiguarais o averiguaseis
averiguaran o averiguasen

TIEMPOS COMPUESTOS

Pret. perfecto
haya averiguado
hayas averiguado
haya averiguado
hayamos averiguado
hayáis averiguado
hayan averiguado

Pret. pluscuamperfecto
hubiera o hubiese averiguado
hubieras o hubieses averiguado
hubiera o hubiese averiguado
hubiéramos o hubiésemos averiguado
hubierais o hubieseis averiguado
hubieran o hubiesen averiguado

IMPERATIVO

averigua tú/ no averigües
averiguad vosotros/ no averigüéis
averigüemos nosotros/ no averigüemos
averigüe usted/ no averigüe
averigüen ustedes/ no averigüen

Términos y expresiones

La averiguación
Averiguable

Gerundio: bebiendo **Participio:** bebido
G. compuesto: habiendo bebido **Inf. compuesto:** haber bebido

BEBER 18

INDICATIVO

T. SIMPLES

Presente
bebo
bebes
bebe
bebemos
bebéis
beben

Pretérito imperfecto
bebía
bebías
bebía
bebíamos
bebíais
bebían

Pretérito indefinido
bebí   bebimos
bebiste   bebisteis
bebió   bebieron

Futuro
beberé
beberás
beberá
beberemos
beberéis
beberán

Condicional
bebería
beberías
bebería
beberíamos
beberíais
beberían

T. COMPUESTOS

Pretérito perfecto
he bebido
has bebido
ha bebido
hemos bebido
habéis bebido
han bebido

Pret. pluscuamperfecto
había bebido
habías bebido
había bebido
habíamos bebido
habíais bebido
habían bebido

Futuro perfecto
habré bebido
habrás bebido
habrá bebido
habremos bebido
habréis bebido
habrán bebido

Condicional perfecto
habría bebido
habrías bebido
habría bebido
habríamos bebido
habríais bebido
habrían bebido

SUBJUNTIVO

TIEMPOS SIMPLES

Presente
beba
bebas
beba
bebamos
bebáis
beban

Pret. imperfecto
bebiera o bebiese
bebieras o bebieses
bebiera o bebiese
bebiéramos o bebiésemos
bebierais o bebieseis
bebieran o bebiesen

TIEMPOS COMPUESTOS

Pret. perfecto
haya bebido
hayas bebido
haya bebido
hayamos bebido
hayáis bebido
hayan bebido

Pret. pluscuamperfecto
hubiera o hubiese bebido
hubieras o hubieses bebido
hubiera o hubiese bebido
hubiéramos o hubiésemos bebido
hubierais o hubieseis bebido
hubieran o hubiesen bebido

IMPERATIVO

bebe tú/ no bebas
bebed vosotros/ no bebáis
bebamos nosotros/ no bebamos
beba usted/ no beba
beban ustedes/ no beban

El bebedizo
La bebida
Bebedor/ -a
Bebible/ imbebible
Beber como un cosaco – *beber mucho alcohol*
Estar bebido/ -a – *estar borracho/ -a*

19 BOSTEZAR

Gerundio: bostezando
G. compuesto: habiendo bostezado
Participio: bostezado
Inf. compuesto: haber bostezado

INDICATIVO

T. SIMPLES

Presente
bostezo
bostezas
bosteza
bostezamos
bostezáis
bostezan

Pretérito imperfecto
bostezaba
bostezabas
bostezaba
bostezábamos
bostezabais
bostezaban

Pretérito indefinido
bostecé   bostezamos
bostezaste   bostezasteis
bostezó   bostezaron

Futuro
bostezaré
bostezarás
bostezará
bostezaremos
bostezaréis
bostezarán

Condicional
bostezaría
bostezarías
bostezaría
bostezaríamos
bostezaríais
bostezarían

T. COMPUESTOS

Pretérito perfecto
he bostezado
has bostezado
ha bostezado
hemos bostezado
habéis bostezado
han bostezado

Pret. pluscuamperfecto
había bostezado
habías bostezado
había bostezado
habíamos bostezado
habíais bostezado
habían bostezado

Futuro perfecto
habré bostezado
habrás bostezado
habrá bostezado
habremos bostezado
habréis bostezado
habrán bostezado

Condicional perfecto
habría bostezado
habrías bostezado
habría bostezado
habríamos bostezado
habríais bostezado
habrían bostezado

SUBJUNTIVO

TIEMPOS SIMPLES

Presente
bostece
bosteces
bostece
bostecemos
bostecéis
bostecen

Pret. imperfecto
bostezara o bostezase
bostezaras o bostezases
bostezara o bostezase
bostezáramos o bostezásemos
bostezarais o bostezaseis
bostezaran o bostezasen

TIEMPOS COMPUESTOS

Pret. perfecto
haya bostezado
hayas bostezado
haya bostezado
hayamos bostezado
hayáis bostezado
hayan bostezado

Pret. pluscuamperfecto
hubiera o hubiese bostezado
hubieras o hubieses bostezado
hubiera o hubiese bostezado
hubiéramos o hubiésemos bostezado
hubierais o hubieseis bostezado
hubieran o hubiesen bostezado

IMPERATIVO

bosteza tú/ no bosteces
bostezad vosotros/ no bostecéis
bostecemos nosotros/ no bostecemos
bostece usted/ no bostece
bostecen ustedes/ no bostecen

Términos y expresiones

El bostezo

GERUNDIO: buscando
G. COMPUESTO: habiendo buscado
PARTICIPIO: buscado
INF. COMPUESTO: haber buscado

BUSCAR 20

INDICATIVO

T. SIMPLES

PRESENTE
busco
buscas
busca
buscamos
buscáis
buscan

PRETÉRITO IMPERFECTO
buscaba
buscabas
buscaba
buscábamos
buscabais
buscaban

PRETÉRITO INDEFINIDO
busqué   buscamos
buscaste   buscasteis
buscó   buscaron

FUTURO
buscaré
buscarás
buscará
buscaremos
buscaréis
buscarán

CONDICIONAL
buscaría
buscarías
buscaría
buscaríamos
buscaríais
buscarían

T. COMPUESTOS

PRETÉRITO PERFECTO
he buscado
has buscado
ha buscado
hemos buscado
habéis buscado
han buscado

PRET. PLUSCUAMPERFECTO
había buscado
habías buscado
había buscado
habíamos buscado
habíais buscado
habían buscado

FUTURO PERFECTO
habré buscado
habrás buscado
habrá buscado
habremos buscado
habréis buscado
habrán buscado

CONDICIONAL PERFECTO
habría buscado
habrías buscado
habría buscado
habríamos buscado
habríais buscado
habrían buscado

SUBJUNTIVO

TIEMPOS SIMPLES

PRESENTE
busque
busques
busque
busquemos
busquéis
busquen

PRET. IMPERFECTO
buscara o buscase
buscaras o buscases
buscara o buscase
buscáramos o buscásemos
buscarais o buscaseis
buscaran o buscasen

TIEMPOS COMPUESTOS

PRET. PERFECTO
haya buscado
hayas buscado
haya buscado
hayamos buscado
hayáis buscado
hayan buscado

PRET. PLUSCUAMPERFECTO
hubiera o hubiese buscado
hubieras o hubieses buscado
hubiera o hubiese buscado
hubiéramos o hubiésemos buscado
hubierais o hubieseis buscado
hubieran o hubiesen buscado

IMPERATIVO

busca tú/ no busques
buscad vosotros/ no busquéis
busquemos nosotros/ no busquemos
busque usted/ no busque
busquen ustedes/ no busquen

TÉRMINOS Y EXPRESIONES

La busca
El buscador
La búsqueda
Buscar una aguja en un pajar – *intentar un imposible*
Buscar tres pies al gato – *meterse en complicaciones inútiles*
Buscarse la vida – *saber encontrar la forma de solucionar problemas*

21 CABER

Gerundio: cabiendo **Participio:** cabido
G. compuesto: habiendo cabido **Inf. compuesto:** haber cabido

INDICATIVO

T. SIMPLES

Presente
quepo
cabes
cabe
cabemos
cabéis
caben

Pretérito imperfecto
cabía
cabías
cabía
cabíamos
cabíais
cabían

Pretérito indefinido
cupe	cupimos
cupiste	cupisteis
cupo	cupieron

Futuro
cabré
cabrás
cabrá
cabremos
cabréis
cabrán

Condicional
cabría
cabrías
cabría
cabríamos
cabríais
cabrían

T. COMPUESTOS

Pretérito perfecto
he cabido
has cabido
ha cabido
hemos cabido
habéis cabido
han cabido

Pret. pluscuamperfecto
había cabido
habías cabido
había cabido
habíamos cabido
habíais cabido
habían cabido

Futuro perfecto
habré cabido
habrás cabido
habrá cabido
habremos cabido
habréis cabido
habrán cabido

Condicional perfecto
habría cabido
habrías cabido
habría cabido
habríamos cabido
habríais cabido
habrían cabido

SUBJUNTIVO

TIEMPOS SIMPLES

Presente
quepa
quepas
quepa
quepamos
quepáis
quepan

Pret. imperfecto
cupiera o cupiese
cupieras o cupieses
cupiera o cupiese
cupiéramos o cupiésemos
cupierais o cupieseis
cupieran o cupiesen

TIEMPOS COMPUESTOS

Pret. perfecto
haya cabido
hayas cabido
haya cabido
hayamos cabido
hayáis cabido
hayan cabido

Pret. pluscuamperfecto
hubiera o hubiese cabido
hubieras o hubieses cabido
hubiera o hubiese cabido
hubiéramos o hubiésemos cabido
hubierais o hubieseis cabido
hubieran o hubiesen cabido

IMPERATIVO

No se usa

La cabida
La capacidad
No cabe un alfiler – *está lleno un lugar*
No caber en sí de gozo – *estar muy feliz*

Gerundio: cayendo **Participio:** caído
G. compuesto: habiendo caído **Inf. compuesto:** haber caído

CAER 22

INDICATIVO

T. SIMPLES

Presente
caigo
caes
cae
caemos
caéis
caen

Pretérito imperfecto
caía
caías
caía
caíamos
caíais
caían

Pretérito indefinido
caí   caímos
caíste   caísteis
cayó   cayeron

Futuro
caeré
caerás
caerá
caeremos
caeréis
caerán

Condicional
caería
caerías
caería
caeríamos
caeríais
caerían

T. COMPUESTOS

Pretérito perfecto
he caído
has caído
ha caído
hemos caído
habéis caído
han caído

Pret. pluscuamperfecto
había caído
habías caído
había caído
habíamos caído
habíais caído
habían caído

Futuro perfecto
habré caído
habrás caído
habrá caído
habremos caído
habréis caído
habrán caído

Condicional perfecto
habría caído
habrías caído
habría caído
habríamos caído
habríais caído
habrían caído

SUBJUNTIVO

TIEMPOS SIMPLES

Presente
caiga
caigas
caiga
caigamos
caigáis
caigan

Pret. imperfecto
cayera o cayese
cayeras o cayeses
cayera o cayese
cayéramos o cayésemos
cayerais o cayeseis
cayeran o cayesen

TIEMPOS COMPUESTOS

Pret. perfecto
haya caído
hayas caído
haya caído
hayamos caído
hayáis caído
hayan caído

Pret. pluscuamperfecto
hubiera o hubiese caído
hubieras o hubieses caído
hubiera o hubiese caído
hubiéramos o hubiésemos caído
hubierais o hubieseis caído
hubieran o hubiesen caído

IMPERATIVO

cae tú/ no caigas
caed vosotros/ no caigáis
caigamos nosotros/ no caigamos
caiga usted/ no caiga
caigan ustedes/ no caigan

Caerse
La caída
Caer bien/ mal – *ser simpático/ antipático para alguien*
Caer en la cuenta – *enterarse de algo de repente*

Caer enfermo – *ponerse enfermo*
Caer algo por su propio peso – *ser evidente*
Caerle gordo a alguien – *ser antipático para alguien*
Caerse el alma a los pies – *entristecerse por algo*
Caerse la baba – *sentir orgullo por alguien*

23 CALENTAR

Gerundio: calentando **Participio:** calentado
G. compuesto: habiendo calentado **Inf. compuesto:** haber calentado

INDICATIVO

T. SIMPLES

Presente
caliento
calientas
calienta
calentamos
calentáis
calientan

Pretérito imperfecto
calentaba
calentabas
calentaba
calentábamos
calentabais
calentaban

Pretérito indefinido
calenté   calentamos
calentaste   calentasteis
calentó   calentaron

Futuro
calentaré
calentarás
calentará
calentaremos
calentaréis
calentarán

Condicional
calentaría
calentarías
calentaría
calentaríamos
calentaríais
calentarían

T. COMPUESTOS

Pretérito perfecto
he calentado
has calentado
ha calentado
hemos calentado
habéis calentado
han calentado

Pret. pluscuamperfecto
había calentado
habías calentado
había calentado
habíamos calentado
habíais calentado
habían calentado

Futuro perfecto
habré calentado
habrás calentado
habrá calentado
habremos calentado
habréis calentado
habrán calentado

Condicional perfecto
habría calentado
habrías calentado
habría calentado
habríamos calentado
habríais calentado
habrían calentado

SUBJUNTIVO

TIEMPOS SIMPLES

Presente
caliente
calientes
caliente
calentemos
calentéis
calienten

Pret. imperfecto
calentara o calentase
calentaras o calentases
calentara o calentase
calentáramos o calentásemos
calentarais o calentaseis
calentaran o calentasen

TIEMPOS COMPUESTOS

Pret. perfecto
haya calentado
hayas calentado
haya calentado
hayamos calentado
hayáis calentado
hayan calentado

Pret. pluscuamperfecto
hubiera o hubiese calentado
hubieras o hubieses calentado
hubiera o hubiese calentado
hubiéramos o hubiésemos calentado
hubierais o hubieseis calentado
hubieran o hubiesen calentado

IMPERATIVO

calienta tú/ no calientes
calentad vosotros/ no calentéis
calentemos nosotros/ no calentemos
caliente usted/ no caliente
calienten ustedes/ no calienten

Términos y expresiones

El calentamiento   La calidez   Caliente   Calentarse la cabeza – *pensar mucho sobre un tema*
El calentón   El calor   Calurosamente   Calentarse la sangre – *enfadarse mucho*
La calentura   Cálido/ -a   Cálidamente

GERUNDIO: cansándose   **PARTICIPIO:** cansado
G. COMPUESTO: habiéndose cansado   **INF. COMPUESTO:** haberse cansado

CANSARSE DE — 24

INDICATIVO

T. SIMPLES

PRESENTE
me canso
te cansas
se cansa
nos cansamos
os cansáis
se cansan

PRETÉRITO IMPERFECTO
me cansaba
te cansabas
se cansaba
nos cansábamos
os cansabais
se cansaban

PRETÉRITO INDEFINIDO
me cansé   nos cansamos
te cansaste   os cansasteis
se cansó   se cansaron

FUTURO
me cansaré
te cansarás
se cansará
nos cansaremos
os cansaréis
se cansarán

CONDICIONAL
me cansaría
te cansarías
se cansaría
nos cansaríamos
os cansaríais
se cansarían

T. COMPUESTOS

PRETÉRITO PERFECTO
me he cansado
te has cansado
se ha cansado
nos hemos cansado
os habéis cansado
se han cansado

PRET. PLUSCUAMPERFECTO
me había cansado
te habías cansado
se había cansado
nos habíamos cansado
os habíais cansado
se habían cansado

FUTURO PERFECTO
me habré cansado
te habrás cansado
se habrá cansado
nos habremos cansado
os habréis cansado
se habrán cansado

CONDICIONAL PERFECTO
me habría cansado
te habrías cansado
se habría cansado
nos habríamos cansado
os habríais cansado
se habrían cansado

SUBJUNTIVO

TIEMPOS SIMPLES

PRESENTE
me canse
te canses
se canse
nos cansemos
os canséis
se cansen

PRET. IMPERFECTO
me cansara o cansase
te cansaras o cansases
se cansara o cansase
nos cansáramos o cansásemos
os cansarais o cansaseis
se cansaran o cansasen

TIEMPOS COMPUESTOS

PRET. PERFECTO
me haya cansado
te hayas cansado
se haya cansado
nos hayamos cansado
os hayáis cansado
se hayan cansado

PRET. PLUSCUAMPERFECTO
me hubiera o hubiese cansado
te hubieras o hubieses cansado
se hubiera o hubiese cansado
nos hubiéramos o hubiésemos cansado
os hubierais o hubieseis cansado
se hubieran o hubiesen cansado

IMPERATIVO

cánsate tú/ no te canses
cansaos vosotros/ no os canséis
cansémonos nosotros/ no nos cansemos
cánsese usted/ no se canse
cánsense ustedes/ no se cansen

TÉRMINOS Y EXPRESIONES
El cansancio

25 CERRAR

Gerundio: cerrando **Participio:** cerrado
G. compuesto: habiendo cerrado **Inf. compuesto:** haber cerrado

INDICATIVO

T. SIMPLES

Presente
cierro
cierras
cierra
cerramos
cerráis
cierran

Pretérito imperfecto
cerraba
cerrabas
cerraba
cerrábamos
cerrabais
cerraban

Pretérito indefinido
cerré   cerramos
cerraste   cerrasteis
cerró   cerraron

Futuro
cerraré
cerrarás
cerrará
cerraremos
cerraréis
cerrarán

Condicional
cerraría
cerrarías
cerraría
cerraríamos
cerraríais
cerrarían

T. COMPUESTOS

Pretérito perfecto
he cerrado
has cerrado
ha cerrado
hemos cerrado
habéis cerrado
han cerrado

Pret. pluscuamperfecto
había cerrado
habías cerrado
había cerrado
habíamos cerrado
habíais cerrado
habían cerrado

Futuro perfecto
habré cerrado
habrás cerrado
habrá cerrado
habremos cerrado
habréis cerrado
habrán cerrado

Condicional perfecto
habría cerrado
habrías cerrado
habría cerrado
habríamos cerrado
habríais cerrado
habrían cerrado

SUBJUNTIVO

TIEMPOS SIMPLES

Presente   **Pret. imperfecto**
cierre   cerrara o cerrase
cierres   cerraras o cerrases
cierre   cerrara o cerrase
cerremos   cerráramos o cerrásemos
cerréis   cerrarais o cerraseis
cierren   cerraran o cerrasen

TIEMPOS COMPUESTOS

Pret. perfecto   **Pret. pluscuamperfecto**
haya cerrado   hubiera o hubiese cerrado
hayas cerrado   hubieras o hubieses cerrado
haya cerrado   hubiera o hubiese cerrado
hayamos cerrado   hubiéramos o hubiésemos cerrado
hayáis cerrado   hubierais o hubieseis cerrado
hayan cerrado   hubieran o hubiesen cerrado

IMPERATIVO

cierra tú/ no cierres
cerrad vosotros/ no cerréis
cerremos nosotros/ no cerremos
cierre usted/ no cierre
cierren ustedes/ no cierren

La cerradura
La cerrazón
El cierre
Cerrar a cal y canto – *cerrar completamente*
Cerrar el pico – *callarse*
Cerrarse en banda – *mantener una idea sin cambiar de opinión*

Gerundio: cociendo **Participio:** cocido
G. compuesto: habiendo cocido **Inf. compuesto:** haber cocido

COCER 26

INDICATIVO

T. SIMPLES

Presente
cuezo
cueces
cuece
cocemos
cocéis
cuecen

Pretérito imperfecto
cocía
cocías
cocía
cocíamos
cocíais
cocían

Pretérito indefinido
cocí   cocimos
cociste   cocisteis
coció   cocieron

Futuro
coceré
cocerás
cocerá
coceremos
coceréis
cocerán

Condicional
cocería
cocerías
cocería
coceríamos
coceríais
cocerían

T. COMPUESTOS

Pretérito perfecto
he cocido
has cocido
ha cocido
hemos cocido
habéis cocido
han cocido

Pret. pluscuamperfecto
había cocido
habías cocido
había cocido
habíamos cocido
habíais cocido
habían cocido

Futuro perfecto
habré cocido
habrás cocido
habrá cocido
habremos cocido
habréis cocido
habrán cocido

Condicional perfecto
habría cocido
habrías cocido
habría cocido
habríamos cocido
habríais cocido
habrían cocido

SUBJUNTIVO

TIEMPOS SIMPLES

Presente
cueza
cuezas
cueza
cozamos
cozáis
cuezan

Pret. imperfecto
cociera o cociese
cocieras o cocieses
cociera o cociese
cociéramos o cociésemos
cocierais o cocieseis
cocieran o cociesen

TIEMPOS COMPUESTOS

Pret. perfecto
haya cocido
hayas cocido
haya cocido
hayamos cocido
hayáis cocido
hayan cocido

Pret. pluscuamperfecto
hubiera o hubiese cocido
hubieras o hubieses cocido
hubiera o hubiese cocido
hubiéramos o hubiésemos cocido
hubierais o hubieseis cocido
hubieran o hubiesen cocido

IMPERATIVO

cuece tú/ no cuezas
coced vosotros/ no cozáis
cozamos nosotros/ no cozamos
cueza usted/ no cueza
cuezan ustedes/ no cuezan

Términos y expresiones

La cocción
El cocido
Estar cocido/ -a – *tener mucho calor*
Algo se cuece – *algo se está tramando*

27 COCINAR

Gerundio: cocinando **Participio:** cocinado
G. compuesto: habiendo cocinado **Inf. compuesto:** haber cocinado

INDICATIVO

T. SIMPLES

Presente
cocino
cocinas
cocina
cocinamos
cocináis
cocinan

Pretérito imperfecto
cocinaba
cocinabas
cocinaba
cocinábamos
cocinabais
cocinaban

Pretérito indefinido
cociné   cocinamos
cocinaste   cocinasteis
cocinó   cocinaron

Futuro
cocinaré
cocinarás
cocinará
cocinaremos
cocinaréis
cocinarán

Condicional
cocinaría
cocinarías
cocinaría
cocinaríamos
cocinaríais
cocinarían

T. COMPUESTOS

Pretérito perfecto
he cocinado
has cocinado
ha cocinado
hemos cocinado
habéis cocinado
han cocinado

Pret. pluscuamperfecto
había cocinado
habías cocinado
había cocinado
habíamos cocinado
habíais cocinado
habían cocinado

Futuro perfecto
habré cocinado
habrás cocinado
habrá cocinado
habremos cocinado
habréis cocinado
habrán cocinado

Condicional perfecto
habría cocinado
habrías cocinado
habría cocinado
habríamos cocinado
habríais cocinado
habrían cocinado

SUBJUNTIVO

TIEMPOS SIMPLES

Presente
cocine
cocines
cocine
cocinemos
cocinéis
cocinen

Pret. imperfecto
cocinara o cocinase
cocinaras o cocinases
cocinara o cocinase
cocináramos o cocinásemos
cocinarais o cocinaseis
cocinaran o cocinasen

TIEMPOS COMPUESTOS

Pret. perfecto
haya cocinado
hayas cocinado
haya cocinado
hayamos cocinado
hayáis cocinado
hayan cocinado

Pret. pluscuamperfecto
hubiera o hubiese cocinado
hubieras o hubieses cocinado
hubiera o hubiese cocinado
hubiéramos o hubiésemos cocinado
hubierais o hubieseis cocinado
hubieran o hubiesen cocinado

IMPERATIVO

cocina tú/ no cocines
cocinad vosotros/ no cocinéis
cocinemos nosotros/ no cocinemos
cocine usted/ no cocine
cocinen ustedes/ no cocinen

Términos y expresiones

La cocina
El cocinero/ la cocinera

GERUNDIO: cogiendo
G. COMPUESTO: habiendo cogido
PARTICIPIO: cogido
INF. COMPUESTO: haber cogido

COGER 28

INDICATIVO

T. SIMPLES

PRESENTE
cojo
coges
coge
cogemos
cogéis
cogen

PRETÉRITO IMPERFECTO
cogía
cogías
cogía
cogíamos
cogíais
cogían

PRETÉRITO INDEFINIDO
cogí   cogimos
cogiste   cogisteis
cogió   cogieron

FUTURO
cogeré
cogerás
cogerá
cogeremos
cogeréis
cogerán

CONDICIONAL
cogería
cogerías
cogería
cogeríamos
cogeríais
cogerían

T. COMPUESTOS

PRETÉRITO PERFECTO
he cogido
has cogido
ha cogido
hemos cogido
habéis cogido
han cogido

PRET. PLUSCUAMPERFECTO
había cogido
habías cogido
había cogido
habíamos cogido
habíais cogido
habían cogido

FUTURO PERFECTO
habré cogido
habrás cogido
habrá cogido
habremos cogido
habréis cogido
habrán cogido

CONDICIONAL PERFECTO
habría cogido
habrías cogido
habría cogido
habríamos cogido
habríais cogido
habrían cogido

SUBJUNTIVO

TIEMPOS SIMPLES

PRESENTE
coja
cojas
coja
cojamos
cojáis
cojan

PRET. IMPERFECTO
cogiera o cogiese
cogieras o cogieses
cogiera o cogiese
cogiéramos o cogiésemos
cogierais o cogieseis
cogieran o cogiesen

TIEMPOS COMPUESTOS

PRET. PERFECTO
haya cogido
hayas cogido
haya cogido
hayamos cogido
hayáis cogido
hayan cogido

PRET. PLUSCUAMPERFECTO
hubiera o hubiese cogido
hubieras o hubieses cogido
hubiera o hubiese cogido
hubiéramos o hubiésemos cogido
hubierais o hubieseis cogido
hubieran o hubiesen cogido

IMPERATIVO

coge tú/ no cojas
coged vosotros/ no cojáis
cojamos nosotros/ no cojamos
coja usted/ no coja
cojan ustedes/ no cojan

TÉRMINOS Y EXPRESIONES

La cogida
Coger el toro por los cuernos – *enfrentarse a los problemas cara a cara*
Cogerlas al vuelo – *entender rápidamente una cosa*

29 COLGAR

Gerundio: colgando **Participio:** colgado
G. compuesto: habiendo colgado **Inf. compuesto:** haber colgado

INDICATIVO

T. SIMPLES

Presente
cuelgo
cuelgas
cuelga
colgamos
colgáis
cuelgan

Pretérito imperfecto
colgaba
colgabas
colgaba
colgábamos
colgabais
colgaban

Pretérito indefinido
colgué   colgamos
colgaste   colgasteis
colgó   colgaron

Futuro
colgaré
colgarás
colgará
colgaremos
colgaréis
colgarán

Condicional
colgaría
colgarías
colgaría
colgaríamos
colgaríais
colgarían

T. COMPUESTOS

Pretérito perfecto
he colgado
has colgado
ha colgado
hemos colgado
habéis colgado
han colgado

Pret. pluscuamperfecto
había colgado
habías colgado
había colgado
habíamos colgado
habíais colgado
habían colgado

Futuro perfecto
habré colgado
habrás colgado
habrá colgado
habremos colgado
habréis colgado
habrán colgado

Condicional perfecto
habría colgado
habrías colgado
habría colgado
habríamos colgado
habríais colgado
habrían colgado

SUBJUNTIVO

TIEMPOS SIMPLES

Presente
cuelgue
cuelgues
cuelgue
colguemos
colguéis
cuelguen

Pret. imperfecto
colgara o colgase
colgaras o colgases
colgara o colgase
colgáramos o colgásemos
colgarais o colgaseis
colgaran o colgasen

TIEMPOS COMPUESTOS

Pret. perfecto
haya colgado
hayas colgado
haya colgado
hayamos colgado
hayáis colgado
hayan colgado

Pret. pluscuamperfecto
hubiera o hubiese colgado
hubieras o hubieses colgado
hubiera o hubiese colgado
hubiéramos o hubiésemos colgado
hubierais o hubieseis colgado
hubieran o hubiesen colgado

IMPERATIVO

cuelga tú/ no cuelgues
colgad vosotros/ no colguéis
colguemos nosotros/ no colguemos
cuelgue usted/ no cuelgue
cuelguen ustedes/ no cuelguen

Términos y expresiones

El colgador
La colgadura
El colgante
El cuelgue
Quedarse colgado – *bloquearse un ordenador temporalmente*

GERUNDIO: comiendo   **PARTICIPIO:** comido
G. COMPUESTO: habiendo comido   **INF. COMPUESTO:** haber comido

COMER 30

INDICATIVO

T. SIMPLES

PRESENTE
como
comes
come
comemos
coméis
comen

PRETÉRITO IMPERFECTO
comía
comías
comía
comíamos
comíais
comían

PRETÉRITO INDEFINIDO
comí   comimos
comiste   comisteis
comió   comieron

FUTURO
comeré
comerás
comerá
comeremos
comeréis
comerán

CONDICIONAL
comería
comerías
comería
comeríamos
comeríais
comerían

T. COMPUESTOS

PRETÉRITO PERFECTO
he comido
has comido
ha comido
hemos comido
habéis comido
han comido

PRET. PLUSCUAMPERFECTO
había comido
habías comido
había comido
habíamos comido
habíais comido
habían comido

FUTURO PERFECTO
habré comido
habrás comido
habrá comido
habremos comido
habréis comido
habrán comido

CONDICIONAL PERFECTO
habría comido
habrías comido
habría comido
habríamos comido
habríais comido
habrían comido

SUBJUNTIVO

TIEMPOS SIMPLES

PRESENTE   **PRET. IMPERFECTO**
coma   comiera o comiese
comas   comieras o comieses
coma   comiera o comiese
comamos   comiéramos o comiésemos
comáis   comierais o comieseis
coman   comieran o comiesen

TIEMPOS COMPUESTOS

PRET. PERFECTO   **PRET. PLUSCUAMPERFECTO**
haya comido   hubiera o hubiese comido
hayas comido   hubieras o hubieses comido
haya comido   hubiera o hubiese comido
hayamos comido   hubiéramos o hubiésemos comido
hayáis comido   hubierais o hubieseis comido
hayan comido   hubieran o hubiesen comido

IMPERATIVO

come tú/ no comas
comed vosotros/ no comáis
comamos nosotros/ no comamos
coma usted/ no coma
coman ustedes/ no coman

TÉRMINOS Y EXPRESIONES

El comedor
La comida
La comilona
Comilón/ comilona
Comer como una lima – *comer mucho*

Comer con los ojos – *mirar intensamente a alguien*
Comer la sopa boba – *comer sin trabajar, vivir de los demás*
Comerse el coco – *preocuparse, pensar mucho en algo*
Comerse un marrón – *caer sobre alguien la culpa ajena*

31 COMPRAR

Gerundio: comprando **Participio:** comprado
G. compuesto: habiendo comprado **Inf. compuesto:** haber comprado

INDICATIVO

T. SIMPLES

Presente
compro
compras
compra
compramos
compráis
compran

Pretérito imperfecto
compraba
comprabas
compraba
comprábamos
comprabais
compraban

Pretérito indefinido
compré   compramos
compraste   comprasteis
compró   compraron

Futuro
compraré
comprarás
comprará
compraremos
compraréis
comprarán

Condicional
compraría
comprarías
compraría
compraríamos
compraríais
comprarían

T. COMPUESTOS

Pretérito perfecto
he comprado
has comprado
ha comprado
hemos comprado
habéis comprado
han comprado

Pret. pluscuamperfecto
había comprado
habías comprado
había comprado
habíamos comprado
habíais comprado
habían comprado

Futuro perfecto
habré comprado
habrás comprado
habrá comprado
habremos comprado
habréis comprado
habrán comprado

Condicional perfecto
habría comprado
habrías comprado
habría comprado
habríamos comprado
habríais comprado
habrían comprado

SUBJUNTIVO

TIEMPOS SIMPLES

Presente
compre
compres
compre
compremos
compréis
compren

Pret. imperfecto
comprara o comprase
compraras o comprases
comprara o comprase
compráramos o comprásemos
comprarais o compraseis
compraran o comprasen

TIEMPOS COMPUESTOS

Pret. perfecto
haya comprado
hayas comprado
haya comprado
hayamos comprado
hayáis comprado
hayan comprado

Pret. pluscuamperfecto
hubiera o hubiese comprado
hubieras o hubieses comprado
hubiera o hubiese comprado
hubiéramos o hubiésemos comprado
hubierais o hubieseis comprado
hubieran o hubiesen comprado

IMPERATIVO

compra tú/ no compres
comprad vosotros/ no compréis
compremos nosotros/ no compremos
compre usted/ no compre
compren ustedes/ no compren

Términos y expresiones

La compra
El comprador/ la compradora
La compraventa

GERUNDIO: conduciendo   **PARTICIPIO:** conducido
G. COMPUESTO: habiendo conducido   **INF. COMPUESTO:** haber conducido

CONDUCIR 32

INDICATIVO

T. SIMPLES

PRESENTE
conduzco
conduces
conduce
conducimos
conducís
conducen

PRETÉRITO IMPERFECTO
conducía
conducías
conducía
conducíamos
conducíais
conducían

PRETÉRITO INDEFINIDO
conduje   condujimos
condujiste   condujisteis
condujo   condujeron

FUTURO
conduciré
conducirás
conducirá
conduciremos
conduciréis
conducirán

CONDICIONAL
conduciría
conducirías
conduciría
conduciríamos
conduciríais
conducirían

T. COMPUESTOS

PRETÉRITO PERFECTO
he conducido
has conducido
ha conducido
hemos conducido
habéis conducido
han conducido

PRET. PLUSCUAMPERFECTO
había conducido
habías conducido
había conducido
habíamos conducido
habíais conducido
habían conducido

FUTURO PERFECTO
habré conducido
habrás conducido
habrá conducido
habremos conducido
habréis conducido
habrán conducido

CONDICIONAL PERFECTO
habría conducido
habrías conducido
habría conducido
habríamos conducido
habríais conducido
habrían conducido

SUBJUNTIVO

TIEMPOS SIMPLES

PRESENTE
conduzca
conduzcas
conduzca
conduzcamos
conduzcáis
conduzcan

PRET. IMPERFECTO
condujera o condujese
condujeras o condujeses
condujera o condujese
condujéramos o condujésemos
condujerais o condujeseis
condujeran o condujesen

TIEMPOS COMPUESTOS

PRET. PERFECTO
haya conducido
hayas conducido
haya conducido
hayamos conducido
hayáis conducido
hayan conducido

PRET. PLUSCUAMPERFECTO
hubiera o hubiese conducido
hubieras o hubieses conducido
hubiera o hubiese conducido
hubiéramos o hubiésemos conducido
hubierais o hubieseis conducido
hubieran o hubiesen conducido

IMPERATIVO

conduce tú/ no conduzcas
conducid vosotros/ no conduzcáis
conduzcamos nosotros/ no conduzcamos
conduzca usted/ no conduzca
conduzcan ustedes/ no conduzcan

TÉRMINOS Y EXPRESIONES

La conducción
El conducto
La conducta
El conductor/ la conductora

Conducir a toda pastilla – *a mucha velocidad*

33 CONFIAR EN

Gerundio: confiando **Participio:** confiado
G. compuesto: habiendo confiado **Inf. compuesto:** haber confiado

INDICATIVO

T. SIMPLES

Presente
confío
confías
confía
confiamos
confiáis
confían

Pretérito imperfecto
confiaba
confiabas
confiaba
confiábamos
confiabais
confiaban

Pretérito indefinido
confié   confiamos
confiaste   confiasteis
confió   confiaron

Futuro
confiaré
confiarás
confiará
confiaremos
confiaréis
confiarán

Condicional
confiaría
confiarías
confiaría
confiaríamos
confiaríais
confiarían

T. COMPUESTOS

Pretérito perfecto
he confiado
has confiado
ha confiado
hemos confiado
habéis confiado
han confiado

Pret. pluscuamperfecto
había confiado
habías confiado
había confiado
habíamos confiado
habíais confiado
habían confiado

Futuro perfecto
habré confiado
habrás confiado
habrá confiado
habremos confiado
habréis confiado
habrán confiado

Condicional perfecto
habría confiado
habrías confiado
habría confiado
habríamos confiado
habríais confiado
habrían confiado

SUBJUNTIVO

TIEMPOS SIMPLES

Presente
confíe
confíes
confíe
confiemos
confiéis
confíen

Pret. imperfecto
confiara o confiase
confiaras o confiases
confiara o confiase
confiáramos o confiásemos
confiarais o confiaseis
confiaran o confiasen

TIEMPOS COMPUESTOS

Pret. perfecto
haya confiado
hayas confiado
haya confiado
hayamos confiado
hayáis confiado
hayan confiado

Pret. pluscuamperfecto
hubiera o hubiese confiado
hubieras o hubieses confiado
hubiera o hubiese confiado
hubiéramos o hubiésemos confiado
hubierais o hubieseis confiado
hubieran o hubiesen confiado

IMPERATIVO

confía tú/ no confíes
confiad vosotros/ no confiéis
confiemos nosotros/ no confiemos
confíe usted/ no confíe
confíen ustedes/ no confíen

Términos y expresiones

Confiarse
La confianza/ la desconfianza
La confidencia
La confidencialidad
El/ la confidente

Confiado/ -a
Desconfiado/ -a
Confiadamente
Confiar a ciegas en alguien – *tener confianza absoluta en alguien*

GERUNDIO: conociendo   **PARTICIPIO:** conocido
G. COMPUESTO: habiendo conocido   **INF. COMPUESTO:** haber conocido

CONOCER 34

INDICATIVO

T. SIMPLES

PRESENTE
conozco
conoces
conoce
conocemos
conocéis
conocen

PRETÉRITO IMPERFECTO
conocía
conocías
conocía
conocíamos
conocíais
conocían

PRETÉRITO INDEFINIDO
conocí conocimos
conociste conocisteis
conoció conocieron

FUTURO
conoceré
conocerás
conocerá
conoceremos
conoceréis
conocerán

CONDICIONAL
conocería
conocerías
conocería
conoceríamos
conoceríais
conocerían

T. COMPUESTOS

PRETÉRITO PERFECTO
he conocido
has conocido
ha conocido
hemos conocido
habéis conocido
han conocido

PRET. PLUSCUAMPERFECTO
había conocido
habías conocido
había conocido
habíamos conocido
habíais conocido
habían conocido

FUTURO PERFECTO
habré conocido
habrás conocido
habrá conocido
habremos conocido
habréis conocido
habrán conocido

CONDICIONAL PERFECTO
habría conocido
habrías conocido
habría conocido
habríamos conocido
habríais conocido
habrían conocido

SUBJUNTIVO

TIEMPOS SIMPLES

PRESENTE
conozca
conozcas
conozca
conozcamos
conozcáis
conozcan

PRET. IMPERFECTO
conociera o conociese
conocieras o conocieses
conociera o conociese
conociéramos o conociésemos
conocierais o conocieseis
conocieran o conociesen

TIEMPOS COMPUESTOS

PRET. PERFECTO
haya conocido
hayas conocido
haya conocido
hayamos conocido
hayáis conocido
hayan conocido

PRET. PLUSCUAMPERFECTO
hubiera o hubiese conocido
hubieras o hubieses conocido
hubiera o hubiese conocido
hubiéramos o hubiésemos conocido
hubierais o hubieseis conocido
hubieran o hubiesen conocido

IMPERATIVO

conoce tú/ no conozcas
conoced vosotros/ no conozcáis
conozcamos nosotros/ no conozcamos
conozca usted/ no conozca
conozcan ustedes/ no conozcan

TÉRMINOS Y EXPRESIONES

Conocerse   Conocido/ -a
El conocedor/ -a   Desconocido/ -a
El conocimiento

35 CONSISTIR EN

Gerundio: consistiendo **Participio:** consistido
G. compuesto: habiendo consistido **Inf. compuesto:** haber consistido

INDICATIVO

T. SIMPLES

Presente
consiste
consisten

Pretérito imperfecto
consistía
consistían

Pretérito indefinido
consistió
consistieron

Futuro
consistirá
consistirán

Condicional
consistiría
consistirían

T. COMPUESTOS

Pretérito perfecto
ha consistido
han consistido

Pret. pluscuamperfecto
había consistido
habían consistido

Futuro perfecto
habrá consistido
habrán consistido

Condicional perfecto
habría consistido
habrían consistido

SUBJUNTIVO

TIEMPOS SIMPLES

Presente
consista
consistan

Pret. imperfecto
consistiera o consistiese
consistieran o consistiesen

TIEMPOS COMPUESTOS

Pret. perfecto
haya consistido
hayan consistido

Pret. pluscuamperfecto
hubiera o hubiese consistido
hubieran o hubiesen consistido

Términos y expresiones

La consistencia
Consistente
Inconsistente

Gerundio: construyendo   **Participio:** construido
G. compuesto: habiendo construido   **Inf. compuesto:** haber construido

CONSTRUIR 36

INDICATIVO

T. SIMPLES

Presente
construyo
construyes
construye
construimos
construís
construyen

Pretérito imperfecto
construía
construías
construía
construíamos
construíais
construían

Pretérito indefinido
construí	construimos
construiste	construisteis
construyó	construyeron

Futuro
construiré
construirás
construirá
construiremos
construiréis
construirán

Condicional
construiría
construirías
construiría
construiríamos
construiríais
construirían

T. COMPUESTOS

Pretérito perfecto
he construido
has construido
ha construido
hemos construido
habéis construido
han construido

Pret. pluscuamperfecto
había construido
habías construido
había construido
habíamos construido
habíais construido
habían construido

Futuro perfecto
habré construido
habrás construido
habrá construido
habremos construido
habréis construido
habrán construido

Condicional perfecto
habría construido
habrías construido
habría construido
habríamos construido
habríais construido
habrían construido

SUBJUNTIVO

TIEMPOS SIMPLES

Presente
construya
construyas
construya
construyamos
construyáis
construyan

Pret. imperfecto
construyera o construyese
construyeras o construyeses
construyera o construyese
construyéramos o construyésemos
construyerais o construyeseis
construyeran o construyesen

TIEMPOS COMPUESTOS

Pret. perfecto
haya construido
hayas construido
haya construido
hayamos construido
hayáis construido
hayan construido

Pret. pluscuamperfecto
hubiera o hubiese construido
hubieras o hubieses construido
hubiera o hubiese construido
hubiéramos o hubiésemos construido
hubierais o hubieseis construido
hubieran o hubiesen construido

IMPERATIVO

construye tú/ no construyas
construid vosotros/ no construyáis
construyamos nosotros/ no construyamos
construya usted/ no construya
construyan ustedes/ no construyan

Términos y expresiones

La construcción
El constructor/ la constructora
Constructivo/ -a

37 CONTAR

Gerundio: contando **Participio:** contado
G. compuesto: habiendo contado **Inf. compuesto:** haber contado

INDICATIVO

T. SIMPLES

Presente
cuento
cuentas
cuenta
contamos
contáis
cuentan

Pretérito imperfecto
contaba
contabas
contaba
contábamos
contabais
contaban

Pretérito indefinido
conté	contamos
contaste	contasteis
contó	contaron

Futuro
contaré
contarás
contará
contaremos
contaréis
contarán

Condicional
contaría
contarías
contaría
contaríamos
contaríais
contarían

T. COMPUESTOS

Pretérito perfecto
he contado
has contado
ha contado
hemos contado
habéis contado
han contado

Pret. pluscuamperfecto
había contado
habías contado
había contado
habíamos contado
habíais contado
habían contado

Futuro perfecto
habré contado
habrás contado
habrá contado
habremos contado
habréis contado
habrán contado

Condicional perfecto
habría contado
habrías contado
habría contado
habríamos contado
habríais contado
habrían contado

SUBJUNTIVO

TIEMPOS SIMPLES

Presente
cuente
cuentes
cuente
contemos
contéis
cuenten

Pret. imperfecto
contara o contase
contaras o contases
contara o contase
contáramos o contásemos
contarais o contaseis
contaran o contasen

TIEMPOS COMPUESTOS

Pret. perfecto
haya contado
hayas contado
haya contado
hayamos contado
hayáis contado
hayan contado

Pret. pluscuamperfecto
hubiera o hubiese contado
hubieras o hubieses contado
hubiera o hubiese contado
hubiéramos o hubiésemos contado
hubierais o hubieseis contado
hubieran o hubiesen contado

IMPERATIVO

cuenta tú/ no cuentes
contad vosotros/ no contéis
contemos nosotros/ no contemos
cuente usted/ no cuente
cuenten ustedes/ no cuenten

Términos y expresiones

El/ la contable
El contador
La cuenta
El cuento

Contar con algo/ con alguien – *confiar en algo o en alguien para un fin*
Contar algo con pelos y señales – *con mucho detalle*
¿Qué te cuentas? – *fórmula de saludo*

GERUNDIO: contestando **PARTICIPIO:** contestado **CONTESTAR** 38
G. COMPUESTO: habiendo contestado **INF. COMPUESTO:** haber contestado

INDICATIVO

T. SIMPLES

PRESENTE
contesto
contestas
contesta
contestamos
contestáis
contestan

PRETÉRITO IMPERFECTO
contestaba
contestabas
contestaba
contestábamos
contestabais
contestaban

PRETÉRITO INDEFINIDO
contesté   contestamos
contestaste   contestasteis
contestó   contestaron

FUTURO
contestaré
contestarás
contestará
contestaremos
contestaréis
contestarán

CONDICIONAL
contestaría
contestarías
contestaría
contestaríamos
contestaríais
contestarían

T. COMPUESTOS

PRETÉRITO PERFECTO
he contestado
has contestado
ha contestado
hemos contestado
habéis contestado
han contestado

PRET. PLUSCUAMPERFECTO
había contestado
habías contestado
había contestado
habíamos contestado
habíais contestado
habían contestado

FUTURO PERFECTO
habré contestado
habrás contestado
habrá contestado
habremos contestado
habréis contestado
habrán contestado

CONDICIONAL PERFECTO
habría contestado
habrías contestado
habría contestado
habríamos contestado
habríais contestado
habrían contestado

SUBJUNTIVO

TIEMPOS SIMPLES

PRESENTE
conteste
contestes
conteste
contestemos
contestéis
contesten

PRET. IMPERFECTO
contestara o contestase
contestaras o contestases
contestara o contestase
contestáramos o contestásemos
contestarais o contestaseis
contestaran o contestasen

TIEMPOS COMPUESTOS

PRET. PERFECTO
haya contestado
hayas contestado
haya contestado
hayamos contestado
hayáis contestado
hayan contestado

PRET. PLUSCUAMPERFECTO
hubiera o hubiese contestado
hubieras o hubieses contestado
hubiera o hubiese contestado
hubiéramos o hubiésemos contestado
hubierais o hubieseis contestado
hubieran o hubiesen contestado

IMPERATIVO

contesta tú/ no contestes
contestad vosotros/ no contestéis
contestemos nosotros/ no contestemos
conteste usted/ no conteste
contesten ustedes/ no contesten

TÉRMINOS Y EXPRESIONES

La contestación   Contestón/ contestona
El contestador   Incontestable
Contestatario/ -a

39 CORREGIR

Gerundio: corrigiendo
G. compuesto: habiendo corregido
Participio: corregido
Inf. compuesto: haber corregido

INDICATIVO

T. SIMPLES

Presente
corrijo
corriges
corrige
corregimos
corregís
corrigen

Pretérito imperfecto
corregía
corregías
corregía
corregíamos
corregíais
corregían

Pretérito indefinido
corregí   corregimos
corregiste   corregisteis
corrigió   corrigieron

Futuro
corregiré
corregirás
corregirá
corregiremos
corregiréis
corregirán

Condicional
corregiría
corregirías
corregiría
corregiríamos
corregiríais
corregirían

T. COMPUESTOS

Pretérito perfecto
he corregido
has corregido
ha corregido
hemos corregido
habéis corregido
han corregido

Pret. pluscuamperfecto
había corregido
habías corregido
había corregido
habíamos corregido
habíais corregido
habían corregido

Futuro perfecto
habré corregido
habrás corregido
habrá corregido
habremos corregido
habréis corregido
habrán corregido

Condicional perfecto
habría corregido
habrías corregido
habría corregido
habríamos corregido
habríais corregido
habrían corregido

SUBJUNTIVO

TIEMPOS SIMPLES

Presente
corrija
corrijas
corrija
corrijamos
corrijáis
corrijan

Pret. imperfecto
corrigiera o corrigiese
corrigieras o corrigieses
corrigiera o corrigiese
corrigiéramos o corrigiésemos
corrigierais o corrigieseis
corrigieran o corrigiesen

TIEMPOS COMPUESTOS

Pret. perfecto
haya corregido
hayas corregido
haya corregido
hayamos corregido
hayáis corregido
hayan corregido

Pret. pluscuamperfecto
hubiera o hubiese corregido
hubieras o hubieses corregido
hubiera o hubiese corregido
hubiéramos o hubiésemos corregido
hubierais o hubieseis corregido
hubieran o hubiesen corregido

IMPERATIVO

corrige tú/ no corrijas
corregid vosotros/ no corrijáis
corrijamos nosotros/ no corrijamos
corrija usted/ no corrija
corrijan ustedes/ no corrijan

Términos y expresiones

La corrección
El correccional
El corrector/ la correctora

Corregible/ incorregible
Correctamente

GERUNDIO: costando
G. COMPUESTO: habiendo costado
PARTICIPIO: costado
INF. COMPUESTO: haber costado

COSTAR 40

INDICATIVO

T. SIMPLES

PRESENTE
cuesto
cuestas
cuesta
costamos
costáis
cuestan

PRETÉRITO IMPERFECTO
costaba
costabas
costaba
costábamos
costabais
costaban

PRETÉRITO INDEFINIDO
costé   costamos
costaste   costasteis
costó   costaron

FUTURO
costaré
costarás
costará
costaremos
costaréis
costarán

CONDICIONAL
costaría
costarías
costaría
costaríamos
costaríais
costarían

T. COMPUESTOS

PRETÉRITO PERFECTO
he costado
has costado
ha costado
hemos costado
habéis costado
han costado

PRET. PLUSCUAMPERFECTO
había costado
habías costado
había costado
habíamos costado
habíais costado
habían costado

FUTURO PERFECTO
habré costado
habrás costado
habrá costado
habremos costado
habréis costado
habrán costado

CONDICIONAL PERFECTO
habría costado
habrías costado
habría costado
habríamos costado
habríais costado
habrían costado

SUBJUNTIVO

TIEMPOS SIMPLES

PRESENTE
cueste
cuestes
cueste
costemos
costéis
cuesten

PRET. IMPERFECTO
costara o costase
costaras o costases
costara o costase
costáramos o costásemos
costarais o costaseis
costaran o costasen

TIEMPOS COMPUESTOS

PRET. PERFECTO
haya costado
hayas costado
haya costado
hayamos costado
hayáis costado
hayan costado

PRET. PLUSCUAMPERFECTO
hubiera o hubiese costado
hubieras o hubieses costado
hubiera o hubiese costado
hubiéramos o hubiésemos costado
hubierais o hubieseis costado
hubieran o hubiesen costado

IMPERATIVO

cuesta tú/ no cuestes
costad vosotros/ no costéis
costemos nosotros/ no costemos
cueste usted/ no cueste
cuesten ustedes/ no cuesten

TÉRMINOS Y EXPRESIONES

El coste
El costo
Costoso/ -a
Costar caro (a alguien un hecho) – *causar perjuicio o daño*
Costar un ojo de la cara/ un riñón – *costar mucho dinero*

41 CREER

Gerundio: creyendo **Participio:** creído
G. compuesto: habiendo creído **Inf. compuesto:** haber creído

INDICATIVO

T. SIMPLES

Presente
creo
crees
cree
creemos
creéis
creen

Pretérito imperfecto
creía
creías
creía
creíamos
creíais
creían

Pretérito indefinido
creí   creímos
creíste   creísteis
creyó   creyeron

Futuro
creeré
creerás
creerá
creeremos
creeréis
creerán

Condicional
creería
creerías
creería
creeríamos
creeríais
creerían

T. COMPUESTOS

Pretérito perfecto
he creído
has creído
ha creído
hemos creído
habéis creído
han creído

Pret. pluscuamperfecto
había creído
habías creído
había creído
habíamos creído
habíais creído
habían creído

Futuro perfecto
habré creído
habrás creído
habrá creído
habremos creído
habréis creído
habrán creído

Condicional perfecto
habría creído
habrías creído
habría creído
habríamos creído
habríais creído
habrían creído

SUBJUNTIVO

TIEMPOS SIMPLES

Presente
crea
creas
crea
creamos
creáis
crean

Pret. imperfecto
creyera o creyese
creyeras o creyeses
creyera o creyese
creyéramos o creyésemos
creyerais o creyeseis
creyeran o creyesen

TIEMPOS COMPUESTOS

Pret. perfecto
haya creído
hayas creído
haya creído
hayamos creído
hayáis creído
hayan creído

Pret. pluscuamperfecto
hubiera o hubiese creído
hubieras o hubieses creído
hubiera o hubiese creído
hubiéramos o hubiésemos creído
hubierais o hubieseis creído
hubieran o hubiesen creído

IMPERATIVO

cree tú/ no creas
creed vosotros/ no creáis
creamos nosotros/ no creamos
crea usted/ no crea
crean ustedes/ no crean

Términos y expresiones

Creer en
Creerse
La credibilidad
La creencia
Creer a pies juntillas – *creer algo sin ninguna duda*
Creerse el ombligo del mundo – *pretender ser el centro de atención*

Gerundio: dando   **Participio:** dado
G. compuesto: habiendo dado   **Inf. compuesto:** haber dado

DAR 42

INDICATIVO

T. SIMPLES

Presente
doy
das
da
damos
dais
dan

Pretérito imperfecto
daba
dabas
daba
dábamos
dabais
daban

Pretérito indefinido
di	dimos
diste	disteis
dio	dieron

Futuro
daré
darás
dará
daremos
daréis
darán

Condicional
daría
darías
daría
daríamos
daríais
darían

T. COMPUESTOS

Pretérito perfecto
he dado
has dado
ha dado
hemos dado
habéis dado
han dado

Pret. pluscuamperfecto
había dado
habías dado
había dado
habíamos dado
habíais dado
habían dado

Futuro perfecto
habré dado
habrás dado
habrá dado
habremos dado
habréis dado
habrán dado

Condicional perfecto
habría dado
habrías dado
habría dado
habríamos dado
habríais dado
habrían dado

SUBJUNTIVO

TIEMPOS SIMPLES

Presente
dé
des
dé
demos
deis
den

Pret. imperfecto
diera o diese
dieras o dieses
diera o diese
diéramos o diésemos
dierais o dieseis
dieran o diesen

TIEMPOS COMPUESTOS

Pret. perfecto
haya dado
hayas dado
haya dado
hayamos dado
hayáis dado
hayan dado

Pret. pluscuamperfecto
hubiera o hubiese dado
hubieras o hubieses dado
hubiera o hubiese dado
hubiéramos o hubiésemos dado
hubierais o hubieseis dado
hubieran o hubiesen dado

IMPERATIVO

da tú/ no des
dad vosotros/ no deis
demos nosotros/ no demos
dé usted/ no dé
den ustedes/ no den

Términos y expresiones

Dadivoso/ -a
Dar en el clavo – *acertar o adivinar algo*
Dar gato por liebre – *engañar, estafar*
Dar por hecho/ dar por sentado – *presuponer*
Dar mala espina – *sospechar algo malo de algo o de alguien*

Dar el pego – *engañar, hacer creer lo que no es*
Dar plantón – *no acudir a una cita*
Dar la vara/ la lata – *molestar*
Darse con un canto en los dientes – *conformarse*
Dárselas de algo – *presumir de cualidades que no se tienen*
No dar golpe – *no hacer nada, hacer el vago*

43 DECIDIR

Gerundio: decidiendo **Participio:** decidido
G. compuesto: habiendo decidido **Inf. compuesto:** haber decidido

INDICATIVO

T. SIMPLES

Presente
decido
decides
decide
decidimos
decidís
deciden

Pretérito imperfecto
decidía
decidías
decidía
decidíamos
decidíais
decidían

Pretérito indefinido
decidí   decidimos
decidiste   decidisteis
decidió   decidieron

Futuro
decidiré
decidirás
decidirá
decidiremos
decidiréis
decidirán

Condicional
decidiría
decidirías
decidiría
decidiríamos
decidiríais
decidirían

T. COMPUESTOS

Pretérito perfecto
he decidido
has decidido
ha decidido
hemos decidido
habéis decidido
han decidido

Pret. pluscuamperfecto
había decidido
habías decidido
había decidido
habíamos decidido
habíais decidido
habían decidido

Futuro perfecto
habré decidido
habrás decidido
habrá decidido
habremos decidido
habréis decidido
habrán decidido

Condicional perfecto
habría decidido
habrías decidido
habría decidido
habríamos decidido
habríais decidido
habrían decidido

SUBJUNTIVO

TIEMPOS SIMPLES

Presente
decida
decidas
decida
decidamos
decidáis
decidan

Pret. imperfecto
decidiera o decidiese
decidieras o decidieses
decidiera o decidiese
decidiéramos o decidiésemos
decidierais o decidieseis
decidieran o decidiesen

TIEMPOS COMPUESTOS

Pret. perfecto
haya decidido
hayas decidido
haya decidido
hayamos decidido
hayáis decidido
hayan decidido

Pret. pluscuamperfecto
hubiera o hubiese decidido
hubieras o hubieses decidido
hubiera o hubiese decidido
hubiéramos o hubiésemos decidido
hubierais o hubieseis decidido
hubieran o hubiesen decidido

IMPERATIVO

decide tú/ no decidas
decidid vosotros/ no decidáis
decidamos nosotros/ no decidamos
decida usted/ no decida
decidan ustedes/ no decidan

Términos y expresiones

Decidirse a/ por
La decisión
Indeciso/ -a
Decididamente

Gerundio: diciendo **Participio:** dicho
G. compuesto: habiendo dicho **Inf. compuesto:** haber dicho

DECIR 44

INDICATIVO

T. SIMPLES

Presente
digo
dices
dice
decimos
decís
dicen

Pretérito imperfecto
decía
decías
decía
decíamos
decíais
decían

Pretérito indefinido
dije   dijimos
dijiste   dijisteis
dijo   dijeron

Futuro
diré
dirás
dirá
diremos
diréis
dirán

Condicional
diría
dirías
diría
diríamos
diríais
dirían

T. COMPUESTOS

Pretérito perfecto
he dicho
has dicho
ha dicho
hemos dicho
habéis dicho
han dicho

Pret. pluscuamperfecto
había dicho
habías dicho
había dicho
habíamos dicho
habíais dicho
habían dicho

Futuro perfecto
habré dicho
habrás dicho
habrá dicho
habremos dicho
habréis dicho
habrán dicho

Condicional perfecto
habría dicho
habrías dicho
habría dicho
habríamos dicho
habríais dicho
habrían dicho

SUBJUNTIVO

TIEMPOS SIMPLES

Presente
diga
digas
diga
digamos
digáis
digan

Pret. imperfecto
dijera o dijese
dijeras o dijeses
dijera o dijese
dijéramos o dijésemos
dijerais o dijeseis
dijeran o dijesen

TIEMPOS COMPUESTOS

Pret. perfecto
haya dicho
hayas dicho
haya dicho
hayamos dicho
hayáis dicho
hayan dicho

Pret. pluscuamperfecto
hubiera o hubiese dicho
hubieras o hubieses dicho
hubiera o hubiese dicho
hubiéramos o hubiésemos dicho
hubierais o hubieseis dicho
hubieran o hubiesen dicho

IMPERATIVO

di tú/ no digas
decid vosotros/ no digáis
digamos nosotros/ no digamos
diga usted/ no diga
digan ustedes/ no digan

Términos y expresiones

El dicho
Dicho y hecho – *aceptar y realizar algo en el acto*

45 DESCANSAR

Gerundio: descansando **Participio:** descansado
G. compuesto: habiendo descansado **Inf. compuesto:** haber descansado

INDICATIVO

T. SIMPLES

Presente
descanso
descansas
descansa
descansamos
descansáis
descansan

Pretérito imperfecto
descansaba
descansabas
descansaba
descansábamos
descansabais
descansaban

Pretérito indefinido
descansé   descansamos
descansaste   descansasteis
descansó   descansaron

Futuro
descansaré
descansarás
descansará
descansaremos
descansaréis
descansarán

Condicional
descansaría
descansarías
descansaría
descansaríamos
descansaríais
descansarían

T. COMPUESTOS

Pretérito perfecto
he descansado
has descansado
ha descansado
hemos descansado
habéis descansado
han descansado

Pret. pluscuamperfecto
había descansado
habías descansado
había descansado
habíamos descansado
habíais descansado
habían descansado

Futuro perfecto
habré descansado
habrás descansado
habrá descansado
habremos descansado
habréis descansado
habrán descansado

Condicional perfecto
habría descansado
habrías descansado
habría descansado
habríamos descansado
habríais descansado
habrían descansado

SUBJUNTIVO

TIEMPOS SIMPLES

Presente
descanse
descanses
descanse
descansemos
descanséis
descansen

Pret. imperfecto
descansara o descansase
descansaras o descansases
descansara o descansase
descansáramos o descansásemos
descansarais o descansaseis
descansaran o descansasen

TIEMPOS COMPUESTOS

Pret. perfecto
haya descansado
hayas descansado
haya descansado
hayamos descansado
hayáis descansado
hayan descansado

Pret. pluscuamperfecto
hubiera o hubiese descansado
hubieras o hubieses descansado
hubiera o hubiese descansado
hubiéramos o hubiésemos descansado
hubierais o hubieseis descansado
hubieran o hubiesen descansado

IMPERATIVO

descansa tú/ no descanses
descansad vosotros/ no descanséis
descansemos nosotros/ no descansemos
descanse usted/ no descanse
descansen ustedes/ no descansen

Términos y expresiones

El descansillo
El descanso
Descansadamente
Descanse en paz – *fórmula que se usa cuando alguien muere*

Gerundio: despidiéndose **Participio:** despedido
G. compuesto: habiéndose despedido **Inf. compuesto:** haberse despedido

DESPEDIRSE DE — 46

INDICATIVO

T. SIMPLES

Presente
me despido
te despides
se despide
nos despedimos
os despedís
se despiden

Pretérito imperfecto
me despedía
te despedías
se despedía
nos despedíamos
os despedíais
se despedían

Pretérito indefinido
me despedí   nos despedimos
te despediste   os despedisteis
se despidió   se despidieron

Futuro
me despediré
te despedirás
se despedirá
nos despediremos
os despediréis
se despedirán

Condicional
me despediré
te despedirás
se despedirá
nos despediremos
os despediréis
se despedirán

T. COMPUESTOS

Pretérito perfecto
me he despedido
te has despedido
se ha despedido
nos hemos despedido
os habéis despedido
se han despedido

Pret. pluscuamperfecto
me había despedido
te habías despedido
se había despedido
nos habíamos despedido
os habíais despedido
se habían despedido

Futuro perfecto
me habré despedido
te habrás despedido
se habrá despedido
nos habremos despedido
os habréis despedido
se habrán despedido

Condicional perfecto
me habría despedido
te habrías despedido
se habría despedido
nos habríamos despedido
os habríais despedido
se habrían despedido

SUBJUNTIVO

TIEMPOS SIMPLES

Presente
me despida
te despidas
se despida
nos despidamos
os despidáis
se despidan

Pret. imperfecto
me despidiera o despidiese
te despidieras o despidieses
se despidiera o despidiese
nos despidiéramos o despidiésemos
os despidierais o despidieseis
se despidieran o despidiesen

TIEMPOS COMPUESTOS

Pret. perfecto
me haya despedido
te hayas despedido
se haya despedido
nos hayamos despedido
os hayáis despedido
se hayan despedido

Pret. pluscuamperfecto
me hubiera o hubiese despedido
te hubieras o hubieses despedido
se hubiera o hubiese despedido
nos hubiéramos o hubiésemos despedido
os hubierais o hubieseis despedido
se hubieran o hubiesen despedido

IMPERATIVO

despídete tú/ no te despidas
despedíos vosotros/ no os despidáis
despidámonos nosotros/ no nos despidamos
despídase usted/ no se despida
despídanse ustedes/ no se despidan

Términos y expresiones

La despedida
El despido
Despedir a alguien – *echar del trabajo*

47 DESPERTARSE

Gerundio: despertándose **Participio:** despertado
G. compuesto: habiéndose despertado **Inf. compuesto:** haberse despertado

INDICATIVO

T. SIMPLES

Presente
me despierto
te despiertas
se despierta
nos despertamos
os despertáis
se despiertan

Pretérito imperfecto
me despertaba
te despertabas
se despertaba
nos despertábamos
os despertabais
se despertaban

Pretérito indefinido
me desperté   nos despertamos
te despertaste   os despertasteis
se despertó   se despertaron

Futuro
me despertaré
te despertarás
se despertará
nos despertaremos
os despertaréis
se despertarán

Condicional
me despertaría
te despertarías
se despertaría
nos despertaríamos
os despertaríais
se despertarían

T. COMPUESTOS

Pretérito perfecto
me he despertado
te has despertado
se ha despertado
nos hemos despertado
os habéis despertado
se han despertado

Pret. pluscuamperfecto
me había despertado
te habías despertado
se había despertado
nos habíamos despertado
os habíais despertado
se habían despertado

Futuro perfecto
me habré despertado
te habrás despertado
se habrá despertado
nos habremos despertado
os habréis despertado
se habrán despertado

Condicional perfecto
me habría despertado
te habrías despertado
se habría despertado
nos habríamos despertado
os habríais despertado
se habrían despertado

SUBJUNTIVO

TIEMPOS SIMPLES

Presente
me despierte
te despiertes
se despierte
nos despertemos
os despertéis
se despierten

Pret. imperfecto
me despertara o despertase
te despertaras o despertases
se despertara o despertase
nos despertáramos o despertásemos
os despertarais o despertaseis
se despertaran o despertasen

TIEMPOS COMPUESTOS

Pret. perfecto
me haya despertado
te hayas despertado
se haya despertado
nos hayamos despertado
os hayáis despertado
se hayan despertado

Pret. pluscuamperfecto
me hubiera o hubiese despertado
te hubieras o hubieses despertado
se hubiera o hubiese despertado
nos hubiéramos o hubiésemos despertado
os hubierais o hubieseis despertado
se hubieran o hubiesen despertado

IMPERATIVO

despiértate tú/ no te despiertes
despertaos vosotros/ no os despertéis
despertémonos nosotros/ no nos despertemos
despiértese usted/ no se despierte
despiértense ustedes/ no se despierten

El despertador
El despertar
Despierto/ -a

GERUNDIO: distinguiendo **PARTICIPIO:** distinguido
G. COMPUESTO: habiendo distinguido **INF. COMPUESTO:** haber distinguido

DISTINGUIR 48

INDICATIVO

T. SIMPLES

PRESENTE
distingo
distingues
distingue
distinguimos
distinguís
distinguen

PRETÉRITO IMPERFECTO
distinguía
distinguías
distinguía
distinguíamos
distinguíais
distinguían

PRETÉRITO INDEFINIDO
distinguí   distinguimos
distinguiste   distinguisteis
distinguió   distinguieron

FUTURO
distinguiré
distinguirás
distinguirá
distinguiremos
distinguiréis
distinguirán

CONDICIONAL
distinguiría
distinguirías
distinguiría
distinguiríamos
distinguiríais
distinguirían

T. COMPUESTOS

PRETÉRITO PERFECTO
he distinguido
has distinguido
ha distinguido
hemos distinguido
habéis distinguido
han distinguido

PRET. PLUSCUAMPERFECTO
había distinguido
habías distinguido
había distinguido
habíamos distinguido
habíais distinguido
habían distinguido

FUTURO PERFECTO
habré distinguido
habrás distinguido
habrá distinguido
habremos distinguido
habréis distinguido
habrán distinguido

CONDICIONAL PERFECTO
habría distinguido
habrías distinguido
habría distinguido
habríamos distinguido
habríais distinguido
habrían distinguido

SUBJUNTIVO

TIEMPOS SIMPLES

PRESENTE
distinga
distingas
distinga
distingamos
distingáis
distingan

PRET. IMPERFECTO
distinguiera o distinguiese
distinguieras o distinguieses
distinguiera o distinguiese
distinguiéramos o distinguiésemos
distinguierais o distinguieseis
distinguieran o distinguiesen

TIEMPOS COMPUESTOS

PRET. PERFECTO
haya distinguido
hayas distinguido
haya distinguido
hayamos distinguido
hayáis distinguido
hayan distinguido

PRET. PLUSCUAMPERFECTO
hubiera o hubiese distinguido
hubieras o hubieses distinguido
hubiera o hubiese distinguido
hubiéramos o hubiésemos distinguido
hubierais o hubieseis distinguido
hubieran o hubiesen distinguido

IMPERATIVO

distingue tú/ no distingas
distinguid vosotros/ no distingáis
distingamos nosotros/ no distingamos
distinga usted/ no distinga
distingan ustedes/ no distingan

TÉRMINOS Y EXPRESIONES

Distinguirse por (algo)   Distinto/ -a
La distinción   Distinguidamente
El distintivo

49 DIVERTIRSE

Gerundio: divirtiéndose **Participio:** divertido
G. compuesto: habiéndose divertido **Inf. compuesto:** haberse divertido

INDICATIVO

T. SIMPLES

Presente
me divierto
te diviertes
se divierte
nos divertimos
os divertís
se divierten

Pretérito imperfecto
me divertía
te divertías
se divertía
nos divertíamos
os divertíais
se divertían

Pretérito indefinido
me divertí   nos divertimos
te divertiste   os divertisteis
se divirtió   se divirtieron

Futuro
me divertiré
te divertirás
se divertirá
nos divertiremos
os divertiréis
se divertirán

Condicional
me divertiría
te divertirías
se divertiría
nos divertiríamos
os divertiríais
se divertirían

T. COMPUESTOS

Pretérito perfecto
me he divertido
te has divertido
se ha divertido
nos hemos divertido
os habéis divertido
se han divertido

Pret. pluscuamperfecto
me había divertido
te habías divertido
se había divertido
nos habíamos divertido
os habíais divertido
se habían divertido

Futuro perfecto
me habré divertido
te habrás divertido
se habrá divertido
nos habremos divertido
os habréis divertido
se habrán divertido

Condicional perfecto
me habría divertido
te habrías divertido
se habría divertido
nos habríamos divertido
os habríais divertido
se habrían divertido

SUBJUNTIVO

TIEMPOS SIMPLES

Presente
me divierta
te diviertas
se divierta
nos divirtamos
os divirtáis
se diviertan

Pret. imperfecto
me divirtiera o divirtiese
te divirtieras o divirtieses
se divirtiera o divirtiese
nos divirtiéramos o divirtiésemos
os divirtierais o divirtieseis
se divirtieran o divirtiesen

TIEMPOS COMPUESTOS

Pret. perfecto
me haya divertido
te hayas divertido
se haya divertido
nos hayamos divertido
os hayáis divertido
se hayan divertido

Pret. pluscuamperfecto
me hubiera o hubiese divertido
te hubieras o hubieses divertido
se hubiera o hubiese divertido
nos hubiéramos o hubiésemos divertido
os hubierais o hubieseis divertido
se hubieran o hubiesen divertido

IMPERATIVO

diviértete tú/ no te diviertas
divertíos vosotros/ no os divirtáis
divirtámonos nosotros/ no nos divirtamos
diviértase usted/ no se divierta
diviértanse ustedes/ no se diviertan

Términos y expresiones

La diversión
El divertimento
Divertido/ -a

Gerundio: doliendo **Participio:** dolido
G. compuesto: habiendo dolido **Inf. compuesto:** haber dolido

DOLER 50

INDICATIVO

T. SIMPLES

Presente
duele
duelen

Pretérito imperfecto
dolía
dolían

Pretérito indefinido
dolió
dolieron

Futuro
dolerá
dolerán

Condicional
dolería
dolerían

T. COMPUESTOS

Pretérito perfecto
ha dolido
han dolido

Pret. pluscuamperfecto
había dolido
habían dolido

Futuro perfecto
habrá dolido
habrán dolido

Condicional perfecto
habría dolido
habrían dolido

SUBJUNTIVO

TIEMPOS SIMPLES

Presente
duela
duelan

Pret. imperfecto
doliera o doliese
dolieran o doliesen

TIEMPOS COMPUESTOS

Pret. perfecto
haya dolido
hayan dolido

Pret. pluscuamperfecto
hubiera o hubiese dolido
hubieran o hubiesen dolido

Términos y expresiones

Dolerse   Dolorosamente
La dolencia   Ahí le duele – *ese es su punto débil*
El dolor
El duelo
Doloroso/ -a

51 DORMIR

Gerundio: durmiendo **Participio:** dormido
G. compuesto: habiendo dormido **Inf. compuesto:** haber dormido

INDICATIVO

T. SIMPLES

Presente
duermo
duermes
duerme
dormimos
dormís
duermen

Pretérito imperfecto
dormía
dormías
dormía
dormíamos
dormíais
dormían

Pretérito indefinido
dormí   dormimos
dormiste   dormisteis
durmió   durmieron

Futuro
dormiré
dormirás
dormirá
dormiremos
dormiréis
dormirán

Condicional
dormiría
dormirías
dormiría
dormiríamos
dormiríais
dormirían

T. COMPUESTOS

Pretérito perfecto
he dormido
has dormido
ha dormido
hemos dormido
habéis dormido
han dormido

Pret. pluscuamperfecto
había dormido
habías dormido
había dormido
habíamos dormido
habíais dormido
habían dormido

Futuro perfecto
habré dormido
habrás dormido
habrá dormido
habremos dormido
habréis dormido
habrán dormido

Condicional perfecto
habría dormido
habrías dormido
habría dormido
habríamos dormido
habríais dormido
habrían dormido

SUBJUNTIVO

TIEMPOS SIMPLES

Presente
duerma
duermas
duerma
durmamos
durmáis
duerman

Pret. imperfecto
durmiera o durmiese
durmieras o durmieses
durmiera o durmiese
durmiéramos o durmiésemos
durmierais o durmieseis
durmieran o durmiesen

TIEMPOS COMPUESTOS

Pret. perfecto
haya dormido
hayas dormido
haya dormido
hayamos dormido
hayáis dormido
hayan dormido

Pret. pluscuamperfecto
hubiera o hubiese dormido
hubieras o hubieses dormido
hubiera o hubiese dormido
hubiéramos o hubiésemos dormido
hubierais o hubieseis dormido
hubieran o hubiesen dormido

IMPERATIVO

duerme tú/ no duermas
dormid vosotros/ no durmáis
durmamos nosotros/ no durmamos
duerma usted/ no duerma
duerman ustedes/ no duerman

Términos y expresiones

Dormirse
El dormitorio
Dormilón/ dormilona
Durmiente
Dormir la mona – *dormir después de una borrachera*

Dormir a pierna suelta – *sin preocupaciones*
Dormir de un tirón – *sin pausa*
Dormir como un tronco/ un lirón – *profundamente*
Dormirse en los laureles – *relajarse demasiado tras haber alcanzado el éxito*

Gerundio: echando **Participio:** echado
G. compuesto: habiendo echado **Inf. compuesto:** haber echado

ECHAR 52

INDICATIVO

T. SIMPLES

Presente
echo
echas
echa
echamos
echáis
echan

Pretérito imperfecto
echaba
echabas
echaba
echábamos
echabais
echaban

Pretérito indefinido
eché   echamos
echaste   echasteis
echó   echaron

Futuro
echaré
echarás
echará
echaremos
echaréis
echarán

Condicional
echaría
echarías
echaría
echaríamos
echaríais
echarían

T. COMPUESTOS

Pretérito perfecto
he echado
has echado
ha echado
hemos echado
habéis echado
han echado

Pret. pluscuamperfecto
había echado
habías echado
había echado
habíamos echado
habíais echado
habían echado

Futuro perfecto
habré echado
habrás echado
habrá echado
habremos echado
habréis echado
habrán echado

Condicional perfecto
habría echado
habrías echado
habría echado
habríamos echado
habríais echado
habrían echado

SUBJUNTIVO

TIEMPOS SIMPLES

Presente
eche
eches
eche
echemos
echéis
echen

Pret. imperfecto
echara o echase
echaras o echases
echara o echase
echáramos o echásemos
echarais o echaseis
echaran o echasen

TIEMPOS COMPUESTOS

Pret. perfecto
haya echado
hayas echado
haya echado
hayamos echado
hayáis echado
hayan echado

Pret. pluscuamperfecto
hubiera o hubiese echado
hubieras o hubieses echado
hubiera o hubiese echado
hubiéramos o hubiésemos echado
hubierais o hubieseis echado
hubieran o hubiesen echado

IMPERATIVO

echa tú/ no eches
echad vosotros/ no echéis
echemos nosotros/ no echemos
eche usted/ no eche
echen ustedes/ no echen

Términos y expresiones

Echar a alguien – *obligar a salir a alguien de un lugar*
Echar en cara – *reprochar*
Echar una mano – *ayudar*
Echar de menos – *notar la ausencia de alguien*
Echar raíces – *establecerse en un lugar que no es el propio*
Echarse – *tumbarse*
Echarse atrás – *arrepentirse*
Echarse la siesta

53 ELEGIR

Gerundio: eligiendo **Participio:** elegido
G. compuesto: habiendo elegido **Inf. compuesto:** haber elegido

INDICATIVO

T. SIMPLES

Presente
elijo
eliges
elige
elegimos
elegís
eligen

Pretérito imperfecto
elegía
elegías
elegía
elegíamos
elegíais
elegían

Pretérito indefinido
elegí   elegimos
elegiste   elegisteis
eligió   eligieron

Futuro
elegiré
elegirás
elegirá
elegiremos
elegiréis
elegirán

Condicional
elegiría
elegirías
elegiría
elegiríamos
elegiríais
elegirían

T. COMPUESTOS

Pretérito perfecto
he elegido
has elegido
ha elegido
hemos elegido
habéis elegido
han elegido

Pret. pluscuamperfecto
había elegido
habías elegido
había elegido
habíamos elegido
habíais elegido
habían elegido

Futuro perfecto
habré elegido
habrás elegido
habrá elegido
habremos elegido
habréis elegido
habrán elegido

Condicional perfecto
habría elegido
habrías elegido
habría elegido
habríamos elegido
habríais elegido
habrían elegido

SUBJUNTIVO

TIEMPOS SIMPLES

Presente
elija
elijas
elija
elijamos
elijáis
elijan

Pret. imperfecto
eligiera o eligiese
eligieras o eligieses
eligiera o eligiese
eligiéramos o eligiésemos
eligierais o eligieseis
eligieran o eligiesen

TIEMPOS COMPUESTOS

Pret. perfecto
haya elegido
hayas elegido
haya elegido
hayamos elegido
hayáis elegido
hayan elegido

Pret. pluscuamperfecto
hubiera o hubiese elegido
hubieras o hubieses elegido
hubiera o hubiese elegido
hubiéramos o hubiésemos elegido
hubierais o hubieseis elegido
hubieran o hubiesen elegido

IMPERATIVO

elige tú/ no elijas
elegid vosotros/ no elijáis
elijamos nosotros/ no elijamos
elija usted/ no elija
elijan ustedes/ no elijan

Términos y expresiones

La elección
El electorado
El elector/ la electora
Electo/ -a
Electoral

GERUNDIO: enamorándose **PARTICIPIO:** enamorado
G. COMPUESTO: habiéndose enamorado **INF. COMPUESTO:** haberse enamorado

ENAMORARSE DE — 54

INDICATIVO

T. SIMPLES

PRESENTE
me enamoro
te enamoras
se enamora
nos enamoramos
os enamoráis
se enamoran

PRETÉRITO IMPERFECTO
me enamoraba
te enamorabas
se enamoraba
nos enamorábamos
os enamorabais
se enamoraban

PRETÉRITO INDEFINIDO
me enamoré   nos enamoramos
te enamoraste   os enamorasteis
se enamoró   se enamoraron

FUTURO
me enamoraré
te enamorarás
se enamorará
nos enamoraremos
os enamoraréis
se enamorarán

CONDICIONAL
me enamoraría
te enamorarías
se enamoraría
nos enamoraríamos
os enamoraríais
se enamorarían

T. COMPUESTOS

PRETÉRITO PERFECTO
me he enamorado
te has enamorado
se ha enamorado
nos hemos enamorado
os habéis enamorado
se han enamorado

PRET. PLUSCUAMPERFECTO
me había enamorado
te habías enamorado
se había enamorado
nos habíamos enamorado
os habíais enamorado
se habían enamorado

FUTURO PERFECTO
me habré enamorado
te habrás enamorado
se habrá enamorado
nos habremos enamorado
os habréis enamorado
se habrán enamorado

CONDICIONAL PERFECTO
me habría enamorado
te habrías enamorado
se habría enamorado
nos habríamos enamorado
os habríais enamorado
se habrían enamorado

SUBJUNTIVO

TIEMPOS SIMPLES

PRESENTE
me enamore
te enamores
se enamore
nos enamoremos
os enamoréis
se enamoren

PRET. IMPERFECTO
me enamorara o enamorase
te enamoraras o enamorases
se enamorara o enamorase
nos enamoráramos o enamorásemos
os enamorarais o enamoraseis
se enamoraran o enamorasen

TIEMPOS COMPUESTOS

PRET. PERFECTO
me haya enamorado
te hayas enamorado
se haya enamorado
nos hayamos enamorado
os hayáis enamorado
se hayan enamorado

PRET. PLUSCUAMPERFECTO
me hubiera o hubiese enamorado
te hubieras o hubieses enamorado
se hubiera o hubiese enamorado
nos hubiéramos o hubiésemos enamorado
os hubierais o hubieseis enamorado
se hubieran o hubiesen enamorado

IMPERATIVO

enamórate tú/ no te enamores
enamoraos vosotros/ no os enamoréis
enamorémonos nosotros/ no nos enamoremos
enamórese usted/ no se enamore
enamórense ustedes/ no se enamoren

TÉRMINOS Y EXPRESIONES

El amor
El enamoramiento
Enamorado/ -a
Enamoradizo/ -a

55 ENCENDER

Gerundio: encendiendo **Participio:** encendido
G. compuesto: habiendo encendido **Inf. compuesto:** haber encendido

INDICATIVO

T. SIMPLES

Presente
enciendo
enciendes
enciende
encendemos
encendéis
encienden

Pretérito imperfecto
encendía
encendías
encendía
encendíamos
encendíais
encendían

Pretérito indefinido
encendí   encendimos
encendiste   encendisteis
encendió   encendieron

Futuro
encenderé
encenderás
encenderá
encenderemos
encenderéis
encenderán

Condicional
encendería
encenderías
encendería
encenderíamos
encenderíais
encenderían

T. COMPUESTOS

Pretérito perfecto
he encendido
has encendido
ha encendido
hemos encendido
habéis encendido
han encendido

Pret. pluscuamperfecto
había encendido
habías encendido
había encendido
habíamos encendido
habíais encendido
habían encendido

Futuro perfecto
habré encendido
habrás encendido
habrá encendido
habremos encendido
habréis encendido
habrán encendido

Condicional perfecto
habría encendido
habrías encendido
habría encendido
habríamos encendido
habríais encendido
habrían encendido

SUBJUNTIVO

TIEMPOS SIMPLES

Presente
encienda
enciendas
encienda
encendamos
encendáis
enciendan

Pret. imperfecto
encendiera o encendiese
encendieras o encendieses
encendiera o encendiese
encendiéramos o encendiésemos
encendierais o encendieseis
encendieran o encendiesen

TIEMPOS COMPUESTOS

Pret. perfecto
haya encendido
hayas encendido
haya encendido
hayamos encendido
hayáis encendido
hayan encendido

Pret. pluscuamperfecto
hubiera o hubiese encendido
hubieras o hubieses encendido
hubiera o hubiese encendido
hubiéramos o hubiésemos encendido
hubierais o hubieseis encendido
hubieran o hubiesen encendido

IMPERATIVO

enciende tú/ no enciendas
encended vosotros/ no encendáis
encendamos nosotros/ no encendamos
encienda usted/ no encienda
enciendan ustedes/ no enciendan

Términos y expresiones

El encendedor
Estar encendido/ -a – *muy enfadado*
Encenderse la sangre – *enojarse*

Gerundio: encontrando **Participio:** encontrado
G. compuesto: habiendo encontrado **Inf. compuesto:** haber encontrado

ENCONTRAR 56

INDICATIVO

T. SIMPLES

Presente
encuentro
encuentras
encuentra
encontramos
encontráis
encuentran

Pretérito imperfecto
encontraba
encontrabas
encontraba
encontrábamos
encontrabais
encontraban

Pretérito indefinido
encontré   encontramos
encontraste   encontrasteis
encontró   encontraron

Futuro
encontraré
encontrarás
encontrará
encontraremos
encontraréis
encontrarán

Condicional
encontraría
encontrarías
encontraría
encontraríamos
encontraríais
encontrarían

T. COMPUESTOS

Pretérito perfecto
he encontrado
has encontrado
ha encontrado
hemos encontrado
habéis encontrado
han encontrado

Pret. pluscuamperfecto
había encontrado
habías encontrado
había encontrado
habíamos encontrado
habíais encontrado
habían encontrado

Futuro perfecto
habré encontrado
habrás encontrado
habrá encontrado
habremos encontrado
habréis encontrado
habrán encontrado

Condicional perfecto
habría encontrado
habrías encontrado
habría encontrado
habríamos encontrado
habríais encontrado
habrían encontrado

SUBJUNTIVO

TIEMPOS SIMPLES

Presente
encuentre
encuentres
encuentre
encontremos
encontréis
encuentren

Pret. imperfecto
encontrara o encontrase
encontraras o encontrases
encontrara o encontrase
encontráramos o encontrásemos
encontrarais o encontraseis
encontraran o encontrasen

TIEMPOS COMPUESTOS

Pret. perfecto
haya encontrado
hayas encontrado
haya encontrado
hayamos encontrado
hayáis encontrado
hayan encontrado

Pret. pluscuamperfecto
hubiera o hubiese encontrado
hubieras o hubieses encontrado
hubiera o hubiese encontrado
hubiéramos o hubiésemos encontrado
hubierais o hubieseis encontrado
hubieran o hubiesen encontrado

IMPERATIVO

encuentra tú/ no encuentres
encontrad vosotros/ no encontréis
encontremos nosotros/ no encontremos
encuentre usted/ no encuentre
encuentren ustedes/ no encuentren

Términos y expresiones

Encontrarse con
El encontronazo
El encuentro/ el desencuentro
Encontradizo/ -a

57 ENFADARSE

Gerundio: enfadándose **Participio:** enfadado
G. compuesto: habiéndose enfadado **Inf. compuesto:** haberse enfadado

INDICATIVO

T. SIMPLES

Presente
me enfado
te enfadas
se enfada
nos enfadamos
os enfadáis
se enfadan

Pretérito imperfecto
me enfadaba
te enfadabas
se enfadaba
nos enfadábamos
os enfadabais
se enfadaban

Pretérito indefinido
me enfadé   nos enfadamos
te enfadaste   os enfadasteis
se enfadó   se enfadaron

Futuro
me enfadaré
te enfadarás
se enfadará
nos enfadaremos
os enfadaréis
se enfadarán

Condicional
me enfadaría
te enfadarías
se enfadaría
nos enfadaríamos
os enfadaríais
se enfadarían

T. COMPUESTOS

Pretérito perfecto
me he enfadado
te has enfadado
se ha enfadado
nos hemos enfadado
os habéis enfadado
se han enfadado

Pret. pluscuamperfecto
me había enfadado
te habías enfadado
se había enfadado
nos habíamos enfadado
os habíais enfadado
se habían enfadado

Futuro perfecto
me habré enfadado
te habrás enfadado
se habrá enfadado
nos habremos enfadado
os habréis enfadado
se habrán enfadado

Condicional perfecto
me habría enfadado
te habrías enfadado
se habría enfadado
nos habríamos enfadado
os habríais enfadado
se habrían enfadado

SUBJUNTIVO

TIEMPOS SIMPLES

Presente
me enfade
te enfades
se enfade
nos enfademos
os enfadéis
se enfaden

Pret. imperfecto
me enfadara o enfadase
te enfadaras o enfadases
se enfadara o enfadase
nos enfadáramos o enfadásemos
os enfadarais o enfadaseis
se enfadaran o enfadasen

TIEMPOS COMPUESTOS

Pret. perfecto
me haya enfadado
te hayas enfadado
se haya enfadado
nos hayamos enfadado
os hayáis enfadado
se hayan enfadado

Pret. pluscuamperfecto
me hubiera o hubiese enfadado
te hubieras o hubieses enfadado
se hubiera o hubiese enfadado
nos hubiéramos o hubiésemos enfadado
os hubierais o hubieseis enfadado
se hubieran o hubiesen enfadado

IMPERATIVO

enfádate tú/ no te enfades
enfadaos vosotros/ no os enfadéis
enfadémonos nosotros/ no nos enfademos
enfádese usted/ no se enfade
enfádense ustedes/ no se enfaden

Términos y expresiones

Enfadarse por
Enfadarse con
El enfado

Gerundio: enseñando
G. compuesto: habiendo enseñado
Participio: enseñado
Inf. compuesto: haber enseñado

ENSEÑAR 58

INDICATIVO

T. SIMPLES

Presente
enseño
enseñas
enseña
enseñamos
enseñáis
enseñan

Pretérito imperfecto
enseñaba
enseñabas
enseñaba
enseñábamos
enseñabais
enseñaban

Pretérito indefinido
enseñé   enseñamos
enseñaste   enseñasteis
enseñó   enseñaron

Futuro
enseñaré
enseñarás
enseñará
enseñaremos
enseñaréis
enseñarán

Condicional
enseñaría
enseñarías
enseñaría
enseñaríamos
enseñaríais
enseñarían

T. COMPUESTOS

Pretérito perfecto
he enseñado
has enseñado
ha enseñado
hemos enseñado
habéis enseñado
han enseñado

Pret. pluscuamperfecto
había enseñado
habías enseñado
había enseñado
habíamos enseñado
habíais enseñado
habían enseñado

Futuro perfecto
habré enseñado
habrás enseñado
habrá enseñado
habremos enseñado
habréis enseñado
habrán enseñado

Condicional perfecto
habría enseñado
habrías enseñado
habría enseñado
habríamos enseñado
habríais enseñado
habrían enseñado

SUBJUNTIVO

TIEMPOS SIMPLES

Presente
enseñe
enseñes
enseñe
enseñemos
enseñéis
enseñen

Pret. imperfecto
enseñara o enseñase
enseñaras o enseñases
enseñara o enseñase
enseñáramos o enseñásemos
enseñarais o enseñaseis
enseñaran o enseñasen

TIEMPOS COMPUESTOS

Pret. perfecto
haya enseñado
hayas enseñado
haya enseñado
hayamos enseñado
hayáis enseñado
hayan enseñado

Pret. pluscuamperfecto
hubiera o hubiese enseñado
hubieras o hubieses enseñado
hubiera o hubiese enseñado
hubiéramos o hubiésemos enseñado
hubierais o hubieseis enseñado
hubieran o hubiesen enseñado

IMPERATIVO

enseña tú/ no enseñes
enseñad vosotros/ no enseñéis
enseñemos nosotros/ no enseñemos
enseñe usted/ no enseñe
enseñen ustedes/ no enseñen

Términos y expresiones

El/ la enseñante
La enseñanza
Enseñable

59 ENTENDER

Gerundio: entendiendo **Participio:** entendido
G. compuesto: habiendo entendido **Inf. compuesto:** haber entendido

INDICATIVO

T. SIMPLES

Presente
entiendo
entiendes
entiende
entendemos
entendéis
entienden

Pretérito imperfecto
entendía
entendías
entendía
entendíamos
entendíais
entendían

Pretérito indefinido
entendí   entendimos
entendiste entendisteis
entendió   entendieron

Futuro
entenderé
entenderás
entenderá
entenderemos
entenderéis
entenderán

Condicional
entendería
entenderías
entendería
entenderíamos
entenderíais
entenderían

T. COMPUESTOS

Pretérito perfecto
he entendido
has entendido
ha entendido
hemos entendido
habéis entendido
han entendido

Pret. pluscuamperfecto
había entendido
habías entendido
había entendido
habíamos entendido
habíais entendido
habían entendido

Futuro perfecto
habré entendido
habrás entendido
habrá entendido
habremos entendido
habréis entendido
habrán entendido

Condicional perfecto
habría entendido
habrías entendido
habría entendido
habríamos entendido
habríais entendido
habrían entendido

SUBJUNTIVO

TIEMPOS SIMPLES

Presente
entienda
entiendas
entienda
entendamos
entendáis
entiendan

Pret. imperfecto
entendiera o entendiese
entendieras o entendieses
entendiera o entendiese
entendiéramos o entendiésemos
entendierais o entendieseis
entendieran o entendiesen

TIEMPOS COMPUESTOS

Pret. perfecto
haya entendido
hayas entendido
haya entendido
hayamos entendido
hayáis entendido
hayan entendido

Pret. pluscuamperfecto
hubiera o hubiese entendido
hubieras o hubieses entendido
hubiera o hubiese entendido
hubiéramos o hubiésemos entendido
hubierais o hubieseis entendido
hubieran o hubiesen entendido

IMPERATIVO

entiende tú/ no entiendas
entended vosotros/ no entendáis
entendamos nosotros/ no entendamos
entienda usted/ no entienda
entiendan ustedes/ no entiendan

Términos y expresiones

Entenderse con
El entendimiento
El malentendido
Entendible/ inteligible
Dar a entender algo – *insinuar algo*
Ser un entendido en – *ser un experto*

GERUNDIO: enterándose   **PARTICIPIO:** enterado
G. COMPUESTO: habiéndose enterado   **INF. COMPUESTO:** haberse enterado

ENTERARSE DE — 60

INDICATIVO

T. SIMPLES

PRESENTE
me entero
te enteras
se entera
nos enteramos
os enteráis
se enteran

PRETÉRITO IMPERFECTO
me enteraba
te enterabas
se enteraba
nos enterábamos
os enterabais
se enteraban

PRETÉRITO INDEFINIDO
me enteré   nos enteramos
te enteraste   os enterasteis
se enteró   se enteraron

FUTURO
me enteraré
te enterarás
se enterará
nos enteraremos
os enteraréis
se enterarán

CONDICIONAL
me enteraría
te enterarías
se enteraría
nos enteraríamos
os enteraríais
se enterarían

T. COMPUESTOS

PRETÉRITO PERFECTO
me he enterado
te has enterado
se ha enterado
nos hemos enterado
os habéis enterado
se han enterado

PRET. PLUSCUAMPERFECTO
me había enterado
te habías enterado
se había enterado
nos habíamos enterado
os habíais enterado
se habían enterado

FUTURO PERFECTO
me habré enterado
te habrás enterado
se habrá enterado
nos habremos enterado
os habréis enterado
se habrán enterado

CONDICIONAL PERFECTO
me habría enterado
te habrías enterado
se habría enterado
nos habríamos enterado
os habríais enterado
se habrían enterado

SUBJUNTIVO

TIEMPOS SIMPLES

PRESENTE
me entere
te enteres
se entere
nos enteremos
os enteréis
se enteren

PRET. IMPERFECTO
me enterara o enterase
te enteraras o enterases
se enterara o enterase
nos enteráramos o enterásemos
os enterarais o enteraseis
se enteraran o enterasen

TIEMPOS COMPUESTOS

PRET. PERFECTO
me haya enterado
te hayas enterado
se haya enterado
nos hayamos enterado
os hayáis enterado
se hayan enterado

PRET. PLUSCUAMPERFECTO
me hubiera o hubiese enterado
te hubieras o hubieses enterado
se hubiera o hubiese enterado
nos hubiéramos o hubiésemos enterado
os hubierais o hubieseis enterado
se hubieran o hubiesen enterado

IMPERATIVO

entérate tú/ no te enteres
enteraos vosotros/ no os enteréis
enterémonos nosotros/ no nos enteremos
entérese usted/ no se entere
entérense ustedes/ no se enteren

TÉRMINOS Y EXPRESIONES

Darse por enterado – *mostrar que un asunto se conoce*
Enterarse de lo que vale un peine – *advertir sobre consecuencias futuras*
Te vas a enterar – *fórmula de amenaza*

61 ENTRAR

Gerundio: entrando **Participio:** entrado
G. compuesto: habiendo entrado **Inf. compuesto:** haber entrado

INDICATIVO

T. SIMPLES

Presente
entro
entras
entra
entramos
entráis
entran

Pretérito imperfecto
entraba
entrabas
entraba
entrábamos
entrabais
entraban

Pretérito indefinido
entré   entramos
entraste   entrasteis
entró   entraron

Futuro
entraré
entrarás
entrará
entraremos
entraréis
entrarán

Condicional
entraría
entrarías
entraría
entraríamos
entraríais
entrarían

T. COMPUESTOS

Pretérito perfecto
he entrado
has entrado
ha entrado
hemos entrado
habéis entrado
han entrado

Pret. pluscuamperfecto
había entrado
habías entrado
había entrado
habíamos entrado
habíais entrado
habían entrado

Futuro perfecto
habré entrado
habrás entrado
habrá entrado
habremos entrado
habréis entrado
habrán entrado

Condicional perfecto
habría entrado
habrías entrado
habría entrado
habríamos entrado
habríais entrado
habrían entrado

SUBJUNTIVO

TIEMPOS SIMPLES

Presente
entre
entres
entre
entremos
entréis
entren

Pret. imperfecto
entrara o entrase
entraras o entrases
entrara o entrase
entráramos o entrásemos
entrarais o entraseis
entraran o entrasen

TIEMPOS COMPUESTOS

Pret. perfecto
haya entrado
hayas entrado
haya entrado
hayamos entrado
hayáis entrado
hayan entrado

Pret. pluscuamperfecto
hubiera o hubiese entrado
hubieras o hubieses entrado
hubiera o hubiese entrado
hubiéramos o hubiésemos entrado
hubierais o hubieseis entrado
hubieran o hubiesen entrado

IMPERATIVO

entra tú/ no entres
entrad vosotros/ no entréis
entremos nosotros/ no entremos
entre usted/ no entre
entren ustedes/ no entren

Términos y expresiones

La entrada
El entrante
Entrar por el aro – *aceptar algo que en un principio se rechazaba*
No entrarle a uno una cosa – *no entender*
Tener entradas – *calvicie parcial*

GERUNDIO: envolviendo **PARTICIPIO:** envuelto
G. COMPUESTO: habiendo envuelto **INF. COMPUESTO:** haber envuelto

ENVOLVER 62

INDICATIVO

T. SIMPLES

PRESENTE
envuelvo
envuelves
envuelve
envolvemos
envolvéis
envuelven

PRETÉRITO IMPERFECTO
envolvía
envolvías
envolvía
envolvíamos
envolvíais
envolvían

PRETÉRITO INDEFINIDO
envolví   envolvimos
envolviste   envolvisteis
envolvió   envolvieron

FUTURO
envolveré
envolverás
envolverá
envolveremos
envolveréis
envolverán

CONDICIONAL
envolvería
envolverías
envolvería
envolveríamos
envolveríais
envolverían

T. COMPUESTOS

PRETÉRITO PERFECTO
he envuelto
has envuelto
ha envuelto
hemos envuelto
habéis envuelto
han envuelto

PRET. PLUSCUAMPERFECTO
había envuelto
habías envuelto
había envuelto
habíamos envuelto
habíais envuelto
habían envuelto

FUTURO PERFECTO
habré envuelto
habrás envuelto
habrá envuelto
habremos envuelto
habréis envuelto
habrán envuelto

CONDICIONAL PERFECTO
habría envuelto
habrías envuelto
habría envuelto
habríamos envuelto
habríais envuelto
habrían envuelto

SUBJUNTIVO

TIEMPOS SIMPLES

PRESENTE   **PRET. IMPERFECTO**
envuelva   envolviera o envolviese
envuelvas   envolvieras o envolvieses
envuelva   envolviera o envolviese
envolvamos   envolviéramos o envolviésemos
envolváis   envolvierais o envolvieseis
envuelvan   envolvieran o envolviesen

TIEMPOS COMPUESTOS

PRET. PERFECTO   **PRET. PLUSCUAMPERFECTO**
haya envuelto   hubiera o hubiese envuelto
hayas envuelto   hubieras o hubieses envuelto
haya envuelto   hubiera o hubiese envuelto
hayamos envuelto   hubiéramos o hubiésemos envuelto
hayáis envuelto   hubierais o hubieseis envuelto
hayan envuelto   hubieran o hubiesen envuelto

IMPERATIVO

envuelve tú/ no envuelvas
envolved vosotros/ no envolváis
envolvamos nosotros/ no envolvamos
envuelva usted/ no envuelva
envuelvan ustedes/ no envuelvan

TÉRMINOS Y EXPRESIONES

El envoltorio
La envoltura
El envolvimiento
Envolvente

63 ESCRIBIR

Gerundio: escribiendo **Participio:** escrito
G. compuesto: habiendo escrito **Inf. compuesto:** haber escrito

INDICATIVO

T. SIMPLES

Presente
escribo
escribes
escribe
escribimos
escribís
escriben

Pretérito imperfecto
escribía
escribías
escribía
escribíamos
escribíais
escribían

Pretérito indefinido
escribí   escribimos
escribiste   escribisteis
escribió   escribieron

Futuro
escribiré
escribirás
escribirá
escribiremos
escribiréis
escribirán

Condicional
escribiría
escribirías
escribiría
escribiríamos
escribiríais
escribirían

T. COMPUESTOS

Pretérito perfecto
he escrito
has escrito
ha escrito
hemos escrito
habéis escrito
han escrito

Pret. pluscuamperfecto
había escrito
habías escrito
había escrito
habíamos escrito
habíais escrito
habían escrito

Futuro perfecto
habré escrito
habrás escrito
habrá escrito
habremos escrito
habréis escrito
habrán escrito

Condicional perfecto
habría escrito
habrías escrito
habría escrito
habríamos escrito
habríais escrito
habrían escrito

SUBJUNTIVO

TIEMPOS SIMPLES

Presente
escriba
escribas
escriba
escribamos
escribáis
escriban

Pret. imperfecto
escribiera o escribiese
escribieras o escribieses
escribiera o escribiese
escribiéramos o escribiésemos
escribierais o escribieseis
escribieran o escribiesen

TIEMPOS COMPUESTOS

Pret. perfecto
haya escrito
hayas escrito
haya escrito
hayamos escrito
hayáis escrito
hayan escrito

Pret. pluscuamperfecto
hubiera o hubiese escrito
hubieras o hubieses escrito
hubiera o hubiese escrito
hubiéramos o hubiésemos escrito
hubierais o hubieseis escrito
hubieran o hubiesen escrito

IMPERATIVO

escribe tú/ no escribas
escribid vosotros/ no escribáis
escribamos nosotros/ no escribamos
escriba usted/ no escriba
escriban ustedes/ no escriban

Términos y expresiones

La escritura
El escrito
El escritor/ la escritora
El escritorio
Escribir a mano/ a máquina/ a ordenador

Gerundio: escuchando **Participio:** escuchado
G. compuesto: habiendo escuchado **Inf. compuesto:** haber escuchado

ESCUCHAR 64

INDICATIVO

T. SIMPLES

Presente
escucho
escuchas
escucha
escuchamos
escucháis
escuchan

Pretérito imperfecto
escuchaba
escuchabas
escuchaba
escuchábamos
escuchabais
escuchaban

Pretérito indefinido
escuché   escuchamos
escuchaste   escuchasteis
escuchó   escucharon

Futuro
escucharé
escucharás
escuchará
escucharemos
escucharéis
escucharán

Condicional
escucharía
escucharías
escucharía
escucharíamos
escucharíais
escucharían

T. COMPUESTOS

Pretérito perfecto
he escuchado
has escuchado
ha escuchado
hemos escuchado
habéis escuchado
han escuchado

Pret. pluscuamperfecto
había escuchado
habías escuchado
había escuchado
habíamos escuchado
habíais escuchado
habían escuchado

Futuro perfecto
habré escuchado
habrás escuchado
habrá escuchado
habremos escuchado
habréis escuchado
habrán escuchado

Condicional perfecto
habría escuchado
habrías escuchado
habría escuchado
habríamos escuchado
habríais escuchado
habrían escuchado

SUBJUNTIVO

TIEMPOS SIMPLES

Presente
escuche
escuches
escuche
escuchemos
escuchéis
escuchen

Pret. imperfecto
escuchara o escuchase
escucharas o escuchases
escuchara o escuchase
escucháramos o escuchásemos
escucharais o escuchaseis
escucharan o escuchasen

TIEMPOS COMPUESTOS

Pret. perfecto
haya escuchado
hayas escuchado
haya escuchado
hayamos escuchado
hayáis escuchado
hayan escuchado

Pret. pluscuamperfecto
hubiera o hubiese escuchado
hubieras o hubieses escuchado
hubiera o hubiese escuchado
hubiéramos o hubiésemos escuchado
hubierais o hubieseis escuchado
hubieran o hubiesen escuchado

IMPERATIVO

escucha tú/ no escuches
escuchad vosotros/ no escuchéis
escuchemos nosotros/ no escuchemos
escuche usted/ no escuche
escuchen ustedes/ no escuchen

Términos y expresiones
La escucha

65 ESTAR

Gerundio: estando **Participio:** estado
G. compuesto: habiendo estado **Inf. compuesto:** haber estado

INDICATIVO

T. SIMPLES | T. COMPUESTOS

Presente
estoy
estás
está
estamos
estáis
están

Pretérito perfecto
he estado
has estado
ha estado
hemos estado
habéis estado
han estado

Pretérito imperfecto
estaba
estabas
estaba
estábamos
estabais
estaban

Pret. pluscuamperfecto
había estado
habías estado
había estado
habíamos estado
habíais estado
habían estado

Pretérito indefinido
estuve   estuvimos
estuviste   estuvisteis
estuvo   estuvieron

Futuro
estaré
estarás
estará
estaremos
estaréis
estarán

Futuro perfecto
habré estado
habrás estado
habrá estado
habremos estado
habréis estado
habrán estado

Condicional
estaría
estarías
estaría
estaríamos
estaríais
estarían

Condicional perfecto
habría estado
habrías estado
habría estado
habríamos estado
habríais estado
habrían estado

SUBJUNTIVO

TIEMPOS SIMPLES

Presente
esté
estés
esté
estemos
estéis
estén

Pret. imperfecto
estuviera o estuviese
estuvieras o estuvieses
estuviera o estuviese
estuviéramos o estuviésemos
estuvierais o estuvieseis
estuvieran o estuviesen

TIEMPOS COMPUESTOS

Pret. perfecto
haya estado
hayas estado
haya estado
hayamos estado
hayáis estado
hayan estado

Pret. pluscuamperfecto
hubiera o hubiese estado
hubieras o hubieses estado
hubiera o hubiese estado
hubiéramos o hubiésemos estado
hubierais o hubieseis estado
hubieran o hubiesen estado

IMPERATIVO

Está tú/ no estés
Estad vosotros/ no estéis
Estemos nosotros/ no estemos
Esté usted/ no esté
Estén ustedes/ no estén

El estado
Está que muerde – *muy enfadado*
Estar en babia/ en las nubes – *estar distraído, despistado*
Estar sin blanca – *sin dinero*
Estar chupado – *ser muy fácil*
Estar en estado – *estar embarazada*
Estar hecho polvo – *estar muy cansado, agotado o deprimido*
Estar al loro – *estar pendiente de algo*
Estar con la mosca detrás de la oreja – *desconfiar, sospechar*
Estar por las nubes – *ser muy caro*
Estar verde – *no tener experiencia*

GERUNDIO: estudiando   **PARTICIPIO:** estudiado
G. COMPUESTO: habiendo estudiado   **INF. COMPUESTO:** haber estudiado

ESTUDIAR 66

INDICATIVO

T. SIMPLES

PRESENTE
estudio
estudias
estudia
estudiamos
estudiáis
estudian

PRETÉRITO IMPERFECTO
estudiaba
estudiabas
estudiaba
estudiábamos
estudiabais
estudiaban

PRETÉRITO INDEFINIDO
estudié   estudiamos
estudiaste   estudiasteis
estudió   estudiaron

FUTURO
estudiaré
estudiarás
estudiará
estudiaremos
estudiaréis
estudiarán

CONDICIONAL
estudiaría
estudiarías
estudiaría
estudiaríamos
estudiaríais
estudiarían

T. COMPUESTOS

PRETÉRITO PERFECTO
he estudiado
has estudiado
ha estudiado
hemos estudiado
habéis estudiado
han estudiado

PRET. PLUSCUAMPERFECTO
había estudiado
habías estudiado
había estudiado
habíamos estudiado
habíais estudiado
habían estudiado

FUTURO PERFECTO
habré estudiado
habrás estudiado
habrá estudiado
habremos estudiado
habréis estudiado
habrán estudiado

CONDICIONAL PERFECTO
habría estudiado
habrías estudiado
habría estudiado
habríamos estudiado
habríais estudiado
habrían estudiado

SUBJUNTIVO

TIEMPOS SIMPLES

PRESENTE
estudie
estudies
estudie
estudiemos
estudiéis
estudien

PRET. IMPERFECTO
estudiara o estudiase
estudiaras o estudiases
estudiara o estudiase
estudiáramos o estudiásemos
estudiarais o estudiaseis
estudiaran o estudiasen

TIEMPOS COMPUESTOS

PRET. PERFECTO
haya estudiado
hayas estudiado
haya estudiado
hayamos estudiado
hayáis estudiado
hayan estudiado

PRET. PLUSCUAMPERFECTO
hubiera o hubiese estudiado
hubieras o hubieses estudiado
hubiera o hubiese estudiado
hubiéramos o hubiésemos estudiado
hubierais o hubieseis estudiado
hubieran o hubiesen estudiado

IMPERATIVO

estudia tú/ no estudies
estudiad vosotros/ no estudiéis
estudiemos nosotros/ no estudiemos
estudie usted/ no estudie
estudien ustedes/ no estudien

TÉRMINOS Y EXPRESIONES

El estudio
El/ la estudiante
El estudioso/ la estudiosa

67. FIARSE DE

Gerundio: fiándose **Participio:** fiado
G. compuesto: habiéndose fiado **Inf. compuesto:** haberse fiado

INDICATIVO

T. SIMPLES

Presente
me fío
te fías
se fía
nos fiamos
os fiáis
se fían

Pretérito imperfecto
me fiaba
te fiabas
se fiaba
nos fiábamos
os fiabais
se fiaban

Pretérito indefinido
me fié   nos fiamos
te fiaste   os fiasteis
se fió   se fiaron

Futuro
me fiaré
te fiarás
se fiará
nos fiaremos
os fiaréis
se fiarán

Condicional
mo fiaría
te fiarías
se fiaría
nos fiaríamos
os fiaríais
se fiarían

T. COMPUESTOS

Pretérito perfecto
me he fiado
te has fiado
se ha fiado
nos hemos fiado
os habéis fiado
se han fiado

Pret. pluscuamperfecto
me había fiado
te habías fiado
se había fiado
nos habíamos fiado
os habíais fiado
se habían fiado

Futuro perfecto
me habré fiado
te habrás fiado
se habrá fiado
nos habremos fiado
os habréis fiado
se habrán fiado

Condicional perfecto
me habría fiado
te habrías fiado
se habría fiado
nos habríamos fiado
os habríais fiado
se habrían fiado

SUBJUNTIVO

TIEMPOS SIMPLES

Presente
me fíe
te fíes
se fíe
nos fiemos
os fiéis
se fíen

Pret. imperfecto
me fiara o fiase
te fiaras o fiases
se fiara o fiase
nos fiáramos o fiásemos
os fiarais o fiaseis
se fiaran o fiasen

TIEMPOS COMPUESTOS

Pret. perfecto
me haya fiado
te hayas fiado
se haya fiado
nos hayamos fiado
os hayáis fiado
se hayan fiado

Pret. pluscuamperfecto
me hubiera o hubiese fiado
te hubieras o hubieses fiado
se hubiera o hubiese fiado
nos hubiéramos o hubiésemos fiado
os hubierais o hubieseis fiado
se hubieran o hubiesen fiado

IMPERATIVO

fíate tú/ no te fíes
fiaos vosotros/ no os fiéis
fiémonos nosotros/ no nos fiemos
fíese usted/ no se fíe
fíense ustedes/ no se fíen

Términos y expresiones

Fiar
La fiabilidad
La fianza
El fiador/ la fiadora
Fiable

GERUNDIO: hablando **PARTICIPIO:** hablado
G. COMPUESTO: habiendo hablado **INF. COMPUESTO:** haber hablado

HABLAR 68

INDICATIVO

T. SIMPLES

PRESENTE
hablo
hablas
habla
hablamos
habláis
hablan

PRETÉRITO IMPERFECTO
hablaba
hablabas
hablaba
hablábamos
hablabais
hablaban

PRETÉRITO INDEFINIDO
hablé   hablamos
hablaste   hablasteis
habló   hablaron

FUTURO
hablaré
hablarás
hablará
hablaremos
hablaréis
hablarán

CONDICIONAL
hablaría
hablarías
hablaría
hablaríamos
hablaríais
hablarían

T. COMPUESTOS

PRETÉRITO PERFECTO
he hablado
has hablado
ha hablado
hemos hablado
habéis hablado
han hablado

PRET. PLUSCUAMPERFECTO
había hablado
habías hablado
había hablado
habíamos hablado
habíais hablado
habían hablado

FUTURO PERFECTO
habré hablado
habrás hablado
habrá hablado
habremos hablado
habréis hablado
habrán hablado

CONDICIONAL PERFECTO
habría hablado
habrías hablado
habría hablado
habríamos hablado
habríais hablado
habrían hablado

SUBJUNTIVO

TIEMPOS SIMPLES

PRESENTE   **PRET. IMPERFECTO**
hable   hablara o hablase
hables   hablaras o hablases
hable   hablara o hablase
hablemos   habláramos o hablásemos
habléis   hablarais o hablaseis
hablen   hablaran o hablasen

TIEMPOS COMPUESTOS

PRET. PERFECTO   **PRET. PLUSCUAMPERFECTO**
haya hablado   hubiera o hubiese hablado
hayas hablado   hubieras o hubieses hablado
haya hablado   hubiera o hubiese hablado
hayamos hablado   hubiéramos o hubiésemos hablado
hayáis hablado   hubierais o hubieseis hablado
hayan hablado   hubieran o hubiesen hablado

IMPERATIVO

habla tú/ no hables
hablad vosotros/ no habléis
hablemos nosotros/ no hablemos
hable usted/ no hable
hablen ustedes/ no hablen

TÉRMINOS Y EXPRESIONES

Las habladurías
El/ la hablante
Hablador/ -a
Hablar por los codos – *hablar mucho*
Hablar como una cotorra – *hablar sin parar*
Hablar en cristiano – *hablar de forma comprensible*

Hablar entre dientes – *murmurar*
Hablar a gritos – *en voz muy alta*
Hablar por hablar – *hablar sin fundamento*

69 HACER

Gerundio: haciendo **Participio:** hecho
G. compuesto: habiendo hecho **Inf. compuesto:** haber hecho

INDICATIVO

T. SIMPLES

Presente
hago
haces
hace
hacemos
hacéis
hacen

Pretérito imperfecto
hacía
hacías
hacía
hacíamos
hacíais
hacían

Pretérito indefinido
hice   hicimos
hiciste   hicisteis
hizo   hicieron

Futuro
haré
harás
hará
haremos
haréis
harán

Condicional
haría
harías
haría
haríamos
haríais
harían

T. COMPUESTOS

Pretérito perfecto
he hecho
has hecho
ha hecho
hemos hecho
habéis hecho
han hecho

Pret. pluscuamperfecto
había hecho
habías hecho
había hecho
habíamos hecho
habíais hecho
habían hecho

Futuro perfecto
habré hecho
habrás hecho
habrá hecho
habremos hecho
habréis hecho
habrán hecho

Condicional perfecto
habría hecho
habrías hecho
habría hecho
habríamos hecho
habríais hecho
habrían hecho

SUBJUNTIVO

TIEMPOS SIMPLES

Presente
haga
hagas
haga
hagamos
hagáis
hagan

Pret. imperfecto
hiciera o hiciese
hicieras o hicieses
hiciera o hiciese
hiciéramos o hiciésemos
hicierais o hicieseis
hicieran o hiciesen

TIEMPOS COMPUESTOS

Pret. perfecto
haya hecho
hayas hecho
haya hecho
hayamos hecho
hayáis hecho
hayan hecho

Pret. pluscuamperfecto
hubiera o hubiese hecho
hubieras o hubieses hecho
hubiera o hubiese hecho
hubiéramos o hubiésemos hecho
hubierais o hubieseis hecho
hubieran o hubiesen hecho

IMPERATIVO

haz tú/ no hagas
haced vosotros/ no hagáis
hagamos nosotros/ no hagamos
haga usted/ no haga
hagan ustedes/ no hagan

Términos y expresiones

El deshecho
El hecho
Hacer buenas migas – *tener buena relación con alguien*
Hacer hincapié – *insistir*
Hacer la pelota – *adular*
Hacer el primo – *dejarse engañar de forma ingenua*
Hacer la vista gorda – *fingir no enterarse de algo*
Hacerse a algo/ a alguien – *acostumbrarse, habituarse*
Hacerse con algo – *dominar, controlar*
Hacerse el sueco – *fingir no estar enterado de algo*

Gerundio: huyendo
G. compuesto: habiendo huido
Participio: huido
Inf. compuesto: haber huido

HUIR 70

INDICATIVO

T. SIMPLES

Presente
huyo
huyes
huye
huimos
huís
huyen

Pretérito imperfecto
huía
huías
huía
huíamos
huíais
huían

Pretérito indefinido
huí   huimos
huiste   huisteis
huyó   huyeron

Futuro
huiré
huirás
huirá
huiremos
huiréis
huirán

Condicional
huiría
huirías
huiría
huiríamos
huiríais
huirían

T. COMPUESTOS

Pretérito perfecto
he huido
has huido
ha huido
hemos huido
habéis huido
han huido

Pret. pluscuamperfecto
había huido
habías huido
había huido
habíamos huido
habíais huido
habían huido

Futuro perfecto
habré huido
habrás huido
habrá huido
habremos huido
habréis huido
habrán huido

Condicional perfecto
habría huido
habrías huido
habría huido
habríamos huido
habríais huido
habrían huido

SUBJUNTIVO

TIEMPOS SIMPLES

Presente
huya
huyas
huya
huyamos
huyáis
huyan

Pret. imperfecto
huyera o huyese
huyeras o huyeses
huyera o huyese
huyéramos o huyésemos
huyerais o huyeseis
huyeran o huyesen

TIEMPOS COMPUESTOS

Pret. perfecto
haya huido
hayas huido
haya huido
hayamos huido
hayáis huido
hayan huido

Pret. pluscuamperfecto
hubiera o hubiese huido
hubieras o hubieses huido
hubiera o hubiese huido
hubiéramos o hubiésemos huido
hubierais o hubieseis huido
hubieran o hubiesen huido

IMPERATIVO

huye tú/ no huyas
huid vosotros/ no huyáis
huyamos nosotros/ no huyamos
huya usted/ no huya
huyan ustedes/ no huyan

Términos y expresiones

La huida
Huidizo/ -a

71 INSISTIR EN

Gerundio: insistiendo **Participio:** insistido
G. compuesto: habiendo insistido **Inf. compuesto:** haber insistido

INDICATIVO

T. SIMPLES

Presente
insisto
insistes
insiste
insistimos
insistís
insisten

Pretérito imperfecto
insistía
insistías
insistía
insistíamos
insistíais
insistían

Pretérito indefinido
insistí   insistimos
insististe   insististeis
insistió   insistieron

Futuro
insistiré
insistirás
insistirá
insistiremos
insistiréis
insistirán

Condicional
insistiría
insistirías
insistiría
insistiríamos
insistiríais
insistirían

T. COMPUESTOS

Pretérito perfecto
he insistido
has insistido
ha insistido
hemos insistido
habéis insistido
han insistido

Pret. pluscuamperfecto
había insistido
habías insistido
había insistido
habíamos insistido
habíais insistido
habían insistido

Futuro perfecto
habré insistido
habrás insistido
habrá insistido
habremos insistido
habréis insistido
habrán insistido

Condicional perfecto
habría insistido
habrías insistido
habría insistido
habríamos insistido
habríais insistido
habrían insistido

SUBJUNTIVO

TIEMPOS SIMPLES

Presente
insista
insistas
insista
insistamos
insistáis
insistan

Pret. imperfecto
insistiera o insistiese
insistieras o insistieses
insistiera o insistiese
insistiéramos o insistiésemos
insistierais o insistieseis
insistieran o insistiesen

TIEMPOS COMPUESTOS

Pret. perfecto
haya insistido
hayas insistido
haya insistido
hayamos insistido
hayáis insistido
hayan insistido

Pret. pluscuamperfecto
hubiera o hubiese insistido
hubieras o hubieses insistido
hubiera o hubiese insistido
hubiéramos o hubiésemos insistido
hubierais o hubieseis insistido
hubieran o hubiesen insistido

IMPERATIVO

insiste tú/ no insistas
insistid vosotros/ no insistáis
insistamos nosotros/ no insistamos
insista usted/ no insista
insistan ustedes/ no insistan

Términos y expresiones

La insistencia
Insistente
Insistentemente

GERUNDIO: interesándose   **PARTICIPIO:** interesado   **INTERESARSE POR** — 72
G. COMPUESTO: habiéndose interesado   **INF. COMPUESTO:** haberse interesado

INDICATIVO

T. SIMPLES

PRESENTE
me intereso
te interesas
se interesa
nos interesamos
os interesáis
se interesan

PRETÉRITO IMPERFECTO
me interesaba
te interesabas
se interesaba
nos interesábamos
os interesabais
se interesaban

PRETÉRITO INDEFINIDO
me interesé   nos interesamos
te interesaste   os interesasteis
se interesó   se interesaron

FUTURO
me interesaré
te interesarás
se interesará
nos interesaremos
os interesaréis
se interesarán

CONDICIONAL
me interesaría
te interesarías
se interesaría
nos interesaríamos
os interesaríais
se interesarían

T. COMPUESTOS

PRETÉRITO PERFECTO
me he interesado
te has interesado
se ha interesado
nos hemos interesado
os habéis interesado
se han interesado

PRET. PLUSCUAMPERFECTO
me había interesado
te habías interesado
se había interesado
nos habíamos interesado
os habíais interesado
se habían interesado

FUTURO PERFECTO
me habré interesado
te habrás interesado
se habrá interesado
nos habremos interesado
os habréis interesado
se habrán interesado

CONDICIONAL PERFECTO
me habría interesado
te habrías interesado
se habría interesado
nos habríamos interesado
os habríais interesado
se habrían interesado

SUBJUNTIVO

TIEMPOS SIMPLES

PRESENTE
me interese
te intereses
se interese
nos interesemos
os intereséis
se interesen

PRET. IMPERFECTO
me interesara o interesase
te interesaras o interesases
se interesara o interesase
nos interesáramos o interesásemos
os interesarais o interesaseis
se interesaran o interesasen

TIEMPOS COMPUESTOS

PRET. PERFECTO
me haya interesado
te hayas interesado
se haya interesado
nos hayamos interesado
os hayáis interesado
se hayan interesado

PRET. PLUSCUAMPERFECTO
me hubiera o hubiese interesado
te hubieras o hubieses interesado
se hubiera o hubiese interesado
nos hubiéramos o hubiésemos interesado
os hubierais o hubieseis interesado
se hubieran o hubiesen interesado

IMPERATIVO

interésate tú/ no te intereses
interesaos vosotros/ no os intereséis
interesémonos nosotros/ no nos interesemos
interésese usted/ no se interese
interésense ustedes/ no se interesen

TÉRMINOS Y EXPRESIONES

Interesar – *causar interés*
El interés/ el desinterés
Interesante
Interesadamente/ desinteresadamente

73 IR

Gerundio: yendo **Participio:** ido
G. compuesto: habiendo ido **Inf. compuesto:** haber ido

INDICATIVO

T. SIMPLES

Presente
voy
vas
va
vamos
vais
van

Pretérito imperfecto
iba
ibas
iba
íbamos
ibais
iban

Pretérito indefinido
fui	fuimos
fuiste	fuisteis
fue	fueron

Futuro
iré
irás
irá
iremos
iréis
irán

Condicional
iría
irías
iría
iríamos
iríais
irían

T. COMPUESTOS

Pretérito perfecto
he ido
has ido
ha ido
hemos ido
habéis ido
han ido

Pret. pluscuamperfecto
había ido
habías ido
había ido
habíamos ido
habíais ido
habían ido

Futuro perfecto
habré ido
habrás ido
habrá ido
habremos ido
habréis ido
habrán ido

Condicional perfecto
habría ido
habrías ido
habría ido
habríamos ido
habríais ido
habrían ido

SUBJUNTIVO

TIEMPOS SIMPLES

Presente	**Pret. imperfecto**
vaya	fuera o fuese
vayas	fueras o fueses
vaya	fuera o fuese
vayamos	fuéramos o fuésemos
vayáis	fuerais o fueseis
vayan	fueran o fuesen

TIEMPOS COMPUESTOS

Pret. perfecto	**Pret. pluscuamperfecto**
haya ido	hubiera o hubiese ido
hayas ido	hubieras o hubieses ido
haya ido	hubiera o hubiese ido
hayamos ido	hubiéramos o hubiésemos ido
hayáis ido	hubierais o hubieseis ido
hayan ido	hubieran o hubiesen ido

IMPERATIVO

ve tú/ no vayas
id vosotros/ no vayáis
vamos nosotros/ no vayamos
vaya usted/ no vaya
vayan ustedes/ no vayan

Términos y expresiones

Irse – *salir, marcharse*
La ida
Ir a la carrera – *andar o hacer las cosas muy deprisa*
Ir de compras/ de copas/ de vacaciones
Ir al grano – *fijarse solo en lo importante*

Ir en metro/ en tren/ en avión
Ir de punta en blanco – *vestido de manera elegante*
Irse de la lengua – *hablar más de lo que se debe*
Irse a pique – *fracasar/ hundirse*
Irse pitando – *marcharse de un lugar rápidamente*
Irse el santo al cielo – *olvidarse de hacer algo*

Gerundio: jugando
G. compuesto: habiendo jugado
Participio: jugado
Inf. compuesto: haber jugado

JUGAR A/ CON — 74

INDICATIVO

T. SIMPLES

Presente
juego
juegas
juega
jugamos
jugáis
juegan

Pretérito imperfecto
jugaba
jugabas
jugaba
jugábamos
jugabais
jugaban

Pretérito indefinido
jugué   jugamos
jugaste   jugasteis
jugó   jugaron

Futuro
jugaré
jugarás
jugará
jugaremos
jugaréis
jugarán

Condicional
jugaría
jugarías
jugaría
jugaríamos
jugaríais
jugarían

T. COMPUESTOS

Pretérito perfecto
he jugado
has jugado
ha jugado
hemos jugado
habéis jugado
han jugado

Pret. pluscuamperfecto
había jugado
habías jugado
había jugado
habíamos jugado
habíais jugado
habían jugado

Futuro perfecto
habré jugado
habrás jugado
habrá jugado
habremos jugado
habréis jugado
habrán jugado

Condicional perfecto
habría jugado
habrías jugado
habría jugado
habríamos jugado
habríais jugado
habrían jugado

SUBJUNTIVO

TIEMPOS SIMPLES

Presente
juegue
juegues
juegue
juguemos
juguéis
jueguen

Pret. imperfecto
jugara o jugase
jugaras o jugases
jugara o jugase
jugáramos o jugásemos
jugarais o jugaseis
jugaran o jugasen

TIEMPOS COMPUESTOS

Pret. perfecto
haya jugado
hayas jugado
haya jugado
hayamos jugado
hayáis jugado
hayan jugado

Pret. pluscuamperfecto
hubiera o hubiese jugado
hubieras o hubieses jugado
hubiera o hubiese jugado
hubiéramos o hubiésemos jugado
hubierais o hubieseis jugado
hubieran o hubiesen jugado

IMPERATIVO

juega tú/ no juegues
jugad vosotros/ no juguéis
juguemos nosotros/ no juguemos
juegue usted/ no juegue
jueguen ustedes/ no jueguen

El juego
La jugada
El juguete
El jugador/ la jugadora
Estar fuera de juego – *estar al margen de una conversación*

Jugar con fuego – *actuar de forma arriesgada en situaciones de peligro*
Jugar limpio/ sucio – *actuar honestamente/ deshonestamente*
Jugarse el tipo/ la vida – *arriesgarse*
Jugarse el todo por el todo – *arriesgarse totalmente en una situación*
Jugársela – *arriesgarse*

75 LEER

Gerundio: leyendo **Participio:** leído
G. compuesto: habiendo leído **Inf. compuesto:** haber leído

INDICATIVO

T. SIMPLES

Presente
leo
lees
lee
leemos
leéis
leen

Pretérito imperfecto
leía
leías
leía
leíamos
leíais
leían

Pretérito indefinido
leí   leímos
leíste   leísteis
leyó   leyeron

Futuro
leeré
leerás
leerá
leeremos
leeréis
leerán

Condicional
leería
leerías
leería
leeríamos
leeríais
leerían

T. COMPUESTOS

Pretérito perfecto
he leído
has leído
ha leído
hemos leído
habéis leído
han leído

Pret. pluscuamperfecto
había leído
habías leído
había leído
habíamos leído
habíais leído
habían leído

Futuro perfecto
habré leído
habrás leído
habrá leído
habremos leído
habréis leído
habrán leído

Condicional perfecto
habría leído
habrías leído
habría leído
habríamos leído
habríais leído
habrían leído

SUBJUNTIVO

TIEMPOS SIMPLES

Presente
lea
leas
lea
leamos
leáis
lean

Pret. imperfecto
leyera o leyese
leyeras o leyeses
leyera o leyese
leyéramos o leyésemos
leyerais o leyeseis
leyeran o leyesen

TIEMPOS COMPUESTOS

Pret. perfecto
haya leído
hayas leído
haya leído
hayamos leído
hayáis leído
hayan leído

Pret. pluscuamperfecto
hubiera o hubiese leído
hubieras o hubieses leído
hubiera o hubiese leído
hubiéramos o hubiésemos leído
hubierais o hubieseis leído
hubieran o hubiesen leído

IMPERATIVO

lee tú/ no leas
leed vosotros/ no leáis
leamos nosotros/ no leamos
lea usted/ no lea
lean ustedes/ no lean

Términos y expresiones

La lectura
El lector/ la lectora
Legible/ ilegible
Leer entre líneas – *interpretar más allá de lo evidente*

Gerundio: lloviendo
G. compuesto: habiendo llovido
Participio: llovido
Inf. compuesto: haber llovido

LLOVER 76

INDICATIVO

T. SIMPLES

Presente
llueve

Pretérito imperfecto
llovía

Pretérito indefinido
llovió

Futuro
lloverá

Condicional
llovería

T. COMPUESTOS

Pretérito perfecto
ha llovido

Pret. pluscuamperfecto
había llovido

Futuro perfecto
habrá llovido

Condicional perfecto
habría llovido

SUBJUNTIVO

TIEMPOS SIMPLES

Presente
llueva

Pret. imperfecto
lloviera o lloviese

TIEMPOS COMPUESTOS

Pret. perfecto
haya llovido

Pret. pluscuamperfecto
hubiera o hubiese llovido

La lluvia
Lluvioso/ -a
Llover a mares/ a cántaros – *llover de forma intensa*
(Le) llueven las críticas – *recibir muchas críticas*

77 MARCHARSE

Gerundio: marchándose **Participio:** marchado
G. compuesto: habiéndose marchado **Inf. compuesto:** haberse marchado

INDICATIVO

T. SIMPLES

Presente
me marcho
te marchas
se marcha
nos marchamos
os marcháis
se marchan

Pretérito imperfecto
me marchaba
te marchabas
se marchaba
nos marchábamos
os marchabais
se marchaban

Pretérito indefinido
me marché   nos marchamos
te marchaste   os marchasteis
se marchó   se marcharon

Futuro
me marcharé
te marcharás
se marchará
nos marcharemos
os marcharéis
se marcharán

Condicional
me marcharía
te marcharías
se marcharía
nos marcharíamos
os marcharíais
se marcharían

T. COMPUESTOS

Pretérito perfecto
me he marchado
te has marchado
se ha marchado
nos hemos marchado
os habéis marchado
se han marchado

Pret. pluscuamperfecto
me había marchado
te habías marchado
se había marchado
nos habíamos marchado
os habíais marchado
se habían marchado

Futuro perfecto
me habré marchado
te habrás marchado
se habrá marchado
nos habremos marchado
os habréis marchado
se habrán marchado

Condicional perfecto
me habría marchado
te habrías marchado
se habría marchado
nos habríamos marchado
os habríais marchado
se habrían marchado

SUBJUNTIVO

TIEMPOS SIMPLES

Presente
me marche
te marches
se marche
nos marchemos
os marchéis
se marchen

Pret. imperfecto
me marchara o marchase
te marcharas o marchases
se marchara o marchase
nos marcháramos o marchásemos
os marcharais o marchaseis
se marcharan o marchasen

TIEMPOS COMPUESTOS

Pret. perfecto
me haya marchado
te hayas marchado
se haya marchado
nos hayamos marchado
os hayáis marchado
se hayan marchado

Pret. pluscuamperfecto
me hubiera o hubiese marchado
te hubieras o hubieses marchado
se hubiera o hubiese marchado
nos hubiéramos o hubiésemos marchado
os hubierais o hubieseis marchado
se hubieran o hubiesen marchado

IMPERATIVO

márchate tú/ no te marches
marchaos vosotros/ no os marchéis
marchémonos nosotros/ no nos marchemos
márchese usted/ no se marche
márchense ustedes/ no se marchen

Términos y expresiones

Marchar
La marcha
Hacerlo sobre la marcha – *de forma improvisada*
Marchar bien/ mal – *funcionar bien o mal*

Marcharse de un lugar
Poner en marcha algo – *hacerlo funcionar/ comenzar algo*
Ponerse en marcha – *empezar a hacer algo/ salir de un lugar*

Gerundio: meciendo
G. compuesto: habiendo mecido
Participio: mecido
Inf. compuesto: haber mecido

MECER 78

INDICATIVO

T. SIMPLES

Presente
mezo
meces
mece
mecemos
mecéis
mecen

Pretérito imperfecto
mecía
mecías
mecía
mecíamos
mecíais
mecían

Pretérito indefinido
mecí   mecimos
meciste   mecisteis
meció   mecieron

Futuro
meceré
mecerás
mecerá
meceremos
meceréis
mecerán

Condicional
mecería
mecerías
mecería
meceríamos
meceríais
mecerían

T. COMPUESTOS

Pretérito perfecto
he mecido
has mecido
ha mecido
hemos mecido
habéis mecido
han mecido

Pret. pluscuamperfecto
había mecido
habías mecido
había mecido
habíamos mecido
habíais mecido
habían mecido

Futuro perfecto
habré mecido
habrás mecido
habrá mecido
habremos mecido
habréis mecido
habrán mecido

Condicional perfecto
habría mecido
habrías mecido
habría mecido
habríamos mecido
habríais mecido
habrían mecido

SUBJUNTIVO

TIEMPOS SIMPLES

Presente
meza
mezas
meza
mezamos
mezáis
mezan

Pret. imperfecto
meciera o meciese
mecieras o mecieses
meciera o meciese
meciéramos o meciésemos
mecierais o mecieseis
mecieran o meciesen

TIEMPOS COMPUESTOS

Pret. perfecto
haya mecido
hayas mecido
haya mecido
hayamos mecido
hayáis mecido
hayan mecido

Pret. pluscuamperfecto
hubiera o hubiese mecido
hubieras o hubieses mecido
hubiera o hubiese mecido
hubiéramos o hubiésemos mecido
hubierais o hubieseis mecido
hubieran o hubiesen mecido

IMPERATIVO

mece tú/ no mezas
meced vosotros/ no mezáis
mezamos nosotros/ no mezamos
meza usted/ no meza
mezan ustedes/ no mezan

Términos y expresiones
La mecedora
El mecedor

79 MENTIR

Gerundio: mintiendo **Participio:** mentido
G. compuesto: habiendo mentido **Inf. compuesto:** haber mentido

INDICATIVO

T. SIMPLES

Presente
miento
mientes
miente
mentimos
mentís
mienten

Pretérito imperfecto
mentía
mentías
mentía
mentíamos
mentíais
mentían

Pretérito indefinido
mentí   mentimos
mentiste   mentisteis
mintió   mintieron

Futuro
mentiré
mentirás
mentirá
mentiremos
mentiréis
mentirán

Condicional
mentiría
mentirías
mentiría
mentiríamos
mentiríais
mentirían

T. COMPUESTOS

Pretérito perfecto
he mentido
has mentido
ha mentido
hemos mentido
habéis mentido
han mentido

Pret. pluscuamperfecto
había mentido
habías mentido
había mentido
habíamos mentido
habíais mentido
habían mentido

Futuro perfecto
habré mentido
habrás mentido
habrá mentido
habremos mentido
habréis mentido
habrán mentido

Condicional perfecto
habría mentido
habrías mentido
habría mentido
habríamos mentido
habríais mentido
habrían mentido

SUBJUNTIVO

TIEMPOS SIMPLES

Presente
mienta
mientas
mienta
mintamos
mintáis
mientan

Pret. imperfecto
mintiera o mintiese
mintieras o mintieses
mintiera o mintiese
mintiéramos o mintiésemos
mintierais o mintieseis
mintieran o mintiesen

TIEMPOS COMPUESTOS

Pret. perfecto
haya mentido
hayas mentido
haya mentido
hayamos mentido
hayáis mentido
hayan mentido

Pret. pluscuamperfecto
hubiera o hubiese mentido
hubieras o hubieses mentido
hubiera o hubiese mentido
hubiéramos o hubiésemos mentido
hubierais o hubieseis mentido
hubieran o hubiesen mentido

IMPERATIVO

miente tú/ no mientas
mentid vosotros/ no mintáis
mintamos nosotros/ no mintamos
mienta usted/ no mienta
mientan ustedes/ no mientan

Términos y expresiones

La mentira
Mentiroso/ -a
Mentira piadosa – *la que se dice con buena intención para no causar daño*

Gerundio: metiendo **Participio:** metido
G. compuesto: habiendo metido **Inf. compuesto:** haber metido

METER 80

INDICATIVO

T. SIMPLES

Presente
meto
metes
mete
metemos
metéis
meten

Pretérito imperfecto
metía
metías
metía
metíamos
metíais
metían

Pretérito indefinido
metí metimos
metiste metisteis
metió metieron

Futuro
meteré
meterás
meterá
meteremos
meteréis
meterán

Condicional
metería
meterías
metería
meteríamos
meteríais
meterían

T. COMPUESTOS

Pretérito perfecto
he metido
has metido
ha metido
hemos metido
habéis metido
han metido

Pret. pluscuamperfecto
había metido
habías metido
había metido
habíamos metido
habíais metido
habían metido

Futuro perfecto
habré metido
habrás metido
habrá metido
habremos metido
habréis metido
habrán metido

Condicional perfecto
habría metido
habrías metido
habría metido
habríamos metido
habríais metido
habrían metido

SUBJUNTIVO

TIEMPOS SIMPLES

Presente
meta
metas
meta
metamos
metáis
metan

Pret. imperfecto
metiera o metiese
metieras o metieses
metiera o metiese
metiéramos o metiésemos
metierais o metieseis
metieran o metiesen

TIEMPOS COMPUESTOS

Pret. perfecto
haya metido
hayas metido
haya metido
hayamos metido
hayáis metido
hayan metido

Pret. pluscuamperfecto
hubiera o hubiese metido
hubieras o hubieses metido
hubiera o hubiese metido
hubiéramos o hubiésemos metido
hubierais o hubieseis metido
hubieran o hubiesen metido

IMPERATIVO

mete tú/ no metas
meted vosotros/ no metáis
metamos nosotros/ no metamos
meta usted/ no meta
metan ustedes/ no metan

Términos y expresiones

Meterse con alguien – *provocar a alguien criticándolo*
Meter baza – *intervenir en una conversación*
Meter la pata – *equivocarse o decir algo indebido*
Meterse en camisa de once varas – *iniciar acciones sin estar capacitado*
Metérsela doblada – *engañar a alguien*

81 MOVER

Gerundio: moviendo **Participio:** movido
G. compuesto: habiendo movido **Inf. compuesto:** haber movido

INDICATIVO

T. SIMPLES

Presente
muevo
mueves
mueve
movemos
movéis
mueven

Pretérito imperfecto
movía
movías
movía
movíamos
movíais
movían

Pretérito indefinido
moví   movimos
moviste   movisteis
movió   movieron

Futuro
moveré
moverás
moverá
moveremos
moveréis
moverán

Condicional
movería
moverías
movería
moveríamos
moveríais
moverían

T. COMPUESTOS

Pretérito perfecto
he movido
has movido
ha movido
hemos movido
habéis movido
han movido

Pret. pluscuamperfecto
había movido
habías movido
había movido
habíamos movido
habíais movido
habían movido

Futuro perfecto
habré movido
habrás movido
habrá movido
habremos movido
habréis movido
habrán movido

Condicional perfecto
habría movido
habrías movido
habría movido
habríamos movido
habríais movido
habrían movido

SUBJUNTIVO

TIEMPOS SIMPLES

Presente
mueva
muevas
mueva
movamos
mováis
muevan

Pret. imperfecto
moviera o moviese
movieras o movieses
moviera o moviese
moviéramos o moviésemos
movierais o movieseis
movieran o moviesen

TIEMPOS COMPUESTOS

Pret. perfecto
haya movido
hayas movido
haya movido
hayamos movido
hayáis movido
hayan movido

Pret. pluscuamperfecto
hubiera o hubiese movido
hubieras o hubieses movido
hubiera o hubiese movido
hubiéramos o hubiésemos movido
hubierais o hubieseis movido
hubieran o hubiesen movido

IMPERATIVO

mueve tú/ no muevas
moved vosotros/ no mováis
movamos nosotros/ no movamos
mueva usted/ no mueva
muevan ustedes/ no muevan

Términos y expresiones

La movilidad/ la inmovilidad
La movilización
El movimiento
Movedizo/ -a
Movible/ inamovible
Móvil/ inmóvil

GERUNDIO: necesitando PARTICIPIO: necesitado **NECESITAR** 82
G. COMPUESTO: habiendo necesitado INF. COMPUESTO: haber necesitado

INDICATIVO

T. SIMPLES

PRESENTE
necesito
necesitas
necesita
necesitamos
necesitáis
necesitan

PRETÉRITO IMPERFECTO
necesitaba
necesitabas
necesitaba
necesitábamos
necesitabais
necesitaban

PRETÉRITO INDEFINIDO
necesité   necesitamos
necesitaste   necesitasteis
necesitó   necesitaron

FUTURO
necesitaré
necesitarás
necesitará
necesitaremos
necesitaréis
necesitarán

CONDICIONAL
necesitaría
necesitarías
necesitaría
necesitaríamos
necesitaríais
necesitarían

T. COMPUESTOS

PRETÉRITO PERFECTO
he necesitado
has necesitado
ha necesitado
hemos necesitado
habéis necesitado
han necesitado

PRET. PLUSCUAMPERFECTO
había necesitado
habías necesitado
había necesitado
habíamos necesitado
habíais necesitado
habían necesitado

FUTURO PERFECTO
habré necesitado
habrás necesitado
habrá necesitado
habremos necesitado
habréis necesitado
habrán necesitado

CONDICIONAL PERFECTO
habría necesitado
habrías necesitado
habría necesitado
habríamos necesitado
habríais necesitado
habrían necesitado

SUBJUNTIVO

TIEMPOS SIMPLES

PRESENTE
necesite
necesites
necesite
necesitemos
necesitéis
necesiten

PRET. IMPERFECTO
necesitara o necesitase
necesitaras o necesitases
necesitara o necesitase
necesitáramos o necesitásemos
necesitarais o necesitaseis
necesitaran o necesitasen

TIEMPOS COMPUESTOS

PRET. PERFECTO
haya necesitado
hayas necesitado
haya necesitado
hayamos necesitado
hayáis necesitado
hayan necesitado

PRET. PLUSCUAMPERFECTO
hubiera o hubiese necesitado
hubieras o hubieses necesitado
hubiera o hubiese necesitado
hubiéramos o hubiésemos necesitado
hubierais o hubieseis necesitado
hubieran o hubiesen necesitado

IMPERATIVO

necesita tú/ no necesites
necesitad vosotros/ no necesitéis
necesitemos nosotros/ no necesitemos
necesite usted/ no necesite
necesiten ustedes/ no necesiten

TÉRMINOS Y EXPRESIONES

El neceser
La necesidad
Necesario/ -a
Necesariamente

83 NEGAR

Gerundio: negando **Participio:** negado
G. compuesto: habiendo negado **Inf. compuesto:** haber negado

INDICATIVO

T. SIMPLES

Presente
niego
niegas
niega
negamos
negáis
niegan

Pretérito imperfecto
negaba
negabas
negaba
negábamos
negabais
negaban

Pretérito indefinido
negué   negamos
negaste   negasteis
negó   negaron

Futuro
negaré
negarás
negará
negaremos
negaréis
negarán

Condicional
negaría
negarías
negaría
negaríamos
negaríais
negarían

T. COMPUESTOS

Pretérito perfecto
he negado
has negado
ha negado
hemos negado
habéis negado
han negado

Pret. pluscuamperfecto
había negado
habías negado
había negado
habíamos negado
habíais negado
habían negado

Futuro perfecto
habré negado
habrás negado
habrá negado
habremos negado
habréis negado
habrán negado

Condicional perfecto
habría negado
habrías negado
habría negado
habríamos negado
habríais negado
habrían negado

SUBJUNTIVO

TIEMPOS SIMPLES

Presente
niegue
niegues
niegue
neguemos
neguéis
nieguen

Pret. imperfecto
negara o negase
negaras o negases
negara o negase
negáramos o negásemos
negarais o negaseis
negaran o negasen

TIEMPOS COMPUESTOS

Pret. perfecto
haya negado
hayas negado
haya negado
hayamos negado
hayáis negado
hayan negado

Pret. pluscuamperfecto
hubiera o hubiese negado
hubieras o hubieses negado
hubiera o hubiese negado
hubiéramos o hubiésemos negado
hubierais o hubieseis negado
hubieran o hubiesen negado

IMPERATIVO

niega tú/ no niegues
negad vosotros/ no neguéis
neguemos nosotros/ no neguemos
niegue usted/ no niegue
nieguen ustedes/ no nieguen

Términos y expresiones

Negarse a
La negación
Innegable
Negativo/ -a
Negarse en redondo – *negarse completamente*

Gerundio: nevando
G. compuesto: habiendo nevado

Participio: nevado
Inf. compuesto: haber nevado

NEVAR — 84

INDICATIVO

T. SIMPLES

Presente
nieva

Pretérito imperfecto
nevaba

Pretérito indefinido
nevó

Futuro
nevará

Condicional
nevaría

T. COMPUESTOS

Pretérito perfecto
ha nevado

Pret. pluscuamperfecto
había nevado

Futuro perfecto
habrá nevado

Condicional perfecto
habría nevado

SUBJUNTIVO

TIEMPOS SIMPLES

Presente
nieve

Pret. imperfecto
nevara o nevase

TIEMPOS COMPUESTOS

Pret. perfecto
haya nevado

Pret. pluscuamperfecto
hubiera o hubiese nevado

Términos y expresiones

La nevada
La nevera
La nieve

85 OÍR

Gerundio: oyendo **Participio:** oído
G. compuesto: habiendo oído **Inf. compuesto:** haber oído

INDICATIVO

T. SIMPLES

Presente
oigo
oyes
oye
oímos
oís
oyen

Pretérito imperfecto
oía
oías
oía
oíamos
oíais
oían

Pretérito indefinido
oí   oímos
oíste   oísteis
oyó   oyeron

Futuro
oiré
oirás
oirá
oiremos
oiréis
oirán

Condicional
oiria
oirías
oiría
oiríamos
oiríais
oirían

T. COMPUESTOS

Pretérito perfecto
he oído
has oído
ha oído
hemos oído
habéis oído
han oído

Pret. pluscuamperfecto
había oído
habías oído
había oído
habíamos oído
habíais oído
habían oído

Futuro perfecto
habré oído
habrás oído
habrá oído
habremos oído
habréis oído
habrán oído

Condicional perfecto
habría oído
habrías oído
habría oído
habríamos oído
habríais oído
habrían oído

SUBJUNTIVO

TIEMPOS SIMPLES

Presente
oiga
oigas
oiga
oigamos
oigáis
oigan

Pret. imperfecto
oyera u oyese
oyeras u oyeses
oyera u oyese
oyéramos u oyésemos
oyerais u oyeseis
oyeran u oyesen

TIEMPOS COMPUESTOS

Pret. perfecto
haya oído
hayas oído
haya oído
hayamos oído
hayáis oído
hayan oído

Pret. pluscuamperfecto
hubiera o hubiese oído
hubieras o hubieses oído
hubiera o hubiese oído
hubiéramos o hubiésemos oído
hubierais o hubieseis oído
hubieran o hubiesen oído

IMPERATIVO

oye tú/ no oigas
oíd vosotros/ no oigáis
oigamos nosotros/ no oigamos
oiga usted/ no oiga
oiga ustedes/ no oigan

Términos y expresiones

La audición
El audífono
El auditorio
El oído
El/ la oyente

Audible/ inaudible
Auditivo/ -a
Hacer oídos sordos – *ignorar voluntariamente algo*

Gerundio: oliendo
G. compuesto: habiendo olido
Participio: olido
Inf. compuesto: haber olido

OLER 86

INDICATIVO

T. SIMPLES

Presente
huelo
hueles
huele
olemos
oléis
huelen

Pretérito imperfecto
olía
olías
olía
olíamos
olíais
olían

Pretérito indefinido
olí   olimos
oliste   olisteis
olió   olieron

Futuro
oleré
olerás
olerá
oleremos
oleréis
olerán

Condicional
olería
olerías
olería
oleríamos
oleríais
olerían

T. COMPUESTOS

Pretérito perfecto
he olido
has olido
ha olido
hemos olido
habéis olido
han olido

Pret. pluscuamperfecto
había olido
habías olido
había olido
habíamos olido
habíais olido
habían olido

Futuro perfecto
habré olido
habrás olido
habrá olido
habremos olido
habréis olido
habrán olido

Condicional perfecto
habría olido
habrías olido
habría olido
habríamos olido
habríais olido
habrían olido

SUBJUNTIVO

TIEMPOS SIMPLES

Presente
huela
huelas
huela
olamos
oláis
huelan

Pret. imperfecto
oliera u oliese
olieras u olieses
oliera u oliese
oliéramos u oliésemos
olierais u olieseis
olieran u oliesen

TIEMPOS COMPUESTOS

Pret. perfecto
haya olido
hayas olido
haya olido
hayamos olido
hayáis olido
hayan olido

Pret. pluscuamperfecto
hubiera o hubiese olido
hubieras o hubieses olido
hubiera o hubiese olido
hubiéramos o hubiésemos olido
hubierais o hubieseis olido
hubieran o hubiesen olido

IMPERATIVO

huele tú/ no huelas
oled vosotros/ no oláis
olamos nosotros/ no olamos
huela usted/ no huela
huelan ustedes/ no huelan

Oler a + sustantivo
El olfato
El olor
Oloroso/ -a
Maloliente
Huele que alimenta – *referido a comida: huele muy bien*

Huele que apesta – *huele muy mal*
Olerse (algo) – *sospechar*

87 OLVIDAR

Gerundio: olvidando **Participio:** olvidado
G. compuesto: habiendo olvidado **Inf. compuesto:** haber olvidado

INDICATIVO

T. SIMPLES

Presente
olvido
olvidas
olvida
olvidamos
olvidáis
olvidan

Pretérito imperfecto
olvidaba
olvidabas
olvidaba
olvidábamos
olvidabais
olvidaban

Pretérito indefinido
olvidé   olvidamos
olvidaste   olvidasteis
olvidó   olvidaron

Futuro
olvidaré
olvidarás
olvidará
olvidaremos
olvidaréis
olvidarán

Condicional
olvidaría
olvidarías
olvidaría
olvidaríamos
olvidaríais
olvidarían

T. COMPUESTOS

Pretérito perfecto
he olvidado
has olvidado
ha olvidado
hemos olvidado
habéis olvidado
han olvidado

Pret. pluscuamperfecto
había olvidado
habías olvidado
había olvidado
habíamos olvidado
habíais olvidado
habían olvidado

Futuro perfecto
habré olvidado
habrás olvidado
habrá olvidado
habremos olvidado
habréis olvidado
habrán olvidado

Condicional perfecto
habría olvidado
habrías olvidado
habría olvidado
habríamos olvidado
habríais olvidado
habrían olvidado

SUBJUNTIVO

TIEMPOS SIMPLES

Presente
olvide
olvides
olvide
olvidemos
olvidéis
olviden

Pret. imperfecto
olvidara u olvidase
olvidaras u olvidases
olvidara u olvidase
olvidáramos u olvidásemos
olvidarais u olvidaseis
olvidaran u olvidasen

TIEMPOS COMPUESTOS

Pret. perfecto
haya olvidado
hayas olvidado
haya olvidado
hayamos olvidado
hayáis olvidado
hayan olvidado

Pret. pluscuamperfecto
hubiera o hubiese olvidado
hubieras o hubieses olvidado
hubiera o hubiese olvidado
hubiéramos o hubiésemos olvidado
hubierais o hubieseis olvidado
hubieran o hubiesen olvidado

IMPERATIVO

olvida tú/ no olvides
olvidad vosotros/ no olvidéis
olvidemos nosotros/ no olvidemos
olvide usted/ no olvide
olviden ustedes/ no olviden

Términos y expresiones

Olvidarse de
El olvido
Inolvidable
Olvidadizo/ -a

Gerundio: pagando **Participio:** pagado
G. compuesto: habiendo pagado **Inf. compuesto:** haber pagado

PAGAR 88

INDICATIVO

T. SIMPLES

Presente
pago
pagas
paga
pagamos
pagáis
pagan

Pretérito imperfecto
pagaba
pagabas
pagaba
pagábamos
pagabais
pagaban

Pretérito indefinido
pagué   pagamos
pagaste   pagasteis
pagó   pagaron

Futuro
pagaré
pagarás
pagará
pagaremos
pagaréis
pagarán

Condicional
pagaría
pagarías
pagaría
pagaríamos
pagaríais
pagarían

T. COMPUESTOS

Pretérito perfecto
he pagado
has pagado
ha pagado
hemos pagado
habéis pagado
han pagado

Pret. pluscuamperfecto
había pagado
habías pagado
había pagado
habíamos pagado
habíais pagado
habían pagado

Futuro perfecto
habré pagado
habrás pagado
habrá pagado
habremos pagado
habréis pagado
habrán pagado

Condicional perfecto
habría pagado
habrías pagado
habría pagado
habríamos pagado
habríais pagado
habrían pagado

SUBJUNTIVO

TIEMPOS SIMPLES

Presente
pague
pagues
pague
paguemos
paguéis
paguen

Pret. imperfecto
pagara o pagase
pagaras o pagases
pagara o pagase
pagáramos o pagásemos
pagarais o pagaseis
pagaran o pagasen

TIEMPOS COMPUESTOS

Pret. perfecto
haya pagado
hayas pagado
haya pagado
hayamos pagado
hayáis pagado
hayan pagado

Pret. pluscuamperfecto
hubiera o hubiese pagado
hubieras o hubieses pagado
hubiera o hubiese pagado
hubiéramos o hubiésemos pagado
hubierais o hubieseis pagado
hubieran o hubiesen pagado

IMPERATIVO

paga tú/ no pagues
pagad vosotros/ no paguéis
paguemos nosotros/ no paguemos
pague usted/ no pague
paguen ustedes/ no paguen

ℹ Términos y expresiones

El impago
La paga
El pagaré
El pago
Pagable/ impagable

Pagar en efectivo – *con dinero en metálico, sin tarjeta*
Pagar a escote – *pagar cada uno su parte*
Pagar el pato – *cargar con las culpas o consecuencias negativas de algo*
Pagar a plazos – *pagar periódicamente una cantidad*
Pagar a tocateja/ al contado – *pagar todo en el momento*

89 PARECERSE A

Gerundio: pareciendo **Participio:** parecido
G. compuesto: habiéndose parecido **Inf. compuesto:** haberse parecido

INDICATIVO

T. SIMPLES

Presente

me parezco
te pareces
se parece
nos parecemos
os parecéis
se parecen

Pretérito imperfecto

me parecía
te parecías
se parecía
nos parecíamos
os parecíais
se parecían

Pretérito indefinido

me parecí	nos parecimos
te pareciste	os parecisteis
se pareció	se parecieron

Futuro

me pareceré
te parecerás
se parecerá
nos pareceremos
os pareceréis
se parecerán

Condicional

me parecería
te parecerías
se parecería
nos pareceríamos
os pareceríais
se parecerían

T. COMPUESTOS

Pretérito perfecto

me he parecido
te has parecido
se ha parecido
nos hemos parecido
os habéis parecido
se han parecido

Pret. pluscuamperfecto

me había parecido
te habías parecido
se había parecido
nos habíamos parecido
os habíais parecido
se habían parecido

Futuro perfecto

me habré parecido
te habrás parecido
se habrá parecido
nos habremos parecido
os habréis parecido
se habrán parecido

Condicional perfecto

me habría parecido
te habrías parecido
se habría parecido
nos habríamos parecido
os habríais parecido
se habrían parecido

SUBJUNTIVO

TIEMPOS SIMPLES

Presente

me parezca
te parezcas
se parezca
nos parezcamos
os parezcáis
se parezcan

Pret. imperfecto

me pareciera o pareciese
te parecieras o parecieses
se pareciera o pareciese
nos pareciéramos o pareciésemos
os parecierais o parecieseis
se parecieran o pareciesen

TIEMPOS COMPUESTOS

Pret. perfecto

me haya parecido
te hayas parecido
se haya parecido
nos hayamos parecido
os hayáis parecido
se hayan parecido

Pret. pluscuamperfecto

me hubiera o hubiese parecido
te hubieras o hubieses parecido
se hubiera o hubiese parecido
nos hubiéramos o hubiésemos parecido
os hubierais o hubieseis parecido
se hubieran o hubiesen parecido

IMPERATIVO

parécete tú/ no te parezcas
pareceos vosotros/ no os parezcáis
parezcámonos nosotros/ no nos parezcamos
parézcase usted/ no se parezca
parézcanse ustedes/ no se parezcan

Términos y expresiones

La apariencia   Aparentemente
El parecer   Al parecer/ según parece
El parecido   Parece mentira – es *increíble*

Gerundio: pidiendo
G. compuesto: habiendo pedido
Participio: pedido
Inf. compuesto: haber pedido

PEDIR 90

INDICATIVO

T. SIMPLES

Presente
pido
pides
pide
pedimos
pedís
piden

Pretérito imperfecto
pedía
pedías
pedía
pedíamos
pedíais
pedían

Pretérito indefinido
pedí   pedimos
pediste   pedisteis
pidió   pidieron

Futuro
pediré
pedirás
pedirá
pediremos
pediréis
pedirán

Condicional
pediría
pedirías
pediría
pediríamos
pediríais
pedirían

T. COMPUESTOS

Pretérito perfecto
he pedido
has pedido
ha pedido
hemos pedido
habéis pedido
han pedido

Pret. pluscuamperfecto
había pedido
habías pedido
había pedido
habíamos pedido
habíais pedido
habían pedido

Futuro perfecto
habré pedido
habrás pedido
habrá pedido
habremos pedido
habréis pedido
habrán pedido

Condicional perfecto
habría pedido
habrías pedido
habría pedido
habríamos pedido
habríais pedido
habrían pedido

SUBJUNTIVO

TIEMPOS SIMPLES

Presente
pida
pidas
pida
pidamos
pidáis
pidan

Pret. imperfecto
pidiera o pidiese
pidieras o pidieses
pidiera o pidiese
pidiéramos o pidiésemos
pidierais o pidieseis
pidieran o pidiesen

TIEMPOS COMPUESTOS

Pret. perfecto
haya pedido
hayas pedido
haya pedido
hayamos pedido
hayáis pedido
hayan pedido

Pret. pluscuamperfecto
hubiera o hubiese pedido
hubieras o hubieses pedido
hubiera o hubiese pedido
hubiéramos o hubiésemos pedido
hubierais o hubieseis pedido
hubieran o hubiesen pedido

IMPERATIVO

pide tú/ no pidas
pedid vosotros/ no pidáis
pidamos nosotros/ no pidamos
pida usted/ no pida
pidan ustedes/ no pidan

Términos y expresiones

El pedido
La petición
Pedigüeño/ -a
Pedir peras al olmo – *pedir cosas imposibles*

91 PENSAR

Gerundio: pensando **Participio:** pensado
G. compuesto: habiendo pensado **Inf. compuesto:** haber pensado

INDICATIVO

T. SIMPLES

Presente
pienso
piensas
piensa
pensamos
pensáis
piensan

Pretérito imperfecto
pensaba
pensabas
pensaba
pensábamos
pensabais
pensaban

Pretérito indefinido
pensé   pensamos
pensaste   pensasteis
pensó   pensaron

Futuro
pensaré
pensarás
pensará
pensaremos
pensaréis
pensarán

Condicional
pensaría
pensarías
pensaría
pensaríamos
pensaríais
pensarían

T. COMPUESTOS

Pretérito perfecto
he pensado
has pensado
ha pensado
hemos pensado
habéis pensado
han pensado

Pret. pluscuamperfecto
había pensado
habías pensado
había pensado
habíamos pensado
habíais pensado
habían pensado

Futuro perfecto
habré pensado
habrás pensado
habrá pensado
habremos pensado
habréis pensado
habrán pensado

Condicional perfecto
habría pensado
habrías pensado
habría pensado
habríamos pensado
habríais pensado
habrían pensado

SUBJUNTIVO

TIEMPOS SIMPLES

Presente
piense
pienses
piense
pensemos
penséis
piensen

Pret. imperfecto
pensara o pensase
pensaras o pensases
pensara o pensase
pensáramos o pensásemos
pensarais o pensaseis
pensaran o pensasen

TIEMPOS COMPUESTOS

Pret. perfecto
haya pensado
hayas pensado
haya pensado
hayamos pensado
hayáis pensado
hayan pensado

Pret. pluscuamperfecto
hubiera o hubiese pensado
hubieras o hubieses pensado
hubiera o hubiese pensado
hubiéramos o hubiésemos pensado
hubierais o hubieseis pensado
hubieran o hubiesen pensado

IMPERATIVO

piensa tú/ no pienses
pensad vosotros/ no penséis
pensemos nosotros/ no pensemos
piense usted/ no piense
piensen ustedes/ no piensen

Términos y expresiones

Pensar en
El pensador/ la pensadora
El pensamiento
Impensable
Pensativo/ -a

Pensar en las musarañas – *estar distraído*
Pensárselo dos veces – *pensar algo muy bien*

GERUNDIO: perdiendo **PARTICIPIO:** perdido
G. COMPUESTO: habiendo perdido **INF. COMPUESTO:** haber perdido

PERDER 92

INDICATIVO

T. SIMPLES

PRESENTE
pierdo
pierdes
pierde
perdemos
perdéis
pierden

PRETÉRITO IMPERFECTO
perdía
perdías
perdía
perdíamos
perdíais
perdían

PRETÉRITO INDEFINIDO
perdí   perdimos
perdiste   perdisteis
perdió   perdieron

FUTURO
perderé
perderás
perderá
perderemos
perderéis
perderán

CONDICIONAL
perdería
perderías
perdería
perderíamos
perderíais
perderían

T. COMPUESTOS

PRETÉRITO PERFECTO
he perdido
has perdido
ha perdido
hemos perdido
habéis perdido
han perdido

PRET. PLUSCUAMPERFECTO
había perdido
habías perdido
había perdido
habíamos perdido
habíais perdido
habían perdido

FUTURO PERFECTO
habré perdido
habrás perdido
habrá perdido
habremos perdido
habréis perdido
habrán perdido

CONDICIONAL PERFECTO
habría perdido
habrías perdido
habría perdido
habríamos perdido
habríais perdido
habrían perdido

SUBJUNTIVO

TIEMPOS SIMPLES

PRESENTE
pierda
pierdas
pierda
perdamos
perdáis
pierdan

PRET. IMPERFECTO
perdiera o perdiese
perdieras o perdieses
perdiera o perdiese
perdiéramos o perdiésemos
perdierais o perdieseis
perdieran o perdiesen

TIEMPOS COMPUESTOS

PRET. PERFECTO
haya perdido
hayas perdido
haya perdido
hayamos perdido
hayáis perdido
hayan perdido

PRET. PLUSCUAMPERFECTO
hubiera o hubiese perdido
hubieras o hubieses perdido
hubiera o hubiese perdido
hubiéramos o hubiésemos perdido
hubierais o hubieseis perdido
hubieran o hubiesen perdido

IMPERATIVO

pierde tú/ no pierdas
perded vosotros/ no perdáis
perdamos nosotros/ no perdamos
pierda usted/ no pierda
pierdan ustedes/ no pierdan

TÉRMINOS Y EXPRESIONES

Perderse
La perdición
La pérdida
Perdedor/ -a
Perdidamente

Perder la vida – *morir*
Perder los estribos – *perder el control*
Perder la cabeza – *volverse loco*

93 PODER

Gerundio: pudiendo **Participio:** podido
G. compuesto: habiendo podido **Inf. compuesto:** haber podido

INDICATIVO

T. SIMPLES

Presente
puedo
puedes
puede
podemos
podéis
pueden

Pretérito imperfecto
podía
podías
podía
podíamos
podíais
podían

Pretérito indefinido
pude   pudimos
pudiste   pudisteis
pudo   pudieron

Futuro
podré
podrás
podrá
podremos
podréis
podrán

Condicional
podría
podrías
podría
podríamos
podríais
podrían

T. COMPUESTOS

Pretérito perfecto
he podido
has podido
ha podido
hemos podido
habéis podido
han podido

Pret. pluscuamperfecto
había podido
habías podido
había podido
habíamos podido
habíais podido
habían podido

Futuro perfecto
habré podido
habrás podido
habrá podido
habremos podido
habréis podido
habrán podido

Condicional perfecto
había podido
habrías podido
había podido
habríamos podido
habríais podido
habrían podido

SUBJUNTIVO

TIEMPOS SIMPLES

Presente
pueda
puedas
pueda
podamos
podáis
puedan

Pret. imperfecto
pudiera o pudiese
pudieras o pudieses
pudiera o pudiese
pudiéramos o pudiésemos
pudierais o pudieseis
pudieran o pudiesen

TIEMPOS COMPUESTOS

Pret. perfecto
haya podido
hayas podido
haya podido
hayamos podido
hayáis podido
hayan podido

Pret. pluscuamperfecto
hubiera o hubiese podido
hubieras o hubieses podido
hubiera o hubiese podido
hubiéramos o hubiésemos podido
hubierais o hubieseis podido
hubieran o hubiesen podido

IMPERATIVO

puede tú/ no puedas
poded vosotros/ no podáis
podamos nosotros/ no podamos
pueda usted/ no pueda
puedan ustedes/ no puedan

Términos y expresiones

El poder
El poderío
La potencia/ la impotencia
El apoderado/ la apoderada
Poderoso/ -a

Potente/ impotente
Poderosamente

GERUNDIO: poniendo **PARTICIPIO:** puesto
G. COMPUESTO: habiendo puesto **INF. COMPUESTO:** haber puesto

PONER 94

INDICATIVO

T. SIMPLES

PRESENTE
- pongo
- pones
- pone
- ponemos
- ponéis
- ponen

PRETÉRITO IMPERFECTO
- ponía
- ponías
- ponía
- poníamos
- poníais
- ponían

PRETÉRITO INDEFINIDO
- puse
- pusiste
- puso
- pusimos
- pusisteis
- pusieron

FUTURO
- pondré
- pondrás
- pondrá
- pondremos
- pondréis
- pondrán

CONDICIONAL
- pondría
- pondrías
- pondría
- pondríamos
- pondríais
- pondrían

T. COMPUESTOS

PRETÉRITO PERFECTO
- he puesto
- has puesto
- ha puesto
- hemos puesto
- habéis puesto
- han puesto

PRET. PLUSCUAMPERFECTO
- había puesto
- habías puesto
- había puesto
- habíamos puesto
- habíais puesto
- habían puesto

FUTURO PERFECTO
- habré puesto
- habrás puesto
- habrá puesto
- habremos puesto
- habréis puesto
- habrán puesto

CONDICIONAL PERFECTO
- habría puesto
- habrías puesto
- habría puesto
- habríamos puesto
- habríais puesto
- habrían puesto

SUBJUNTIVO

TIEMPOS SIMPLES

PRESENTE
- ponga
- pongas
- ponga
- pongamos
- pongáis
- pongan

PRET. IMPERFECTO
- pusiera o pusiese
- pusieras o pusieses
- pusiera o pusiese
- pusiéramos o pusiésemos
- pusierais o pusieseis
- pusieran o pusiesen

TIEMPOS COMPUESTOS

PRET. PERFECTO
- haya puesto
- hayas puesto
- haya puesto
- hayamos puesto
- hayáis puesto
- hayan puesto

PRET. PLUSCUAMPERFECTO
- hubiera o hubiese puesto
- hubieras o hubieses puesto
- hubiera o hubiese puesto
- hubiéramos o hubiésemos puesto
- hubierais o hubieseis puesto
- hubieran o hubiesen puesto

IMPERATIVO

- pon tú/ no pongas
- poned vosotros/ no pongáis
- pongamos nosotros/ no pongamos
- ponga usted/ no ponga
- pongan ustedes/ no pongan

Ponerse
Ponerse a
La puesta de sol
Estar muy puesto – *ser muy entendido en algo*
Poner (algo) en tela de juicio – *dudar de algo*

Poner verde a alguien – *criticar duramente*
Poner patas arriba – *desorganizar*
Ponerle los cuernos a alguien – *ser infiel*
Ponerse de acuerdo – *acordar, llegar a un acuerdo*
Ponerse las pilas – *tomar fuerzas para hacer algo*

95 PREFERIR

Gerundio: prefiriendo
G. compuesto: habiendo preferido
Participio: preferido
Inf. compuesto: haber preferido

INDICATIVO

T. SIMPLES

Presente
prefiero
prefieres
prefiere
preferimos
preferís
prefieren

Pretérito imperfecto
prefería
preferías
prefería
preferíamos
preferíais
preferían

Pretérito indefinido
preferí	preferimos
preferiste	preferisteis
prefirió	prefirieron

Futuro
preferiré
preferirás
preferirá
preferiremos
preferiréis
preferirán

Condicional
preferiría
preferirías
preferiría
preferiríamos
preferiríais
preferirían

T. COMPUESTOS

Pretérito perfecto
he preferido
has preferido
ha preferido
hemos preferido
habéis preferido
han preferido

Pret. pluscuamperfecto
había preferido
habías preferido
había preferido
habíamos preferido
habíais preferido
habían preferido

Futuro perfecto
habré preferido
habrás preferido
habrá preferido
habremos preferido
habréis preferido
habrán preferido

Condicional perfecto
habría preferido
habrías preferido
habría preferido
habríamos preferido
habríais preferido
habrían preferido

SUBJUNTIVO

TIEMPOS SIMPLES

Presente
prefiera
prefieras
prefiera
prefiramos
prefiráis
prefieran

Pret. imperfecto
prefiriera o prefiriese
prefirieras o prefirieses
prefiriera o prefiriese
prefiriéramos o prefiriésemos
prefirierais o prefirieseis
prefirieran o prefiriesen

TIEMPOS COMPUESTOS

Pret. perfecto
haya preferido
hayas preferido
haya preferido
hayamos preferido
hayáis preferido
hayan preferido

Pret. pluscuamperfecto
hubiera o hubiese preferido
hubieras o hubieses preferido
hubiera o hubiese preferido
hubiéramos o hubiésemos preferido
hubierais o hubieseis preferido
hubieran o hubiesen preferido

IMPERATIVO

prefiere tú/ no prefieras
preferid vosotros/ no prefiráis
prefiramos nosotros/ no prefiramos
prefiera usted/ no prefiera
prefieran ustedes/ no prefieran

Términos y expresiones

La preferencia
Preferible
Preferentemente
Preferiblemente

GERUNDIO: preguntando   **PARTICIPIO:** preguntado
G. COMPUESTO: habiendo preguntado   **INF. COMPUESTO:** haber preguntado

PREGUNTAR 96

INDICATIVO

T. SIMPLES

PRESENTE
pregunto
preguntas
pregunta
preguntamos
preguntáis
preguntan

PRETÉRITO IMPERFECTO
preguntaba
preguntabas
preguntaba
preguntábamos
preguntabais
preguntaban

PRETÉRITO INDEFINIDO
pregunté   preguntamos
preguntaste   preguntasteis
preguntó   preguntaron

FUTURO
preguntaré
preguntarás
preguntará
preguntaremos
preguntaréis
preguntarán

CONDICIONAL
preguntaría
preguntarías
preguntaría
preguntaríamos
preguntaríais
preguntarían

T. COMPUESTOS

PRETÉRITO PERFECTO
he preguntado
has preguntado
ha preguntado
hemos preguntado
habéis preguntado
han preguntado

PRET. PLUSCUAMPERFECTO
había preguntado
habías preguntado
había preguntado
habíamos preguntado
habíais preguntado
habían preguntado

FUTURO PERFECTO
habré preguntado
habrás preguntado
habrá preguntado
habremos preguntado
habréis preguntado
habrán preguntado

CONDICIONAL PERFECTO
habría preguntado
habrías preguntado
habría preguntado
habríamos preguntado
habríais preguntado
habrían preguntado

SUBJUNTIVO

TIEMPOS SIMPLES

PRESENTE
pregunte
preguntes
pregunte
preguntemos
preguntéis
pregunten

PRET. IMPERFECTO
preguntara o preguntase
preguntaras o preguntases
preguntara o preguntase
preguntáramos o preguntásemos
preguntarais o preguntaseis
preguntaran o preguntasen

TIEMPOS COMPUESTOS

PRET. PERFECTO
haya preguntado
hayas preguntado
haya preguntado
hayamos preguntado
hayáis preguntado
hayan preguntado

PRET. PLUSCUAMPERFECTO
hubiera o hubiese preguntado
hubieras o hubieses preguntado
hubiera o hubiese preguntado
hubiéramos o hubiésemos preguntado
hubierais o hubieseis preguntado
hubieran o hubiesen preguntado

IMPERATIVO

pregunta tú/ no preguntes
preguntad vosotros/ no preguntéis
preguntemos nosotros/ no preguntemos
pregunte usted/ no pregunte
pregunten ustedes/ no pregunten

TÉRMINOS Y EXPRESIONES

Preguntarse por
La pregunta
Preguntón/ preguntona

97 PREOCUPARSE

Gerundio: preocupándose **Participio:** preocupado
G. compuesto: habiéndose preocupado **Inf. compuesto:** haberse preocupado

INDICATIVO

T. SIMPLES

Presente

me preocupo
te preocupas
se preocupa
nos preocupamos
os preocupáis
se preocupan

Pretérito imperfecto

me preocupaba
te preocupabas
se preocupaba
nos preocupábamos
os preocupabais
se preocupaban

Pretérito indefinido

me preocupé   nos preocupamos
te preocupaste   os preocupasteis
se preocupó   se preocuparon

Futuro

me preocuparé
te preocuparás
se preocupará
nos preocuparemos
os preocuparéis
se preocuparán

Condicional

me preocuparía
te preocuparías
se preocuparía
nos preocuparíamos
os preocuparíais
se preocuparían

T. COMPUESTOS

Pretérito perfecto

me he preocupado
te has preocupado
se ha preocupado
nos hemos preocupado
os habéis preocupado
se han preocupado

Pret. pluscuamperfecto

me había preocupado
te habías preocupado
se había preocupado
nos habíamos preocupado
os habíais preocupado
se habían preocupado

Futuro perfecto

me habré preocupado
te habrás preocupado
se habrá preocupado
nos habremos preocupado
os habréis preocupado
se habrán preocupado

Condicional perfecto

me habría preocupado
te habrías preocupado
se habría preocupado
nos habríamos preocupado
os habríais preocupado
se habrían preocupado

SUBJUNTIVO

TIEMPOS SIMPLES

Presente

me preocupe
te preocupes
se preocupe
nos preocupemos
os preocupéis
se preocupen

Pret. imperfecto

me preocupara o preocupase
te preocuparas o preocupases
se preocupara o preocupase
nos preocupáramos o preocupásemos
os preocuparais o preocupaseis
se preocuparan o preocupasen

TIEMPOS COMPUESTOS

Pret. perfecto

me haya preocupado
te hayas preocupado
se haya preocupado
nos hayamos preocupado
os hayáis preocupado
se hayan preocupado

Pret. pluscuamperfecto

me hubiera o hubiese preocupado
te hubieras o hubieses preocupado
se hubiera o hubiese preocupado
nos hubiéramos o hubiésemos preocupado
os hubierais o hubieseis preocupado
se hubieran o hubiesen preocupado

IMPERATIVO

preocúpate tú/ no te preocupes
preocupaos vosotros/ no os preocupéis
preocupémonos nosotros/ no nos preocupemos
preocúpese usted/ no se preocupe
preocúpense ustedes/ no se preocupen

Términos y expresiones

Preocupar   Preocupado/ -a
Preocuparse por/ de   Preocupante
La preocupación

GERUNDIO: probando
G. COMPUESTO: habiendo probado
PARTICIPIO: probado
INF. COMPUESTO: haber probado

PROBAR 98

INDICATIVO

T. SIMPLES

PRESENTE
pruebo
pruebas
prueba
probamos
probáis
prueban

PRETÉRITO IMPERFECTO
probaba
probabas
probaba
probábamos
probabais
probaban

PRETÉRITO INDEFINIDO
probé   probamos
probaste   probasteis
probó   probaron

FUTURO
probaré
probarás
probará
probaremos
probaréis
probarán

CONDICIONAL
probaría
probarías
probaría
probaríamos
probaríais
probarían

T. COMPUESTOS

PRETÉRITO PERFECTO
he probado
has probado
ha probado
hemos probado
habéis probado
han probado

PRET. PLUSCUAMPERFECTO
había probado
habías probado
había probado
habíamos probado
habíais probado
habían probado

FUTURO PERFECTO
habré probado
habrás probado
habrá probado
habremos probado
habréis probado
habrán probado

CONDICIONAL PERFECTO
habría probado
habrías probado
habría probado
habríamos probado
habríais probado
habrían probado

SUBJUNTIVO

TIEMPOS SIMPLES

PRESENTE   **PRET. IMPERFECTO**
pruebe   probara o probase
pruebes   probaras o probases
pruebe   probara o probase
probemos   probáramos o probásemos
probéis   probarais o probaseis
prueben   probaran o probasen

TIEMPOS COMPUESTOS

PRET. PERFECTO   **PRET. PLUSCUAMPERFECTO**
haya probado   hubiera o hubiese probado
hayas probado   hubieras o hubieses probado
haya probado   hubiera o hubiese probado
hayamos probado   hubiéramos o hubiésemos probado
hayáis probado   hubierais o hubieseis probado
hayan probado   hubieran o hubiesen probado

IMPERATIVO

prueba tú/ no pruebes
probad vosotros/ no probéis
probemos nosotros/ no probemos
pruebe usted/ no pruebe
prueben ustedes/ no prueben

TÉRMINOS Y EXPRESIONES

Probarse
La probabilidad
El probador
La prueba
Probable/ improbable
Probablemente

99 QUEDARSE EN

Gerundio: quedándose **Participio:** quedado
G. compuesto: habiéndose quedado **Inf. compuesto:** haberse quedado

INDICATIVO

T. SIMPLES

Presente
me quedo
te quedas
se queda
nos quedamos
os quedáis
se quedan

Pretérito imperfecto
me quedaba
te quedabas
se quedaba
nos quedábamos
os quedabais
se quedaban

Pretérito indefinido
me quedé   nos quedamos
te quedaste   os quedasteis
se quedó   se quedaron

Futuro
me quedaré
te quedarás
se quedará
nos quedaremos
os quedaréis
se quedarán

Condicional
me quedaría
te quedarías
se quedaría
nos quedaríamos
os quedaríais
se quedarían

T. COMPUESTOS

Pretérito perfecto
me he quedado
te has quedado
se ha quedado
nos hemos quedado
os habéis quedado
se han quedado

Pret. pluscuamperfecto
me había quedado
te habías quedado
se había quedado
nos habíamos quedado
os habíais quedado
se habían quedado

Futuro perfecto
me habré quedado
te habrás quedado
se habrá quedado
nos habremos quedado
os habréis quedado
se habrán quedado

Condicional perfecto
me habría quedado
te habrías quedado
se habría quedado
nos habríamos quedado
os habríais quedado
se habrían quedado

SUBJUNTIVO

TIEMPOS SIMPLES

Presente
me quede
te quedes
se quede
nos quedemos
os quedéis
se queden

Pret. imperfecto
me quedara o quedase
te quedaras o quedases
se quedara o quedase
nos quedáramos o quedásemos
os quedarais o quedaseis
se quedaran o quedasen

TIEMPOS COMPUESTOS

Pret. perfecto
me haya quedado
te hayas quedado
se haya quedado
nos hayamos quedado
os hayáis quedado
se hayan quedado

Pret. pluscuamperfecto
me hubiera o hubiese quedado
te hubieras o hubieses quedado
se hubiera o hubiese quedado
nos hubiéramos o hubiésemos quedado
os hubierais o hubieseis quedado
se hubieran o hubiesen quedado

IMPERATIVO

quédate tú/ no te quedes
quedaos vosotros/ no os quedéis
quedémonos nosotros/ no nos quedemos
quédese usted/ no se quede
quédense ustedes/ no se queden

Términos y expresiones

Quedar con (alguien) – *tener una cita*
Quedar en (algo) – *acordar*
Quedar bien/ mal – *salir bien o mal de una situación/ sentar bien o mal la ropa*

Quedarse con algo – *memorizar algo*
Quedarse en blanco – *no recordar algo*
Quedarse corto – *usar menos cantidad de la debida*
Quedarse de piedra – *muy sorprendido*

Gerundio: queriendo
G. compuesto: habiendo querido
Participio: querido
Inf. compuesto: haber querido

QUERER 100

INDICATIVO

T. SIMPLES

Presente
quiero
quieres
quiere
queremos
queréis
quieren

Pretérito imperfecto
quería
querías
quería
queríamos
queríais
querían

Pretérito indefinido
quise   quisimos
quisiste   quisisteis
quiso   quisieron

Futuro
querré
querrás
querrá
querremos
querréis
querrán

Condicional
querría
querrías
querría
querríamos
querríais
querrían

T. COMPUESTOS

Pretérito perfecto
he querido
has querido
ha querido
hemos querido
habéis querido
han querido

Pret. pluscuamperfecto
había querido
habías querido
había querido
habíamos querido
habíais querido
habían querido

Futuro perfecto
habré querido
habrás querido
habrá querido
habremos querido
habréis querido
habrán querido

Condicional perfecto
habría querido
habrías querido
habría querido
habríamos querido
habríais querido
habrían querido

SUBJUNTIVO

TIEMPOS SIMPLES

Presente
quiera
quieras
quiera
queramos
queráis
quieran

Pret. imperfecto
quisiera o quisiese
quisieras o quisieses
quisiera o quisiese
quisiéramos o quisiésemos
quisierais o quisieseis
quisieran o quisiesen

TIEMPOS COMPUESTOS

Pret. perfecto
haya querido
hayas querido
haya querido
hayamos querido
hayáis querido
hayan querido

Pret. pluscuamperfecto
hubiera o hubiese querido
hubieras o hubieses querido
hubiera o hubiese querido
hubiéramos o hubiésemos querido
hubierais o hubieseis querido
hubieran o hubiesen querido

IMPERATIVO

quiere tú/ no quieras
quered vosotros/ no queráis
queramos nosotros/ no queramos
quiera usted/ no quiera
quieran ustedes/ no quieran

Términos y expresiones

La querencia
Querido/ -a

101 RECORDAR

Gerundio: recordando **Participio:** recordado
G. compuesto: habiendo recordado **Inf. compuesto:** haber recordado

INDICATIVO

T. SIMPLES

Presente
recuerdo
recuerdas
recuerda
recordamos
recordáis
recuerdan

Pretérito imperfecto
recordaba
recordabas
recordaba
recordábamos
recordabais
recordaban

Pretérito indefinido
recordé   recordamos
recordaste   recordasteis
recordó   recordaron

Futuro
recordaré
recordarás
recordará
recordaremos
recordaréis
recordarán

Condicional
recordaría
recordarías
recordaría
recordaríamos
recordaríais
recordarían

T. COMPUESTOS

Pretérito perfecto
he recordado
has recordado
ha recordado
hemos recordado
habéis recordado
han recordado

Pret. pluscuamperfecto
había recordado
habías recordado
había recordado
habíamos recordado
habíais recordado
habían recordado

Futuro perfecto
habré recordado
habrás recordado
habrá recordado
habremos recordado
habréis recordado
habrán recordado

Condicional perfecto
habría recordado
habrías recordado
habría recordado
habríamos recordado
habríais recordado
habrían recordado

SUBJUNTIVO

TIEMPOS SIMPLES

Presente
recuerde
recuerdes
recuerde
recordemos
recordéis
recuerden

Pret. imperfecto
recordara o recordase
recordaras o recordases
recordara o recordase
recordáramos o recordásemos
recordarais o recordaseis
recordaran o recordasen

TIEMPOS COMPUESTOS

Pret. perfecto
haya recordado
hayas recordado
haya recordado
hayamos recordado
hayáis recordado
hayan recordado

Pret. pluscuamperfecto
hubiera o hubiese recordado
hubieras o hubieses recordado
hubiera o hubiese recordado
hubiéramos o hubiésemos recordado
hubierais o hubieseis recordado
hubieran o hubiesen recordado

IMPERATIVO

recuerda tú/ no recuerdes
recordad vosotros/ no recordéis
recordemos nosotros/ no recordemos
recuerde usted/ no recuerde
recuerden ustedes/ no recuerden

Términos y expresiones

El recordatorio
El recuerdo

GERUNDIO: riendo　　　PARTICIPIO: reído
G. COMPUESTO: habiendo reído　　　INF. COMPUESTO: haber reído

REÍR 102

INDICATIVO

T. SIMPLES

PRESENTE
río
ríes
ríe
reímos
reís
ríen

PRETÉRITO IMPERFECTO
reía
reías
reía
reíamos
reíais
reían

PRETÉRITO INDEFINIDO
reí	reímos
reíste	reísteis
rió	rieron

FUTURO
reiré
reirás
reirá
reiremos
reiréis
reirán

CONDICIONAL
reiría
reirías
reiría
reiríamos
reiríais
reirían

T. COMPUESTOS

PRETÉRITO PERFECTO
he reído
has reído
ha reído
hemos reído
habéis reído
han reído

PRET. PLUSCUAMPERFECTO
había reído
habías reído
había reído
habíamos reído
habíais reído
habían reído

FUTURO PERFECTO
habré reído
habrás reído
habrá reído
habremos reído
habréis reído
habrán reído

CONDICIONAL PERFECTO
habría reído
habrías reído
habría reído
habríamos reído
habríais reído
habrían reído

SUBJUNTIVO

TIEMPOS SIMPLES

PRESENTE
ría
rías
ría
riamos
riáis
rían

PRET. IMPERFECTO
riera o riese
rieras o rieses
riera o riese
riéramos o riésemos
rierais o rieseis
rieran o riesen

TIEMPOS COMPUESTOS

PRET. PERFECTO
haya reído
hayas reído
haya reído
hayamos reído
hayáis reído
hayan reído

PRET. PLUSCUAMPERFECTO
hubiera o hubiese reído
hubieras o hubieses reído
hubiera o hubiese reído
hubiéramos o hubiésemos reído
hubierais o hubieseis reído
hubieran o hubiesen reído

IMPERATIVO

ríe tú/ no rías
reíd vosotros/ no riáis
riamos nosotros/ no riamos
ría usted/ no ría
rían ustedes/ no rían

TÉRMINOS Y EXPRESIONES

Reírse de
La risa
La risotada
Irrisorio/ -a
Risueño/ -a

Reírse a carcajadas – *con risa fuerte*
Partirse de risa – *reírse mucho*

103 REPASAR

Gerundio: repasando **Participio:** repasado
G. compuesto: habiendo repasado **Inf. compuesto:** haber repasado

INDICATIVO

T. SIMPLES

Presente
repaso
repasas
repasa
repasamos
repasáis
repasan

Pretérito imperfecto
repasaba
repasabas
repasaba
repasábamos
repasabais
repasaban

Pretérito indefinido
repasé	repasamos
repasaste	repasasteis
repasó	repasaron

Futuro
repasaré
repasarás
repasará
repasaremos
repasaréis
repasarán

Condicional
repasaría
repasarías
repasaría
repasaríamos
repasaríais
repasarían

T. COMPUESTOS

Pretérito perfecto
he repasado
has repasado
ha repasado
hemos repasado
habéis repasado
han repasado

Pret. pluscuamperfecto
había repasado
habías repasado
había repasado
habíamos repasado
habíais repasado
habían repasado

Futuro perfecto
habré repasado
habrás repasado
habrá repasado
habremos repasado
habréis repasado
habrán repasado

Condicional perfecto
habría repasado
habrías repasado
habría repasado
habríamos repasado
habríais repasado
habrían repasado

SUBJUNTIVO

TIEMPOS SIMPLES

Presente
repase
repases
repase
repasemos
repaséis
repasen

Pret. imperfecto
repasara o repasase
repasaras o repasases
repasara o repasase
repasáramos o repasásemos
repasarais o repasaseis
repasaran o repasasen

TIEMPOS COMPUESTOS

Pret. perfecto
haya repasado
hayas repasado
haya repasado
hayamos repasado
hayáis repasado
hayan repasado

Pret. pluscuamperfecto
hubiera o hubiese repasado
hubieras o hubieses repasado
hubiera o hubiese repasado
hubiéramos o hubiésemos repasado
hubierais o hubieseis repasado
hubieran o hubiesen repasado

IMPERATIVO

repasa tú/ no repases
repasad vosotros/ no repaséis
repasemos nosotros/ no repasemos
repase usted/ no repase
repasen ustedes/ no repasen

Términos y expresiones

El repaso

GERUNDIO: repitiendo **PARTICIPIO:** repetido
G. COMPUESTO: habiendo repetido **INF. COMPUESTO:** haber repetido

REPETIR 104

INDICATIVO

T. SIMPLES

PRESENTE
repito
repites
repite
repetimos
repetís
repiten

PRETÉRITO IMPERFECTO
repetía
repetías
repetía
repetíamos
repetíais
repetían

PRETÉRITO INDEFINIDO
repetí   repetimos
repetiste   repetisteis
repitió   repitieron

FUTURO
repetiré
repetirás
repetirá
repetiremos
repetiréis
repetirán

CONDICIONAL
repetiría
repetirías
repetiría
repetiríamos
repetiríais
repetirían

T. COMPUESTOS

PRETÉRITO PERFECTO
he repetido
has repetido
ha repetido
hemos repetido
habéis repetido
han repetido

PRET. PLUSCUAMPERFECTO
había repetido
habías repetido
había repetido
habíamos repetido
habíais repetido
habían repetido

FUTURO PERFECTO
habré repetido
habrás repetido
habrá repetido
habremos repetido
habréis repetido
habrán repetido

CONDICIONAL PERFECTO
habría repetido
habrías repetido
habría repetido
habríamos repetido
habríais repetido
habrían repetido

SUBJUNTIVO

TIEMPOS SIMPLES

PRESENTE
repita
repitas
repita
repitamos
repitáis
repitan

PRET. IMPERFECTO
repitiera o repitiese
repitieras o repitieses
repitiera o repitiese
repitiéramos o repitiésemos
repitierais o repitieseis
repitieran o repitiesen

TIEMPOS COMPUESTOS

PRET. PERFECTO
haya repetido
hayas repetido
haya repetido
hayamos repetido
hayáis repetido
hayan repetido

PRET. PLUSCUAMPERFECTO
hubiera o hubiese repetido
hubieras o hubieses repetido
hubiera o hubiese repetido
hubiéramos o hubiésemos repetido
hubierais o hubieseis repetido
hubieran o hubiesen repetido

IMPERATIVO

repite tú/ no repitas
repetid vosotros/ no repitáis
repitamos nosotros/ no repitamos
repita usted/ no repita
repitan ustedes/ no repitan

TÉRMINOS Y EXPRESIONES

La repetición
El repetidor/ la repetidora
Repetitivo/ -a
Repetidamente

105 ROBAR

Gerundio: robando **Participio:** robado
G. compuesto: habiendo robado **Inf. compuesto:** haber robado

INDICATIVO

T. SIMPLES

Presente
robo
robas
roba
robamos
robáis
roban

Pretérito imperfecto
robaba
robabas
robaba
robábamos
robabais
robaban

Pretérito indefinido
robé   robamos
robaste   robasteis
robó   robaron

Futuro
robaré
robarás
robará
robaremos
robaréis
robarán

Condicional
robaría
robarías
robaría
robaríamos
robaríais
robarían

T. COMPUESTOS

Pretérito perfecto
he robado
has robado
ha robado
hemos robado
habéis robado
han robado

Pret. pluscuamperfecto
había robado
habías robado
había robado
habíamos robado
habíais robado
habían robado

Futuro perfecto
habré robado
habrás robado
habrá robado
habremos robado
habréis robado
habrán robado

Condicional perfecto
habría robado
habrías robado
habría robado
habríamos robado
habríais robado
habrían robado

SUBJUNTIVO

TIEMPOS SIMPLES

Presente
robe
robes
robe
robemos
robéis
roben

Pret. imperfecto
robara o robase
robaras o robases
robara o robase
robáramos o robásemos
robarais o robaseis
robaran o robasen

TIEMPOS COMPUESTOS

Pret. perfecto
haya robado
hayas robado
haya robado
hayamos robado
hayáis robado
hayan robado

Pret. pluscuamperfecto
hubiera o hubiese robado
hubieras o hubieses robado
hubiera o hubiese robado
hubiéramos o hubiésemos robado
hubierais o hubieseis robado
hubieran o hubiesen robado

IMPERATIVO

roba tú/ no robes
robad vosotros/ no robéis
robemos nosotros/ no robemos
robe usted/ no robe
roben ustedes/ no roben

Términos y expresiones

El robo

Gerundio: sabiendo **Participio:** sabido
G. compuesto: habiendo sabido **Inf. compuesto:** haber sabido

SABER 106

INDICATIVO

T. SIMPLES

Presente
sé
sabes
sabe
sabemos
sabéis
saben

Pretérito imperfecto
sabía
sabías
sabía
sabíamos
sabíais
sabían

Pretérito indefinido
supe   supimos
supiste   supisteis
supo   supieron

Futuro
sabré
sabrás
sabrá
sabremos
sabréis
sabrán

Condicional
sabría
sabrías
sabría
sabríamos
sabríais
sabrían

T. COMPUESTOS

Pretérito perfecto
he sabido
has sabido
ha sabido
hemos sabido
habéis sabido
han sabido

Pret. pluscuamperfecto
había sabido
habías sabido
había sabido
habíamos sabido
habíais sabido
habían sabido

Futuro perfecto
habré sabido
habrás sabido
habrá sabido
habremos sabido
habréis sabido
habrán sabido

Condicional perfecto
habría sabido
habrías sabido
habría sabido
habríamos sabido
habríais sabido
habrían sabido

SUBJUNTIVO

TIEMPOS SIMPLES

Presente
sepa
sepas
sepa
sepamos
sepáis
sepan

Pret. imperfecto
supiera o supiese
supieras o supieses
supiera o supiese
supiéramos o supiésemos
supierais o supieseis
supieran o supiesen

TIEMPOS COMPUESTOS

Pret. perfecto
haya sabido
hayas sabido
haya sabido
hayamos sabido
hayáis sabido
hayan sabido

Pret. pluscuamperfecto
hubiera o hubiese sabido
hubieras o hubieses sabido
hubiera o hubiese sabido
hubiéramos o hubiésemos sabido
hubierais o hubieseis sabido
hubieran o hubiesen sabido

IMPERATIVO

sabe tú/ no sepas
sabed vosotros/ no sepáis
sepamos nosotros/ no sepamos
sepa usted/ no sepa
sepan ustedes/ no sepan

Términos y expresiones

El saber
La sabiduría
El sabio/ la sabia
Sabiamente
A sabiendas de – *con total conocimiento de algo*
Saber algo de buena tinta – *poseer una información de fuentes fiables*

107 SACAR

Gerundio: sacando **Participio:** sacado
G. compuesto: habiendo sacado **Inf. compuesto:** haber sacado

INDICATIVO

T. SIMPLES

Presente
saco
sacas
saca
sacamos
sacáis
sacan

Pretérito imperfecto
sacaba
sacabas
sacaba
sacábamos
sacabais
sacaban

Pretérito indefinido
saqué   sacamos
sacaste   sacasteis
sacó   sacaron

Futuro
sacaré
sacarás
sacará
sacaremos
sacaréis
sacarán

Condicional
sacaría
sacarías
sacaría
sacaríamos
sacaríais
sacarían

T. COMPUESTOS

Pretérito perfecto
he sacado
has sacado
ha sacado
hemos sacado
habéis sacado
han sacado

Pret. pluscuamperfecto
había sacado
habías sacado
había sacado
habíamos sacado
habíais sacado
habían sacado

Futuro perfecto
habré sacado
habrás sacado
habrá sacado
habremos sacado
habréis sacado
habrán sacado

Condicional perfecto
habría sacado
habrías sacado
habría sacado
habríamos sacado
habríais sacado
habrían sacado

SUBJUNTIVO

TIEMPOS SIMPLES

Presente
saque
saques
saque
saquemos
saquéis
saquen

Pret. imperfecto
sacara o sacase
sacaras o sacases
sacara o sacase
sacáramos o sacásemos
sacarais o sacaseis
sacaran o sacasen

TIEMPOS COMPUESTOS

Pret. perfecto
haya sacado
hayas sacado
haya sacado
hayamos sacado
hayáis sacado
hayan sacado

Pret. pluscuamperfecto
hubiera o hubiese sacado
hubieras o hubieses sacado
hubiera o hubiese sacado
hubiéramos o hubiésemos sacado
hubierais o hubieseis sacado
hubieran o hubiesen sacado

IMPERATIVO

saca tú/ no saques
sacad vosotros/ no saquéis
saquemos nosotros/ no saquemos
saque usted/ no saque
saquen ustedes/ no saquen

Términos y expresiones

Sacar (algo) en limpio – *obtener una conclusión clara de algo, conseguir un beneficio*
Sacar de quicio/ de sus casillas – *poner a alguien al límite de su paciencia*
Sacar partido/ sacar tajada – *obtener beneficio*

Gerundio: saliendo **Participio:** salido
G. compuesto: habiendo salido **Inf. compuesto:** haber salido

SALIR 108

INDICATIVO

T. SIMPLES

Presente
salgo
sales
sale
salimos
salís
salen

Pretérito imperfecto
salía
salías
salía
salíamos
salíais
salían

Pretérito indefinido
salí   salimos
saliste   salisteis
salió   salieron

Futuro
saldré
saldrás
saldrá
saldremos
saldréis
saldrán

Condicional
saldría
saldrías
saldría
saldríamos
saldríais
saldrían

T. COMPUESTOS

Pretérito perfecto
he salido
has salido
ha salido
hemos salido
habéis salido
han salido

Pret. pluscuamperfecto
había salido
habías salido
había salido
habíamos salido
habíais salido
habían salido

Futuro perfecto
habré salido
habrás salido
habrá salido
habremos salido
habréis salido
habrán salido

Condicional perfecto
habría salido
habrías salido
habría salido
habríamos salido
habríais salido
habrían salido

SUBJUNTIVO

TIEMPOS SIMPLES

Presente
salga
salgas
salga
salgamos
salgáis
salgan

Pret. imperfecto
saliera o saliese
salieras o salieses
saliera o saliese
saliéramos o saliésemos
salierais o salieseis
salieran o saliesen

TIEMPOS COMPUESTOS

Pret. perfecto
haya salido
hayas salido
haya salido
hayamos salido
hayáis salido
hayan salido

Pret. pluscuamperfecto
hubiera o hubiese salido
hubieras o hubieses salido
hubiera o hubiese salido
hubiéramos o hubiésemos salido
hubierais o hubieseis salido
hubieran o hubiesen salido

IMPERATIVO

sal tú/ no salgas
salid vosotros/ no salgáis
salgamos nosotros/ no salgamos
salga usted/ no salga
salgan ustedes/ no salgan

La salida
El saliente
No me sale de las narices – *no lo hago porque no quiero*
Salir a flote – *superar una situación difícil*

Salir por pies – *escapar corriendo de un peligro*
Salir pitando – *salir corriendo*
Salirse con la suya – *conseguir lo que se pretende a pesar de la oposición ajena*

109 SEGUIR

Gerundio: siguiendo **Participio:** seguido
G. compuesto: habiendo seguido **Inf. compuesto:** haber seguido

INDICATIVO

T. SIMPLES

Presente
sigo
sigues
sigue
seguimos
seguís
siguen

Pretérito imperfecto
seguía
seguías
seguía
seguíamos
seguíais
seguían

Pretérito indefinido
seguí   seguimos
seguiste   seguisteis
siguió   siguieron

Futuro
seguiré
seguirás
seguirá
seguiremos
seguiréis
seguirán

Condicional
seguiría
seguirías
seguiría
seguiríamos
seguiríais
seguirían

T. COMPUESTOS

Pretérito perfecto
he seguido
has seguido
ha seguido
hemos seguido
habéis seguido
han seguido

Pret. pluscuamperfecto
había seguido
habías seguido
había seguido
habíamos seguido
habíais seguido
habían seguido

Futuro perfecto
habré seguido
habrás seguido
habrá seguido
habremos seguido
habréis seguido
habrán seguido

Condicional perfecto
habría seguido
habrías seguido
habría seguido
habríamos seguido
habríais seguido
habrían seguido

SUBJUNTIVO

TIEMPOS SIMPLES

Presente
siga
sigas
siga
sigamos
sigáis
sigan

Pret. imperfecto
siguiera o siguiese
siguieras o siguieses
siguiera o siguiese
siguiéramos o siguiésemos
siguierais o siguieseis
siguieran o siguiesen

TIEMPOS COMPUESTOS

Pret. perfecto
haya seguido
hayas seguido
haya seguido
hayamos seguido
hayáis seguido
hayan seguido

Pret. pluscuamperfecto
hubiera o hubiese seguido
hubieras o hubieses seguido
hubiera o hubiese seguido
hubiéramos o hubiésemos seguido
hubierais o hubieseis seguido
hubieran o hubiesen seguido

IMPERATIVO

sigue tú/ no sigas
seguid vosotros/ no sigáis
sigamos nosotros/ no sigamos
siga usted/ no siga
sigan ustedes/ no sigan

Términos y expresiones

El seguimiento
Seguidamente
Seguirle (a alguien) la corriente – *darle la razón a alguien para que no se enfade o moleste*
Seguir en sus trece – *no cambiar de opinión*

GERUNDIO: sentándose **PARTICIPIO:** sentado
G. COMPUESTO: habiéndose sentado **INF. COMPUESTO:** haberse sentado

SENTARSE 110

INDICATIVO

T. SIMPLES

PRESENTE
me siento
te sientas
se sienta
nos sentamos
os sentáis
se sientan

PRETÉRITO IMPERFECTO
me sentaba
te sentabas
se sentaba
nos sentábamos
os sentabais
se sentaban

PRETÉRITO INDEFINIDO
me senté   nos sentamos
te sentaste   os sentasteis
se sentó   se sentaron

FUTURO
me sentaré
te sentarás
se sentará
nos sentaremos
os sentaréis
se sentarán

CONDICIONAL
me sentaría
te sentarías
se sentaría
nos sentaríamos
os sentaríais
se sentarían

T. COMPUESTOS

PRETÉRITO PERFECTO
me he sentado
te has sentado
se ha sentado
nos hemos sentado
os habéis sentado
se han sentado

PRET. PLUSCUAMPERFECTO
me había sentado
te habías sentado
se había sentado
nos habíamos sentado
os habíais sentado
se habían sentado

FUTURO PERFECTO
me habré sentado
te habrás sentado
se habrá sentado
nos habremos sentado
os habréis sentado
se habrán sentado

CONDICIONAL PERFECTO
me habría sentado
te habrías sentado
se habría sentado
nos habríamos sentado
os habríais sentado
se habrían sentado

SUBJUNTIVO

TIEMPOS SIMPLES

PRESENTE
me siente
te sientes
se siente
nos sentemos
os sentéis
se sienten

PRET. IMPERFECTO
me sentara o sentase
te sentaras o sentases
se sentara o sentase
nos sentáramos o sentásemos
os sentarais o sentaseis
se sentaran o sentasen

TIEMPOS COMPUESTOS

PRET. PERFECTO
me haya sentado
te hayas sentado
se haya sentado
nos hayamos sentado
os hayáis sentado
se hayan sentado

PRET. PLUSCUAMPERFECTO
me hubiera o hubiese sentado
te hubieras o hubieses sentado
se hubiera o hubiese sentado
nos hubiéramos o hubiésemos sentado
os hubierais o hubieseis sentado
se hubieran o hubiesen sentado

IMPERATIVO

siéntate tú/ no te sientes
sentaos vosotros/ no os sentéis
sentémonos nosotros/ no nos sentemos
siéntese usted/ no se siente
siéntense ustedes/ no se sienten

TÉRMINOS Y EXPRESIONES

El asiento
La sentada

Sentar bien/ mal – *tener buen o mal efecto sobre alguien*
Sentar la cabeza – *madurar*

111 SENTIR

Gerundio: sintiendo **Participio:** sentido
G. compuesto: habiendo sentido **Inf. compuesto:** haber sentido

INDICATIVO

T. SIMPLES

Presente
siento
sientes
siente
sentimos
sentís
sienten

Pretérito imperfecto
sentía
sentías
sentía
sentíamos
sentíais
sentían

Pretérito indefinido
sentí   sentimos
sentiste   sentisteis
sintió   sintieron

Futuro
sentiré
sentirás
sentirá
sentiremos
sentiréis
sentirán

Condicional
sentiría
sentirías
sentiría
sentiríamos
sentiríais
sentirían

T. COMPUESTOS

Pretérito perfecto
he sentido
has sentido
ha sentido
hemos sentido
habéis sentido
han sentido

Pret. pluscuamperfecto
había sentido
habías sentido
había sentido
habíamos sentido
habíais sentido
habían sentido

Futuro perfecto
habré sentido
habrás sentido
habrá sentido
habremos sentido
habréis sentido
habrán sentido

Condicional perfecto
habría sentido
habrías sentido
habría sentido
habríamos sentido
habríais sentido
habrían sentido

SUBJUNTIVO

TIEMPOS SIMPLES

Presente
sienta
sientas
sienta
sintamos
sintáis
sientan

Pret. imperfecto
sintiera o sintiese
sintieras o sintieses
sintiera o sintiese
sintiéramos o sintiésemos
sintierais o sintieseis
sintieran o sintiesen

TIEMPOS COMPUESTOS

Pret. perfecto
haya sentido
hayas sentido
haya sentido
hayamos sentido
hayáis sentido
hayan sentido

Pret. pluscuamperfecto
hubiera o hubiese sentido
hubieras o hubieses sentido
hubiera o hubiese sentido
hubiéramos o hubiésemos sentido
hubierais o hubieseis sentido
hubieran o hubiesen sentido

IMPERATIVO

siente tú/ no sientas
sentid vosotros/ no sintáis
sintamos nosotros/ no sintamos
sienta usted/ no sienta
sientan ustedes/ no sientan

Términos y expresiones

Sentirse   Sensible/ insensible
El sentido   Sensitivo/ -a
El sentimentalismo   Sensorial
El sentimiento   Sentimentalmente

Gerundio: siendo **Participio:** sido
G. compuesto: habiendo sido **Inf. compuesto:** haber sido

SER 112

INDICATIVO

T. SIMPLES

Presente
- soy
- eres
- es
- somos
- sois
- son

Pretérito imperfecto
- era
- eras
- era
- éramos
- erais
- eran

Pretérito indefinido
- fui / fuimos
- fuiste / fuisteis
- fue / fueron

Futuro
- seré
- serás
- será
- seremos
- seréis
- serán

Condicional
- sería
- serías
- sería
- seríamos
- seríais
- serían

T. COMPUESTOS

Pretérito perfecto
- he sido
- has sido
- ha sido
- hemos sido
- habéis sido
- han sido

Pret. pluscuamperfecto
- había sido
- habías sido
- había sido
- habíamos sido
- habíais sido
- habían sido

Futuro perfecto
- habré sido
- habrás sido
- habrá sido
- habremos sido
- habréis sido
- habrán sido

Condicional perfecto
- habría sido
- habrías sido
- habría sido
- habríamos sido
- habríais sido
- habrían sido

SUBJUNTIVO

TIEMPOS SIMPLES

Presente
- sea
- seas
- sea
- seamos
- seáis
- sean

Pret. imperfecto
- fuera o fuese
- fueras o fueses
- fuera o fuese
- fuéramos o fuésemos
- fuerais o fueseis
- fueran o fuesen

TIEMPOS COMPUESTOS

Pret. perfecto
- haya sido
- hayas sido
- haya sido
- hayamos sido
- hayáis sido
- hayan sido

Pret. pluscuamperfecto
- hubiera o hubiese sido
- hubieras o hubieses sido
- hubiera o hubiese sido
- hubiéramos o hubiésemos sido
- hubierais o hubieseis sido
- hubieran o hubiesen sido

IMPERATIVO

- sé tú/ no seas
- sed vosotros/ no seáis
- seamos nosotros/ no seamos
- sea usted/ no sea
- sean ustedes/ no sean

Términos y expresiones

Érase una vez – *fórmula para iniciar los cuentos infantiles*
Es de cajón – *es evidente, lógico*
Ser un cero a la izquierda – *ser un inútil*
Ser culo de mal asiento – *ser una persona inquieta*
Ser el ojito derecho de alguien – *ser su favorito*
Ser de la otra acera – *ser homosexual*
Ser pan comido – *ser algo muy fácil*

113 SERVIR

Gerundio: sirviendo **Participio:** servido
G. compuesto: habiendo servido **Inf. compuesto:** haber servido

INDICATIVO

T. SIMPLES

Presente
sirvo
sirves
sirve
servimos
servís
sirven

Pretérito imperfecto
servía
servías
servía
servíamos
servíais
servían

Pretérito indefinido
serví	servimos
serviste	servisteis
sirvió	sirvieron

Futuro
serviré
servirás
servirá
serviremos
serviréis
servirán

Condicional
serviría
servirías
serviría
serviríamos
serviríais
servirían

T. COMPUESTOS

Pretérito perfecto
he servido
has servido
ha servido
hemos servido
habéis servido
han servido

Pret. pluscuamperfecto
había servido
habías servido
había servido
habíamos servido
habíais servido
habían servido

Futuro perfecto
habré servido
habrás servido
habrá servido
habremos servido
habréis servido
habrán servido

Condicional perfecto
habría servido
habrías servido
habría servido
habríamos servido
habríais servido
habrían servido

SUBJUNTIVO

TIEMPOS SIMPLES

Presente
sirva
sirvas
sirva
sirvamos
sirváis
sirvan

Pret. imperfecto
sirviera o sirviese
sirvieras o sirvieses
sirviera o sirviese
sirviéramos o sirviésemos
sirvierais o sirvieseis
sirvieran o sirviesen

TIEMPOS COMPUESTOS

Pret. perfecto
haya servido
hayas servido
haya servido
hayamos servido
hayáis servido
hayan servido

Pret. pluscuamperfecto
hubiera o hubiese servido
hubieras o hubieses servido
hubiera o hubiese servido
hubiéramos o hubiésemos servido
hubierais o hubieseis servido
hubieran o hubiesen servido

IMPERATIVO

sirve tú/ no sirvas
servid vosotros/ no sirváis
sirvamos nosotros/ no sirvamos
sirva usted/ no sirva
sirvan ustedes/ no sirvan

El servicio
El servidor
La servidumbre
El servilismo
El siervo/ la sierva

La sirvienta/ el sirviente
Inservible
Servil

GERUNDIO: sumergiendo **PARTICIPIO:** sumergido
G. COMPUESTO: habiendo sumergido **INF. COMPUESTO:** haber sumergido

SUMERGIR 114

INDICATIVO

T. SIMPLES

PRESENTE
sumerjo
sumerges
sumerge
sumergimos
sumergís
sumergen

PRETÉRITO IMPERFECTO
sumergía
sumergías
sumergía
sumergíamos
sumergíais
sumergían

PRETÉRITO INDEFINIDO
sumergí   sumergimos
sumergiste   sumergisteis
sumergió   sumergieron

FUTURO
sumergiré
sumergirás
sumergirá
sumergiremos
sumergiréis
sumergirán

CONDICIONAL
sumergiría
sumergirías
sumergiría
sumergiríamos
sumergiríais
sumergirían

T. COMPUESTOS

PRETÉRITO PERFECTO
he sumergido
has sumergido
ha sumergido
hemos sumergido
habéis sumergido
han sumergido

PRET. PLUSCUAMPERFECTO
había sumergido
habías sumergido
había sumergido
habíamos sumergido
habíais sumergido
habían sumergido

FUTURO PERFECTO
habré sumergido
habrás sumergido
habrá sumergido
habremos sumergido
habréis sumergido
habrán sumergido

CONDICIONAL PERFECTO
habría sumergido
habrías sumergido
habría sumergido
habríamos sumergido
habríais sumergido
habrían sumergido

SUBJUNTIVO

TIEMPOS SIMPLES

PRESENTE
sumerja
sumerjas
sumerja
sumerjamos
sumerjáis
sumerjan

PRET. IMPERFECTO
sumergiera o sumergiese
sumergieras o sumergieses
sumergiera o sumergiese
sumergiéramos o sumergiésemos
sumergierais o sumergieseis
sumergieran o sumergiesen

TIEMPOS COMPUESTOS

PRET. PERFECTO
haya sumergido
hayas sumergido
haya sumergido
hayamos sumergido
hayáis sumergido
hayan sumergido

PRET. PLUSCUAMPERFECTO
hubiera o hubiese sumergido
hubieras o hubieses sumergido
hubiera o hubiese sumergido
hubiéramos o hubiésemos sumergido
hubierais o hubieseis sumergido
hubieran o hubiesen sumergido

IMPERATIVO

sumerge tú/ no sumerjas
sumergid vosotros/ no sumerjáis
sumerjamos nosotros/ no sumerjamos
sumerja usted/ no sumerja
sumerjan ustedes/ no sumerjan

TÉRMINOS Y EXPRESIONES
La sumersión
Sumergible/ insumergible

115 SUSTITUIR

Gerundio: sustituyendo **Participio:** sustituido
G. compuesto: habiendo sustituido **Inf. compuesto:** haber sustituido

INDICATIVO

T. SIMPLES

Presente
sustituyo
sustituyes
sustituye
sustituimos
sustituís
sustituyen

Pretérito imperfecto
sustituía
sustituías
sustituía
sustituíamos
sustituíais
sustituían

Pretérito indefinido
sustituí   sustituimos
sustituiste   sustituisteis
sustituyó   sustituyeron

Futuro
sustituiré
sustituirás
sustituirá
sustituiremos
sustituiréis
sustituirán

Condicional
sustituiría
sustituirías
sustituiría
sustituiríamos
sustituiríais
sustituirían

T. COMPUESTOS

Pretérito perfecto
he sustituido
has sustituido
ha sustituido
hemos sustituido
habéis sustituido
han sustituido

Pret. pluscuamperfecto
había sustituido
habías sustituido
había sustituido
habíamos sustituido
habíais sustituido
habían sustituido

Futuro perfecto
habré sustituido
habrás sustituido
habrá sustituido
habremos sustituido
habréis sustituido
habrán sustituido

Condicional perfecto
habría sustituido
habrías sustituido
habría sustituido
habríamos sustituido
habríais sustituido
habrían sustituido

SUBJUNTIVO

TIEMPOS SIMPLES

Presente
sustituya
sustituyas
sustituya
sustituyamos
sustituyáis
sustituyan

Pret. imperfecto
sustituyera o sustituyese
sustituyeras o sustituyeses
sustituyera o sustituyese
sustituyéramos o sustituyésemos
sustituyerais o sustituyeseis
sustituyeran o sustituyesen

TIEMPOS COMPUESTOS

Pret. perfecto
haya sustituido
hayas sustituido
haya sustituido
hayamos sustituido
hayáis sustituido
hayan sustituido

Pret. pluscuamperfecto
hubiera o hubiese sustituido
hubieras o hubieses sustituido
hubiera o hubiese sustituido
hubiéramos o hubiésemos sustituido
hubierais o hubieseis sustituido
hubieran o hubiesen sustituido

IMPERATIVO

sustituye tú/ no sustituyas
sustituid vosotros/ no sustituyáis
sustituyamos nosotros/ no sustituyamos
sustituya usted/ no sustituya
sustituyan ustedes/ no sustituyan

Términos y expresiones

La sustitución   Sustituible/ insustituible
El sustituto/ la sustituta Sustitutivo/ -a

Gerundio: tardando **Participio:** tardado
G. compuesto: habiendo tardado **Inf. compuesto:** haber tardado

TARDAR 116

INDICATIVO

T. SIMPLES

Presente
tardo
tardas
tarda
tardamos
tardáis
tardan

Pretérito imperfecto
tardaba
tardabas
tardaba
tardábamos
tardabais
tardaban

Pretérito indefinido
tardé   tardamos
tardaste   tardasteis
tardó   tardaron

Futuro
tardaré
tardarás
tardará
tardaremos
tardaréis
tardarán

Condicional
tardaría
tardarías
tardaría
tardaríamos
tardaríais
tardarían

T. COMPUESTOS

Pretérito perfecto
he tardado
has tardado
ha tardado
hemos tardado
habéis tardado
han tardado

Pret. pluscuamperfecto
había tardado
habías tardado
había tardado
habíamos tardado
habíais tardado
habían tardado

Futuro perfecto
habré tardado
habrás tardado
habrá tardado
habremos tardado
habréis tardado
habrán tardado

Condicional perfecto
habría tardado
habrías tardado
habría tardado
habríamos tardado
habríais tardado
habrían tardado

SUBJUNTIVO

TIEMPOS SIMPLES

Presente
tarde
tardes
tarde
tardemos
tardéis
tarden

Pret. imperfecto
tardara o tardase
tardaras o tardases
tardara o tardase
tardáramos o tardásemos
tardarais o tardaseis
tardaran o tardasen

TIEMPOS COMPUESTOS

Pret. perfecto
haya tardado
hayas tardado
haya tardado
hayamos tardado
hayáis tardado
hayan tardado

Pret. pluscuamperfecto
hubiera o hubiese tardado
hubieras o hubieses tardado
hubiera o hubiese tardado
hubiéramos o hubiésemos tardado
hubierais o hubieseis tardado
hubieran o hubiesen tardado

IMPERATIVO

tarda tú/ no tardes
tardad vosotros/ no tardéis
tardemos nosotros/ no tardemos
tarde usted/ no tarde
tarden ustedes/ no tarden

Términos y expresiones

Tardar en
La tardanza
La tarde
Tardío/ -a
A más tardar – *como plazo máximo*
De tarde en tarde – *con poca frecuencia*

117 TEMBLAR

Gerundio: temblando **Participio:** temblado
G. compuesto: habiendo temblado **Inf. compuesto:** haber temblado

INDICATIVO

T. SIMPLES

Presente
tiemblo
tiemblas
tiembla
temblamos
templáis
tiemblan

Pretérito imperfecto
temblaba
temblabas
temblaba
temblábamos
temblabais
temblaban

Pretérito indefinido
temblé   temblamos
temblaste   temblasteis
tembló   temblaron

Futuro
temblaré
temblarás
temblará
temblaremos
temblaréis
temblarán

Condicional
temblaría
temblarías
temblaría
temblaríamos
temblaríais
temblarían

T. COMPUESTOS

Pretérito perfecto
he temblado
has temblado
ha temblado
hemos temblado
habéis temblado
han temblado

Pret. pluscuamperfecto
había temblado
habías temblado
había temblado
habíamos temblado
habíais temblado
habían temblado

Futuro perfecto
habré temblado
habrás temblado
habrá temblado
habremos temblado
habréis temblado
habrán temblado

Condicional perfecto
habría temblado
habrías temblado
habría temblado
habríamos temblado
habríais temblado
habrían temblado

SUBJUNTIVO

TIEMPOS SIMPLES

Presente
tiemble
tiembles
tiemble
temblemos
tembléis
tiemblen

Pret. imperfecto
temblara o temblase
temblaras o temblases
temblara o temblase
tembláramos o temblásemos
temblarais o temblaseis
temblaran o temblasen

TIEMPOS COMPUESTOS

Pret. perfecto
haya temblado
hayas temblado
haya temblado
hayamos temblado
hayáis temblado
hayan temblado

Pret. pluscuamperfecto
hubiera o hubiese temblado
hubieras o hubieses temblado
hubiera o hubiese temblado
hubiéramos o hubiésemos temblado
hubierais o hubieseis temblado
hubieran o hubiesen temblado

IMPERATIVO

tiembla tú/ no tiembles
temblad vosotros/ no tembléis
temblemos nosotros/ no temblemos
tiemble usted/ no tiemble
tiemblen ustedes/ no tiemblen

Términos y expresiones

El tembleque
El temblor
Tembloroso/ -a

GERUNDIO: teniendo **PARTICIPIO:** tenido
G. COMPUESTO: habiendo tenido **INF. COMPUESTO:** haber tenido

TENER 118

INDICATIVO

T. SIMPLES

PRESENTE
tengo
tienes
tiene
tenemos
tenéis
tienen

PRETÉRITO IMPERFECTO
tenía
tenías
tenía
teníamos
teníais
tenían

PRETÉRITO INDEFINIDO
tuve   tuvimos
tuviste   tuvisteis
tuvo   tuvieron

FUTURO
tendré
tendrás
tendrá
tendremos
tendréis
tendrán

CONDICIONAL
tendría
tendrías
tendría
tendríamos
tendríais
tendrían

T. COMPUESTOS

PRETÉRITO PERFECTO
he tenido
has tenido
ha tenido
hemos tenido
habéis tenido
han tenido

PRET. PLUSCUAMPERFECTO
había tenido
habías tenido
había tenido
habíamos tenido
habíais tenido
habían tenido

FUTURO PERFECTO
habré tenido
habrás tenido
habrá tenido
habremos tenido
habréis tenido
habrán tenido

CONDICIONAL PERFECTO
habría tenido
habrías tenido
habría tenido
habríamos tenido
habríais tenido
habrían tenido

SUBJUNTIVO

TIEMPOS SIMPLES

PRESENTE
tenga
tengas
tenga
tengamos
tengáis
tengan

PRET. IMPERFECTO
tuviera o tuviese
tuvieras o tuvieses
tuviera o tuviese
tuviéramos o tuviésemos
tuvierais o tuvieseis
tuvieran o tuviesen

TIEMPOS COMPUESTOS

PRET. PERFECTO
haya tenido
hayas tenido
haya tenido
hayamos tenido
hayáis tenido
hayan tenido

PRET. PLUSCUAMPERFECTO
hubiera o hubiese tenido
hubieras o hubieses tenido
hubiera o hubiese tenido
hubiéramos o hubiésemos tenido
hubierais o hubieseis tenido
hubieran o hubiesen tenido

IMPERATIVO

ten tú/ no tengas
tened vosotros/ no tengáis
tengamos nosotros/ no tengamos
tenga usted/ no tenga
tengan ustedes/ no tengan

TÉRMINOS Y EXPRESIONES

Tener buen saque – *buen apetito*
Tener en cuenta – *considerar, tener presente*
Tener enchufe – *contactos o influencias*
Tener labia – *facilidad de palabra*
Tener mala pata – *mala suerte*
Tener mala pinta – *mal aspecto una cosa o una persona*
Tener algo en la punta de la lengua – *estar a punto de recordar y decir algo*
Tener tablas – *tener experiencia*
Tener que ver – *tener relación*

119 TERMINAR

Gerundio: terminando **Participio:** terminado
G. compuesto: habiendo terminado **Inf. compuesto:** haber terminado

INDICATIVO

T. SIMPLES

Presente
termino
terminas
termina
terminamos
termináis
terminan

Pretérito imperfecto
terminaba
terminabas
terminaba
terminábamos
terminabais
terminaban

Pretérito indefinido
terminé   terminamos
terminaste   terminasteis
terminó   terminaron

Futuro
terminaré
terminarás
terminará
terminaremos
terminaréis
terminarán

Condicional
terminaría
terminarías
terminaría
terminaríamos
terminaríais
terminarían

T. COMPUESTOS

Pretérito perfecto
he terminado
has terminado
ha terminado
hemos terminado
habéis terminado
han terminado

Pret. pluscuamperfecto
había terminado
habías terminado
había terminado
habíamos terminado
habíais terminado
habían terminado

Futuro perfecto
habré terminado
habrás terminado
habrá terminado
habremos terminado
habréis terminado
habrán terminado

Condicional perfecto
habría terminado
habrías terminado
habría terminado
habríamos terminado
habríais terminado
habrían terminado

SUBJUNTIVO

TIEMPOS SIMPLES

Presente
termine
termines
termine
terminemos
terminéis
terminen

Pret. imperfecto
terminara o terminase
terminaras o terminases
terminara o terminase
termináramos o terminásemos
terminarais o terminaseis
terminaran o terminasen

TIEMPOS COMPUESTOS

Pret. perfecto
haya terminado
hayas terminado
haya terminado
hayamos terminado
hayáis terminado
hayan terminado

Pret. pluscuamperfecto
hubiera o hubiese terminado
hubieras o hubieses terminado
hubiera o hubiese terminado
hubiéramos o hubiésemos terminado
hubierais o hubieseis terminado
hubieran o hubiesen terminado

IMPERATIVO

termina tú/ no termines
terminad vosotros/ no terminéis
terminemos nosotros/ no terminemos
termine usted/ no termine
terminen ustedes/ no terminen

Términos y expresiones

La terminación   El término   Terminantemente
La terminal   Interminable   Terminar como el rosario de la aurora – *acabar en discusión o pelea*
El terminal   Terminal

Gerundio: tocando **Participio:** tocado
G. compuesto: habiendo tocado **Inf. compuesto:** haber tocado

TOCAR 120

INDICATIVO

T. SIMPLES

Presente
- toco
- tocas
- toca
- tocamos
- tocáis
- tocan

Pretérito imperfecto
- tocaba
- tocabas
- tocaba
- tocábamos
- tocabais
- tocaban

Pretérito indefinido
- toqué
- tocaste
- tocó
- tocamos
- tocasteis
- tocaron

Futuro
- tocaré
- tocarás
- tocará
- tocaremos
- tocaréis
- tocarán

Condicional
- tocaría
- tocarías
- tocaría
- tocaríamos
- tocaríais
- tocarían

T. COMPUESTOS

Pretérito perfecto
- he tocado
- has tocado
- ha tocado
- hemos tocado
- habéis tocado
- han tocado

Pret. pluscuamperfecto
- había tocado
- habías tocado
- había tocado
- habíamos tocado
- habíais tocado
- habían tocado

Futuro perfecto
- habré tocado
- habrás tocado
- habrá tocado
- habremos tocado
- habréis tocado
- habrán tocado

Condicional perfecto
- habría tocado
- habrías tocado
- habría tocado
- habríamos tocado
- habríais tocado
- habrían tocado

SUBJUNTIVO

TIEMPOS SIMPLES

Presente
- toque
- toques
- toque
- toquemos
- toquéis
- toquen

Pret. imperfecto
- tocara o tocase
- tocaras o tocases
- tocara o tocase
- tocáramos o tocásemos
- tocarais o tocaseis
- tocaran o tocasen

TIEMPOS COMPUESTOS

Pret. perfecto
- haya tocado
- hayas tocado
- haya tocado
- hayamos tocado
- hayáis tocado
- hayan tocado

Pret. pluscuamperfecto
- hubiera o hubiese tocado
- hubieras o hubieses tocado
- hubiera o hubiese tocado
- hubiéramos o hubiésemos tocado
- hubierais o hubieseis tocado
- hubieran o hubiesen tocado

IMPERATIVO

- toca tú/ no toques
- tocad vosotros/ no toquéis
- toquemos nosotros/ no toquemos
- toque usted/ no toque
- toquen ustedes/ no toquen

Términos y expresiones

El tocador
Intocable
Tocarle la lotería (a alguien) – *tener suerte*
Tocarse las narices – *no hacer nada*

121 TRABAJAR

Gerundio: trabajando **Participio:** trabajado
G. compuesto: habiendo trabajado **Inf. compuesto:** haber trabajado

INDICATIVO

T. SIMPLES

Presente
trabajo
trabajas
trabaja
trabajamos
trabajáis
trabajan

Pretérito imperfecto
trabajaba
trabajabas
trabajaba
trabajábamos
trabajabais
trabajaban

Pretérito indefinido
trabajé   trabajamos
trabajaste   trabajasteis
trabajó   trabajaron

Futuro
trabajaré
trabajarás
trabajará
trabajaremos
trabajaréis
trabajarán

Condicional
trabajaría
trabajarías
trabajaría
trabajaríamos
trabajaríais
trabajarían

T. COMPUESTOS

Pretérito perfecto
he trabajado
has trabajado
ha trabajado
hemos trabajado
habéis trabajado
han trabajado

Pret. pluscuamperfecto
había trabajado
habías trabajado
había trabajado
habíamos trabajado
habíais trabajado
habían trabajado

Futuro perfecto
habré trabajado
habrás trabajado
habrá trabajado
habremos trabajado
habréis trabajado
habrán trabajado

Condicional perfecto
habría trabajado
habrías trabajado
habría trabajado
habríamos trabajado
habríais trabajado
habrían trabajado

SUBJUNTIVO

TIEMPOS SIMPLES

Presente
trabaje
trabajes
trabaje
trabajemos
trabajéis
trabajen

Pret. imperfecto
trabajara o trabajase
trabajaras o trabajases
trabajara o trabajase
trabajáramos o trabajásemos
trabajarais o trabajaseis
trabajaran o trabajasen

TIEMPOS COMPUESTOS

Pret. perfecto
haya trabajado
hayas trabajado
haya trabajado
hayamos trabajado
hayáis trabajado
hayan trabajado

Pret. pluscuamperfecto
hubiera o hubiese trabajado
hubieras o hubieses trabajado
hubiera o hubiese trabajado
hubiéramos o hubiésemos trabajado
hubierais o hubieseis trabajado
hubieran o hubiesen trabajado

IMPERATIVO

trabaja tú/ no trabajes
trabajad vosotros/ no trabajéis
trabajemos nosotros/ no trabajemos
trabaje usted/ no trabaje
trabajen ustedes/ no trabajen

Términos y expresiones

El trabajo
El trabajador/ la trabajadora
Trabajoso/ -a

Trabajar a destajo – *mucho, sin descanso*
Trabajar de sol a sol – *desde la mañana a la noche*

GERUNDIO: traduciendo
G. COMPUESTO: habiendo traducido
PARTICIPIO: traducido
INF. COMPUESTO: haber traducido

TRADUCIR

INDICATIVO

T. SIMPLES

PRESENTE
traduzco
traduces
traduce
traducimos
traducís
traducen

PRETÉRITO IMPERFECTO
traducía
traducías
traducía
traducíamos
traducíais
traducían

PRETÉRITO INDEFINIDO
traduje   tradujimos
tradujiste   tradujisteis
tradujo   tradujeron

FUTURO
traduciré
traducirás
traducirá
traduciremos
traduciréis
traducirán

CONDICIONAL
traduciría
traducirías
traduciría
traduciríamos
traduciríais
traducirían

T. COMPUESTOS

PRETÉRITO PERFECTO
he traducido
has traducido
ha traducido
hemos traducido
habéis traducido
han traducido

PRET. PLUSCUAMPERFECTO
había traducido
habías traducido
había traducido
habíamos traducido
habíais traducido
habían traducido

FUTURO PERFECTO
habré traducido
habrás traducido
habrá traducido
habremos traducido
habréis traducido
habrán traducido

CONDICIONAL PERFECTO
habría traducido
habrías traducido
habría traducido
habríamos traducido
habríais traducido
habrían traducido

SUBJUNTIVO

TIEMPOS SIMPLES

PRESENTE
traduzca
traduzcas
traduzca
traduzcamos
traduzcáis
traduzcan

PRET. IMPERFECTO
tradujera o tradujese
tradujeras o tradujeses
tradujera o tradujese
tradujéramos o tradujésemos
tradujerais o tradujeseis
tradujeran o tradujesen

TIEMPOS COMPUESTOS

PRET. PERFECTO
haya traducido
hayas traducido
haya traducido
hayamos traducido
hayáis traducido
hayan traducido

PRET. PLUSCUAMPERFECTO
hubiera o hubiese traducido
hubieras o hubieses traducido
hubiera o hubiese traducido
hubiéramos o hubiésemos traducido
hubierais o hubieseis traducido
hubieran o hubiesen traducido

IMPERATIVO

traduce tú/ no traduzcas
traducid vosotros/ no traduzcáis
traduzcamos nosotros/ no traduzcamos
traduzca usted/ no traduzca
traduzcan ustedes/ no traduzcan

TÉRMINOS Y EXPRESIONES

La traducción
El traductor/ la traductora
Traducible/ intraducible

123 TRAER

Gerundio: trayendo
G. compuesto: habiendo traído
Participio: traído
Inf. compuesto: haber traído

INDICATIVO

T. SIMPLES

Presente
- traigo
- traes
- trae
- traemos
- traéis
- traen

Pretérito imperfecto
- traía
- traías
- traía
- traíamos
- traíais
- traían

Pretérito indefinido
- traje
- trajiste
- trajo
- trajimos
- trajisteis
- trajeron

Futuro
- traeré
- traerás
- traerá
- traeremos
- traeréis
- traerán

Condicional
- traería
- traerías
- traería
- traeríamos
- traeríais
- traerían

T. COMPUESTOS

Pretérito perfecto
- he traído
- has traído
- ha traído
- hemos traído
- habéis traído
- han traído

Pret. pluscuamperfecto
- había traído
- habías traído
- había traído
- habíamos traído
- habíais traído
- habían traído

Futuro perfecto
- habré traído
- habrás traído
- habrá traído
- habremos traído
- habréis traído
- habrán traído

Condicional perfecto
- habría traído
- habrías traído
- habría traído
- habríamos traído
- habríais traído
- habrían traído

SUBJUNTIVO

TIEMPOS SIMPLES

Presente
- traiga
- traigas
- traiga
- traigamos
- traigáis
- traigan

Pret. imperfecto
- trajera o trajese
- trajeras o trajeses
- trajera o trajese
- trajéramos o trajésemos
- trajerais o trajeseis
- trajeran o trajesen

TIEMPOS COMPUESTOS

Pret. perfecto
- haya traído
- hayas traído
- haya traído
- hayamos traído
- hayáis traído
- hayan traído

Pret. pluscuamperfecto
- hubiera o hubiese traído
- hubieras o hubieses traído
- hubiera o hubiese traído
- hubiéramos o hubiésemos traído
- hubierais o hubieseis traído
- hubieran o hubiesen traído

IMPERATIVO

- trae tú/ no traigas
- traed vosotros/ no traigáis
- traigamos nosotros/ no traigamos
- traiga usted/ no traiga
- traigan ustedes/ no traigan

Traer de cabeza – *preocupar*
Traer por la calle de la amargura – *preocupar mucho, disgustar*
Traer cola – *se dice cuando un asunto va a tener consecuencias*
Traer a colación – *mencionar*
Traer a la memoria – *recordar*
(Le) trae al fresco – *no le importa nada*

Gerundio: valiendo **Participio:** valido **VALER 124**
G. compuesto: habiendo valido **Inf. compuesto:** haber valido

INDICATIVO

T. SIMPLES | T. COMPUESTOS

Presente
valgo
vales
vale
valemos
valéis
valen

Pretérito perfecto
he valido
has valido
ha valido
hemos valido
habéis valido
han valido

Pretérito imperfecto
valía
valías
valía
valíamos
valíais
valían

Pret. pluscuamperfecto
había valido
habías valido
había valido
habíamos valido
habíais valido
habían valido

Pretérito indefinido
valí   valimos
valiste   valisteis
valió   valieron

Futuro
valdré
valdrás
valdrá
valdremos
valdréis
valdrán

Futuro perfecto
habré valido
habrás valido
habrá valido
habremos valido
habréis valido
habrán valido

Condicional
valdría
valdrías
valdría
valdríamos
valdríais
valdrían

Condicional perfecto
habría valido
habrías valido
habría valido
habríamos valido
habríais valido
habrían valido

SUBJUNTIVO

TIEMPOS SIMPLES

Presente
valga
valgas
valga
valgamos
valgáis
valgan

Pret. imperfecto
valiera o valiese
valieras o valieses
valiera o valiese
valiéramos o valiésemos
valierais o valieseis
valieran o valiesen

TIEMPOS COMPUESTOS

Pret. perfecto
haya valido
hayas valido
haya valido
hayamos valido
hayáis valido
hayan valido

Pret. pluscuamperfecto
hubiera o hubiese valido
hubieras o hubieses valido
hubiera o hubiese valido
hubiéramos o hubiésemos valido
hubierais o hubieseis valido
hubieran o hubiesen valido

IMPERATIVO

vale tú/ no valgas
valed vosotros/ no valgáis
valgamos nosotros/ no valgamos
valga usted/ no valga
valgan ustedes/ no valgan

Términos y expresiones

La invalidez   Inválido/ -a
El vale   Valeroso/ -a
La valentía   Válido/ -a
La valía   Valiente
La validez   Valerosamente
El valor   Valientemente

Vale la pena – *resulta útil o adecuado el esfuerzo por algo*

125 VENIR

GERUNDIO: viniendo **PARTICIPIO:** venido
G. COMPUESTO: habiendo venido **INF. COMPUESTO:** haber venido

INDICATIVO

T. SIMPLES

PRESENTE
vengo
vienes
viene
venimos
venís o venís
vienen

PRETÉRITO IMPERFECTO
venía
venías
venía
veníamos
veníais
venían

PRETÉRITO INDEFINIDO
vine	vinimos
viniste	vinisteis
vino	vinieron

FUTURO
vendré
vendrás
vendrá
vendremos
vendréis
vendrán

CONDICIONAL
vendría
vendrías
vendría
vendríamos
vendríais
vendrían

T. COMPUESTOS

PRETÉRITO PERFECTO
he venido
has venido
ha venido
hemos venido
habéis venido
han venido

PRET. PLUSCUAMPERFECTO
había venido
habías venido
había venido
habíamos venido
habíais venido
habían venido

FUTURO PERFECTO
habré venido
habrás venido
habrá venido
habremos venido
habréis venido
habrán venido

CONDICIONAL PERFECTO
habría venido
habrías venido
habría venido
habríamos venido
habríais venido
habrían venido

SUBJUNTIVO

TIEMPOS SIMPLES

PRESENTE | **PRET. IMPERFECTO**
venga | viniera o viniese
vengas | vinieras o vinieses
venga | viniera o viniese
vengamos | viniéramos o viniésemos
vengáis | vinierais o vinieseis
vengan | vinieran o viniesen

TIEMPOS COMPUESTOS

PRET. PERFECTO | **PRET. PLUSCUAMPERFECTO**
haya venido | hubiera o hubiese venido
hayas venido | hubieras o hubieses venido
haya venido | hubiera o hubiese venido
hayamos venido | hubiéramos o hubiésemos venido
hayáis venido | hubierais o hubieseis venido
hayan venido | hubieran o hubiesen venido

IMPERATIVO

ven tú/ no vengas
venid vosotros/ no vengáis
vengamos nosotros/ no vengamos
venga usted/ no venga
vengan ustedes/ no vengan

TÉRMINOS Y EXPRESIONES

La bienvenida
El porvenir
La venida
Venidero/ -a
Venir a cuento/ a colación – *estar algo relacionado con lo que se trata*
Venir como anillo al dedo/ de perilla(s) – *ser muy oportuno*

Gerundio: viendo
G. compuesto: habiendo visto
Participio: visto
Inf. compuesto: haber visto

VER 126

INDICATIVO

T. SIMPLES

Presente
veo
ves
ve
vemos
veis
ven

Pretérito imperfecto
veía
veías
veía
veíamos
veíais
veían

Pretérito indefinido
vi   vimos
viste   visteis
vio   vieron

Futuro
veré
verás
verá
veremos
veréis
verán

Condicional
vería
verías
vería
veríamos
veríais
verían

T. COMPUESTOS

Pretérito perfecto
he visto
has visto
ha visto
hemos visto
habéis visto
han visto

Pret. pluscuamperfecto
había visto
habías visto
había visto
habíamos visto
habíais visto
habían visto

Futuro perfecto
habré visto
habrás visto
habrá visto
habremos visto
habréis visto
habrán visto

Condicional perfecto
habría visto
habrías visto
habría visto
habríamos visto
habríais visto
habrían visto

SUBJUNTIVO

TIEMPOS SIMPLES

Presente
vea
veas
vea
veamos
veáis
vean

Pret. imperfecto
viera o viese
vieras o vieses
viera o viese
viéramos o viésemos
vierais o vieseis
vieran o viesen

TIEMPOS COMPUESTOS

Pret. perfecto
haya visto
hayas visto
haya visto
hayamos visto
hayáis visto
hayan visto

Pret. pluscuamperfecto
hubiera o hubiese visto
hubieras o hubieses visto
hubiera o hubiese visto
hubiéramos o hubiésemos visto
hubierais o hubieseis visto
hubieran o hubiesen visto

IMPERATIVO

ve tú/ no veas
ved vosotros/ no veáis
veamos nosotros/ no veamos
vea usted/ no vea
vean ustedes/ no vean

La visión
La vista
El vidente/ la vidente
Ver (algo) de color de rosa – *tener una actitud optimista ante una situación*
Ver las estrellas – *hacerse mucho daño*

Ver (algo) muy negro – *tener una actitud pesimista ante una situación*
Ver venir a (alguien) – *adivinar las intenciones de alguien*
¡Hay que ver! – *se usa para expresar sorpresa o incredulidad*

127 VESTIRSE

Gerundio: vistiéndose
G. compuesto: habiéndose vestido
Participio: vestido
Inf. compuesto: haberse vestido

INDICATIVO

T. SIMPLES

Presente
me visto
te vistes
se viste
nos vestimos
os vestís
se visten

Pretérito imperfecto
me vestía
te vestías
se vestía
nos vestíamos
os vestíais
se vestían

Pretérito indefinido
me vestí   nos vestimos
te vestiste   os vestisteis
se vistió   se vistieron

Futuro
me vestiré
te vestirás
se vestirá
nos vestiremos
os vestiréis
se vestirán

Condicional
me vestiría
te vestirías
se vestiría
nos vestiríamos
os vestiríais
se vestirían

T. COMPUESTOS

Pretérito perfecto
me he vestido
te has vestido
se ha vestido
nos hemos vestido
os habéis vestido
se han vestido

Pret. pluscuamperfecto
me había vestido
te habías vestido
se había vestido
nos habíamos vestido
os habíais vestido
se habían vestido

Futuro perfecto
me habré vestido
te habrás vestido
se habrá vestido
nos habremos vestido
os habréis vestido
se habrán vestido

Condicional perfecto
me habría vestido
te habrías vestido
se habría vestido
nos habríamos vestido
os habríais vestido
se habrían vestido

SUBJUNTIVO

TIEMPOS SIMPLES

Presente
me vista
te vistas
se vista
nos vistamos
os vistáis
se vistan

Pret. imperfecto
me vistiera o vistiese
te vistieras o vistieses
se vistiera o vistiese
nos vistiéramos o vistiésemos
os vistierais o vistieseis
se vistieran o vistiesen

TIEMPOS COMPUESTOS

Pret. perfecto
me haya vestido
te hayas vestido
se haya vestido
nos hayamos vestido
os hayáis vestido
se hayan vestido

Pret. pluscuamperfecto
me hubiera o hubiese vestido
te hubieras o hubieses vestido
se hubiera o hubiese vestido
nos hubiéramos o hubiésemos vestido
os hubierais o hubieseis vestido
se hubieran o hubiesen vestido

IMPERATIVO

vístete tú/ no te vistas
vestíos vosotros/ no os vistáis
vistámonos nosotros/ no nos vistamos
vístase usted/ no se vista
vístanse ustedes/ no se vistan

TÉRMINOS Y EXPRESIONES

El vestido   La vestimenta
El vestidor   El vestuario
La vestidura

GERUNDIO: viajando **PARTICIPIO:** viajado
G. COMPUESTO: habiendo viajado **INF. COMPUESTO:** haber viajado

VIAJAR

INDICATIVO

T. SIMPLES

PRESENTE
viajo
viajas
viaja
viajamos
viajáis
viajan

PRETÉRITO IMPERFECTO
viajaba
viajabas
viajaba
viajábamos
viajabais
viajaban

PRETÉRITO INDEFINIDO
viajé   viajamos
viajaste   viajasteis
viajó   viajaron

FUTURO
viajaré
viajarás
viajará
viajaremos
viajaréis
viajarán

CONDICIONAL
viajaría
viajarías
viajaría
viajaríamos
viajaríais
viajarían

T. COMPUESTOS

PRETÉRITO PERFECTO
he viajado
has viajado
ha viajado
hemos viajado
habéis viajado
han viajado

PRET. PLUSCUAMPERFECTO
había viajado
habías viajado
había viajado
habíamos viajado
habíais viajado
habían viajado

FUTURO PERFECTO
habré viajado
habrás viajado
habrá viajado
habremos viajado
habréis viajado
habrán viajado

CONDICIONAL PERFECTO
habría viajado
habrías viajado
habría viajado
habríamos viajado
habríais viajado
habrían viajado

SUBJUNTIVO

TIEMPOS SIMPLES

PRESENTE
viaje
viajes
viaje
viajemos
viajéis
viajen

PRET. IMPERFECTO
viajara o viajase
viajaras o viajases
viajara o viajase
viajáramos o viajásemos
viajarais o viajaseis
viajaran o viajasen

TIEMPOS COMPUESTOS

PRET. PERFECTO
haya viajado
hayas viajado
haya viajado
hayamos viajado
hayáis viajado
hayan viajado

PRET. PLUSCUAMPERFECTO
hubiera o hubiese viajado
hubieras o hubieses viajado
hubiera o hubiese viajado
hubiéramos o hubiésemos viajado
hubierais o hubieseis viajado
hubieran o hubiesen viajado

IMPERATIVO

viaja tú/ no viajes
viajad vosotros/ no viajéis
viajemos nosotros/ no viajemos
viaje usted/ no viaje
viajen ustedes/ no viajen

TÉRMINOS Y EXPRESIONES

El viajante
El viaje
El viajero/ la viajera

129 VIVIR

Gerundio: viviendo
G. compuesto: habiendo vivido
Participio: vivido
Inf. compuesto: haber vivido

INDICATIVO

T. SIMPLES

Presente
- vivo
- vives
- vive
- vivimos
- vivís
- viven

Pretérito imperfecto
- vivía
- vivías
- vivía
- vivíamos
- vivíais
- vivían

Pretérito indefinido
- viví
- viviste
- vivió
- vivimos
- vivisteis
- vivieron

Futuro
- viviré
- vivirás
- vivirá
- viviremos
- viviréis
- vivirán

Condicional
- viviría
- vivirías
- viviría
- viviríamos
- viviríais
- vivirían

T. COMPUESTOS

Pretérito perfecto
- he vivido
- has vivido
- ha vivido
- hemos vivido
- habéis vivido
- han vivido

Pret. pluscuamperfecto
- había vivido
- habías vivido
- había vivido
- habíamos vivido
- habíais vivido
- habían vivido

Futuro perfecto
- habré vivido
- habrás vivido
- habrá vivido
- habremos vivido
- habréis vivido
- habrán vivido

Condicional perfecto
- habría vivido
- habrías vivido
- habría vivido
- habríamos vivido
- habríais vivido
- habrían vivido

SUBJUNTIVO

TIEMPOS SIMPLES

Presente
- viva
- vivas
- viva
- vivamos
- viváis
- vivan

Pret. imperfecto
- viviera o viviese
- vivieras o vivieses
- viviera o viviese
- viviéramos o viviésemos
- vivierais o vivieseis
- vivieran o viviesen

TIEMPOS COMPUESTOS

Pret. perfecto
- haya vivido
- hayas vivido
- haya vivido
- hayamos vivido
- hayáis vivido
- hayan vivido

Pret. pluscuamperfecto
- hubiera o hubiese vivido
- hubieras o hubieses vivido
- hubiera o hubiese vivido
- hubiéramos o hubiésemos vivido
- hubierais o hubieseis vivido
- hubieran o hubiesen vivido

IMPERATIVO

- vive tú/ no vivas
- vivid vosotros/ no viváis
- vivamos nosotros/ no vivamos
- viva usted/ no viva
- vivan ustedes/ no vivan

Términos y expresiones

La vida
La vitalidad
La vivencia
La vivienda
Vividor/ -a

Vivir del cuento – *vivir sin trabajar*
Vivir a cuerpo de rey / como Dios – *vivir con todo tipo de lujos*

GERUNDIO: volviendo
G. COMPUESTO: habiendo vuelto
PARTICIPIO: vuelto
INF. COMPUESTO: haber vuelto

VOLVER 130

INDICATIVO

T. SIMPLES

PRESENTE
vuelvo
vuelves
vuelve
volvemos
volvéis
vuelven

PRETÉRITO IMPERFECTO
volvía
volvías
volvía
volvíamos
volvíais
volvían

PRETÉRITO INDEFINIDO
volví   volvimos
volviste   volvisteis
volvió   volvieron

FUTURO
volveré
volverás
volverá
volveremos
volveréis
volverán

CONDICIONAL
volvería
volverías
volvería
volveríamos
volveríais
volverían

T. COMPUESTOS

PRETÉRITO PERFECTO
he vuelto
has vuelto
ha vuelto
hemos vuelto
habéis vuelto
han vuelto

PRET. PLUSCUAMPERFECTO
había vuelto
habías vuelto
había vuelto
habíamos vuelto
habíais vuelto
habían vuelto

FUTURO PERFECTO
habré vuelto
habrás vuelto
habrá vuelto
habremos vuelto
habréis vuelto
habrán vuelto

CONDICIONAL PERFECTO
habría vuelto
habrías vuelto
habría vuelto
habríamos vuelto
habríais vuelto
habrían vuelto

SUBJUNTIVO

TIEMPOS SIMPLES

PRESENTE
vuelva
vuelvas
vuelva
volvamos
volváis
vuelvan

PRET. IMPERFECTO
volviera o volviese
volvieras o volvieses
volviera o volviese
volviéramos o volviésemos
volvierais o volvieseis
volvieran o volviesen

TIEMPOS COMPUESTOS

PRET. PERFECTO
haya vuelto
hayas vuelto
haya vuelto
hayamos vuelto
hayáis vuelto
hayan vuelto

PRET. PLUSCUAMPERFECTO
hubiera o hubiese vuelto
hubieras o hubieses vuelto
hubiera o hubiese vuelto
hubiéramos o hubiésemos vuelto
hubierais o hubieseis vuelto
hubieran o hubiesen vuelto

IMPERATIVO

vuelve tú/ no vuelvas
volved vosotros/ no volváis
volvamos nosotros/ no volvamos
vuelva usted/ no vuelva
vuelvan ustedes/ no vuelvan

La vuelta
Dar una vuelta – *dar un paseo*
Darse la vuelta – *girar sobre uno mismo o volver*
Volver en sí – *recuperar el conocimiento*
Volverse loco – *enloquecer*

Actividades

PRÁCTICA 1

PRESENTES REGULARES E IRREGULARES EN 1.ª PERSONA

1 Escribe al lado de cada forma verbal la persona correspondiente.

1. cenan ....
2. comprendemos ....
3. salto ....
4. come ....
5. toso ....
6. abrís ....
7. corren ....
8. miro ....
9. vivís ....
10. escribes ....
11. rompen ....
12. bebéis ....
13. respondemos ....
14. coses ....
15. vende ....
16. corren ....
17. aprende ....
18. trabajan ....
19. repartimos ....
20. necesitas ....

2 Escribe los siguientes verbos en presente de indicativo y localízalos en la sopa de letras.

1. luchar (1.ª pers. pl.) ....
2. levantar (1.ª pers. pl.) ....
3. tocar (3.ª pers. sg.) ....
4. abrir (3.ª pers. pl.) ....
5. besar (2.ª pers. pl.) ....
6. soplar (3.ª pers. pl.) ....
7. escribir (2.ª pers. pl.) ....
8. insultar (3.ª pers. sg.) ....
9. sudar (2.ª pers. sg.) ....
10. comprender (1.ª pers. sg.) ....
11. lavar (2.ª pers. pl.) ....
12. ayudar (1.ª pers. sg.) ....

pers.: persona
pl.: plural
sg.: singular

Práctica 1

13. aplaudir (2.ª pers. pl.) ....
14. ver (1.ª pers. sg.) ....
15. coser (2.ª pers. sg.) ....

```
F G H J J J I N S U L T A F
A L K U I F R R U O A E R D
C U E N A H J Y D P V F G G
S C L V A D G L A L A D H A
X H O T A U N I S I I C E P
F A B R E N I U H A S N S L
G M A S D F T O C A P H C A
O O F G T I O A N E L A R U
U S O P L A N G M H K E I D
Q J I O N B D A W O E R B I
C O S E S T A J B E S A I S
A D F G H J V J A D F H S H
A Y U D O I E U M J A A G J
F T H L O C O M P R E N D O
```

3 Ordena las letras para formar el verbo correspondiente.

1. A O G H ....
2. L S O A G ....
3. I D O G ....
4. O Q U P E ....
5. O P N O G ....
6. N E V O G ....
7. D Y O ....
8. A T R I G O ....

PRÁCTICA I

9. G E N T O ....
10. O G I O ....
11. A I C G O ....
12. O Y V ....
13. O Y S ....
14. S Y ET O ....
15. É S ....

4 Escribe el infinitivo de los verbos del ejercicio anterior.

1. .... 9. ....
2. .... 10. ....
3. .... 11. ....
4. .... 12. ....
5. .... 13. ....
6. .... 14. ....
7. .... 15. ....
8. ....

5 Completa los huecos de las siguientes frases con la primera persona del singular.

1. Todas las mañanas (poner) .... la radio al levantarme.
2. Os (traer) .... los discos que me pedisteis.
3. Esta tarde, sin falta, (ir) .... a hacerme un chequeo.
4. A mis sobrinos les (decir) .... que no usen el ordenador.
5. (Estar) .... muy nervioso por el examen.
6. No (tener) .... un buen recuerdo de aquello.
7. No (saber) .... lo que quieres decir con eso.
8. (Venir) .... corriendo desde casa.

PRÁCTICA 1

6 Completa los cuadros con las formas del presente de indicativo.

CAER

Yo ....
Tú .... *caes* ....
Él / ella / usted ....
Nosotros /-as ....
Vosotros /-as ...... *caéis* ......
Ellos /-as / ustedes .... *caen* ....

CABER

Yo ....
Tú ....
Él / ella / usted ....
Nosotros /-as .... *cabemos* ....
Vosotros /-as ....
Ellos /-as / ustedes ... *caben* ...

OÍR

Yo ....
Tú ....
Él / ella / usted ...... *oye* ......
Nosotros /-as ....
Vosotros /-as ....
Ellos /-as / ustedes ... *oyen* ....

DAR

Yo ....
Tú ....
Él / ella / usted ...... *da* ......
Nosotros /-as ..... *damos* .....
Vosotros /-as ....
Ellos /-as / ustedes .... *dan* ....

HACER

Yo ....
Tú .... *haces* ....
Él / ella / usted ..... *hace* .....
Nosotros /-as .... *hacemos* ....
Vosotros /-as ....
Ellos /-as / ustedes ....

SALIR

Yo ....
Tú .... *sales* ....
Él / ella / usted ....
Nosotros /-as ....
Vosotros /-as ...... *salís* ......
Ellos /-as / ustedes ....

PRÁCTICA 2

IRREGULARIDADES: E > IE / O > UE (PRESENTE DE INDICATIVO, PRESENTE DE SUBJUNTIVO E IMPERATIVO)

1 Completa con los diptongos *-ie* y *-ue* las siguientes formas verbales.

1. m __ __ rdo
2. c __ __ rran
3. emp __ __ zas
4. desp __ __ rta
5. v __ __ lven
6. m __ __ nten
7. s __ __ ñas
8. mer __ __ ndo
9. enc __ __ nde
10. n __ __ va
11. d __ __ len
12. p __ __ rdes
13. cal __ __ ntas
14. pr __ __ ba
15. c __ __ nto
16. d __ __ rmen
17. enc __ __ ntro
18. v __ __ las
19. pref __ __ ren
20. t __ __ mblo
21. tr __ __ na
22. m __ __ res
23. s __ __ n te
24. res __ __ lven
25. cons __ __ nten
26. def __ __ ndo
27. v __ __ rte
28. h __ __ ren

2 Escribe los verbos del ejercicio anterior en presente de subjuntivo, respetando las personas.

1. morder . . . .
2. cerrar . . . .
3. empezar . . . .
4. despertar . . . .
5. volver . . . .
6. mentir . . . .
7. soñar . . . .
8. merendar . . . .
9. encender . . . .
10. nevar . . . .
11. doler . . . .
12. perder . . . .
13. calentar . . . .
14. probar . . . .
15. contar . . . .
16. dormir . . . .
17. encontrar . . . .
18. volar . . . .
19. preferir . . . .
20. temblar . . . .
21. tronar . . . .
22. morir . . . .
23. sentir . . . .
24. resolver . . . .
25. consentir . . . .
26. defender . . . .
27. verter . . . .
28. herir . . . .

Práctica 2

3 Ahora fíjate en lo que ocurre con el imperativo. Escribe al lado de cada forma verbal la persona de imperativo correspondiente.

1. muera ....
2. dormid ....
3. defiende ....
4. mientan ....
5. gobernemos ....
6. quiere ....
7. cuenta ....
8. consintamos ....
9. pierde ....
10. jueguen ....
11. entiendan ....
12. muerde ....
13. cierre ....
14. empiece ....
15. volved ....
16. sueña ....
17. merendad ....
18. cuelguen ....

4 Escribe la forma correcta del presente de indicativo.

1. Yo todos los meses (contar) .... el dinero de mi sueldo.
2. El avión (sobrevolar) .... los rascacielos de la ciudad.
3. Nosotros no (acordarse) .... de su nueva dirección.
4. Ella (colgar) .... su abrigo en el perchero.
5. Los estudiantes (sentarse) .... en sus sillas.
6. Los niños (merendar) .... un bocadillo de queso.
7. Vosotros casi (perder) .... hoy el autobús.
8. Mi vecina (tender) .... la ropa en su terraza.
9. El perro (morder) .... los huesos de plástico.
10. El presidente (gobernar) .... el país.
11. Nosotros (atravesar) .... el río en barca.
12. Los pájaros (volar) .... alegremente.
13. La dependienta (envolver) .... el regalo en papel de colores.
14. El enfermo (sentirse) .... peor esta mañana.
15. Los jóvenes (divertirse) .... bailando en la discoteca.
16. Mi prima (mentir) .... con mucha facilidad.
17. El sol (morir) .... al anochecer.
18. Yo no (consentir) .... que fumen en clase.

PRÁCTICA 3

PRESENTE DE INDICATIVO: E > I / C > ZC / -UIR

1 Escribe cuáles de estos verbos son regulares y cuáles tienen la irregularidad *e > i*.

1. subir ....
2. pedir ....
3. repetir........................
4. repartir ....
5. teñir ....

6. abrir ....
7. reír ....
8. insistir........................
9. medir ....
10. confundir ....

2 Siguiendo el modelo del verbo *pedir* conjuga los verbos siguientes.

Pedir
Yo pido
Tú pides
Él / ella / usted pide
Nosotros /-as pedimos
Vosotros /-as pedís
Ellos /-as / ustedes piden

Reñir
Yo ....
Tú ....
Él / ella / usted ....
Nosotros /-as ....
Vosotros /-as ....
Ellos /-as / ustedes ....

Repetir
Yo ....
Tú ....
Él / ella / usted ....
Nosotros /-as ....
Vosotros /-as ....
Ellos /-as / ustedes ....

Servir
Yo ....
Tú ....
Él / ella / usted ....
Nosotros /-as ....
Vosotros /-as ....
Ellos /-as / ustedes ....

Práctica 3

3 Ordena las letras y obtendrás la primera persona del singular de los siguientes verbos.

1. cnocozo (conocer) . . . .
2. dudeczo (deducir) . . . .
3. crfoezo (ofrecer) . . . .
4. seuzdoc (seducir) . . . .
5. oezemrc (merecer) . . . .
6. concdouz (conducir) . . . .
7. zanco (nacer) . . . .
8. artudzco (traducir) . . . .

4 Completa los huecos con las formas que faltan.

Conocer
Yo . . . .
Tú . . . .
Él / ella / usted . . . .
Nosotros /-as . . . *conocemos* . . .
Vosotros /-as . . . .
Ellos /-as / ustedes . . *conocen* . . .

Ofrecer
Yo . . . .
Tú . . . . *ofreces* . . . .
Él / ella / usted . . . .
Nosotros /-as . . . .
Vosotros /-as . . . . . *ofrecéis* . . . .
Ellos /-as / ustedes . . . .

Seducir
Yo . . . .
Tú . . . .
Él / ella / usted . . . . *seduce* . . . . .
Nosotros /-as . . . .
Vosotros /-as . . . .
Ellos /-as / ustedes . . *seducen* . . .

Nacer
Yo . . . .
Tú . . . .
Él / ella / usted . . . . . *nace* . . . . . .
Nosotros /-as . . . .
Vosotros /-as . . . .
Ellos /-as / ustedes . . . .

PRÁCTICA 3

5 Completa con las formas *-y* y *-u.*

1. hu __ o
2. constr __ imos
3. instr __ ís
4. conclu __ o
5. destru __ en
6. distribu __ e
7. intu __ es
8. dismin __ ís
9. concl __ ís
10. hu __ es
11. constru __ o
12. instru __ es
13. disminu __ en
14. destr __ imos
15. distribu __ en
16. int __ imos

6 Conjuga el presente de los siguientes verbos.

CONCLUIR
Yo ....
Tú ....
Él / ella / usted ....
Nosotros /-as ....
Vosotros /-as ....
Ellos /-as / ustedes ....

DISMINUIR
Yo ....
Tú ....
Él / ella / usted ....
Nosotros /-as ....
Vosotros /-as ....
Ellos /-as / ustedes ....

HUIR
Yo ....
Tú ....
Él / ella / usted ....
Nosotros /-as ....
Vosotros /-as ....
Ellos /-as / ustedes ....

INTUIR
Yo ....
Tú ....
Él / ella / usted ....
Nosotros /-as ....
Vosotros /-as ....
Ellos /-as / ustedes ....

PRÁCTICA 3

7 Completa con la forma correcta del presente.

1. Los elefantes (destruir) .... los campos de cultivo.
2. Mi hermano (pedir) .... un aumento de sueldo a su jefe.
3. Marta (teñirse) .... el pelo cada dos meses.
4. Tú (intuir) .... siempre el tiempo que hará.
5. Todavía yo no (conocer) .... el presente de subjuntivo.
6. Vosotros (concluir) .... la cena con un brindis.
7. Yo siempre (ofrecer) .... mi ayuda a los buenos amigos.
8. Marcos (vestirse) .... de payaso para el día de mi cumpleaños.
9. Mis primos y yo (divertirse) .... mucho en el viaje de fin de curso.
10. Alicia siempre (seducir) .... a los chicos más guapos.
11. Mi cuñado Nicolás (medir) .... más de dos metros.
12. Mi abuelo siempre nos (reñir) .... cuando hacemos travesuras.
13. Desde pequeño yo (aborrecer) .... las espinacas.
14. Los actores y las actrices (vestirse) .... en el camerino.
15. Unos niños (construir) .... castillos de arena en la playa.
16. Creo que yo no (merecer) .... que me trates así.
17. Los loros (repetir) .... todo lo que oyen.
18. En primavera (nacer) .... muchas flores.
19. Los camareros (servir) .... elegantemente la cena.
20. Tú siempre me (pedir) .... el diccionario.

Práctica 3

8 Clasifica cada grupo de verbos según la irregularidad que lo define.

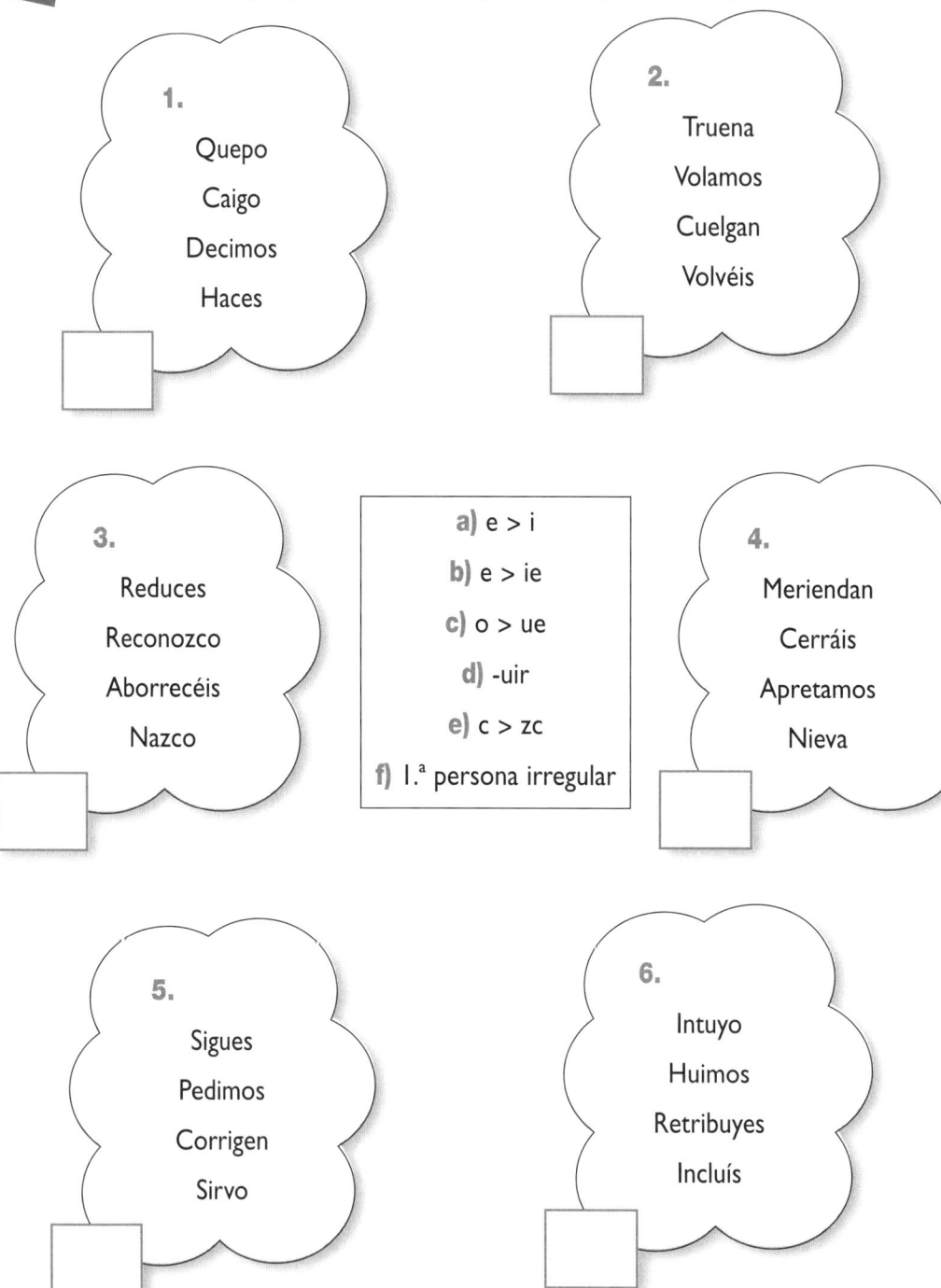

1.
Quepo
Caigo
Decimos
Haces

2.
Truena
Volamos
Cuelgan
Volvéis

3.
Reduces
Reconozco
Aborrecéis
Nazco

a) e > i
b) e > ie
c) o > ue
d) -uir
e) c > zc
f) 1.ª persona irregular

4.
Meriendan
Cerráis
Apretamos
Nieva

5.
Sigues
Pedimos
Corrigen
Sirvo

6.
Intuyo
Huimos
Retribuyes
Incluís

PRÁCTICA 4

IMPERATIVO

1 Construye los imperativos afirmativos y negativos de los siguientes verbos.

1. repartir (tú) .... ; no ....
2. colorear (nosotros) .... ; no ....
3. esconder (usted) .... ; no ....
4. discurrir (vosotras) .... ; no ....
5. disparar (usted) .... ; no ....
6. frenar (tú) .... ; no ....
7. aliñar (vosotros) .... ; no ....
8. creer (ustedes) .... ; no ....
9. saltar (vosotras) .... ; no ....
10. limpiar (ustedes) .... ; no ....
11. hundir (tú) .... ; no ....
12. coser (nosotros) .... ; no ....
13. partir (usted) .... ; no ....
14. aplaudir (vosotros) .... ; no ....

2 Ordena las letras y obtendrás la persona tú del imperativo.

1. A H Z ....
2. O N P ....
3. I D ....
4. E V ....
5. T N E ....
6. L S A ....
7. N V E ....
8. A D ....
9. E O Y ....
10. É S ....

PRÁCTICA 4

3 Relaciona cada imperativo con la persona correspondiente.

1. cortes
2. apague
3. habléis
4. leamos
5. borre
6. grabéis
7. denuncien
8. derroches
9. aplaudas
10. gritemos
11. abras
12. corráis
13. teman
14. escupáis
15. vuelvan
16. recemos

> Tú
> Usted
> Nosotros /-as
> Vosotros /-as
> Ustedes

4 Elige entre *o > ue* y *e > ie*.

1. h __ __ la
2. dis __ __ nta
3. m __ __ va
4. mer __ __ enden
5. d __ __ rma
6. rec __ __ rde
7. v __ __ rta
8. s __ __ ñe
9. v __ __ lvan
10. adqu __ __ ra
11. c __ __ lguen
12. apr __ __ te
13. s __ __ mbre
14. s __ __ nen
15. t __ __ ndan
16. p __ __ nse

PRÁCTICA 4

5 Completa los cuadros.

MEDIR	
Tú	mide
Usted	
Nosotros /-as	midamos
Vosotros /-as	
Ustedes	

MORIR	
Tú	
Usted	muera
Nosotros /-as	
Vosotros /-as	
Ustedes	mueran

REÍR	
Tú	
Usted	
Nosotros /-as	
Vosotros /-as	reíd
Ustedes	rían

MERECER	
Tú	merece
Usted	merezca
Nosotros /-as	
Vosotros /-as	
Ustedes	

SERVIR	
Tú	sirve
Usted	sirva
Nosotros /-as	
Vosotros /-as	
Ustedes	

OFRECER	
Tú	
Usted	
Nosotros /-as	ofrezcamos
Vosotros /-as	ofreced
Ustedes	

DORMIR	
Tú	duerme
Usted	
Nosotros /-as	durmamos
Vosotros /-as	
Ustedes	

TRADUCIR	
Tú	traduce
Usted	
Nosotros /-as	
Vosotros /-as	traducid
Ustedes	

Práctica 4

6 Completa los huecos.

	Tú	Usted	Vosotros /-as	Ustedes
1. hacer	....	....	haced	hagan
2. venir	....	venga	....	....
3. tener	....	tenga	tened	....
4. salir	....	....	....	salgan
5. oír	....	oiga	....	....
6. poner	....	....	....	pongan
7. decir	....	diga	....	....
8. dar	....	....	....	den
9. ser	....	....	sed	....
10. tener	....	....	....	tengan

7 Escribe las formas del imperativo en la persona que se indica y localízalas en la sopa de letras.

1. tener (nosotros)................
2. poner (vosotras)................
3. venir (nosotros) ....
4. hacer (tú) ....
5. ir (ustedes) ....
6. dar (nosotras)..................
7. decir (vosotros) ....

8. tener (tú) ....
9. venir (ustedes) ....
10. tener (vosotros)................
11. salir (tú) ....
12. oír (nosotras)..................
13. ir (tú) ....
14. salir (ustedes).................

Práctica 4

```
V W G O D G K Ñ D A E G L Ñ A R
Z E A D T G T C V H E I H S T M
T E N E D N M E M G H I U O P K
E H I G I E V E N G A N A Z X E
N M C H A Z B A A D G O N D V U
G R I H O M I E Y S X P O N E D
A X F E Y H O N M A L Ñ I M U Y
M E M D E M O S Q G N O G D C G
O R T E M A P A Y B D I A Q A X
S G A C C S A L G A N U M R E T
T I L I Q A D V N M I O O Z B U
E H F D D R L E S A O L S U H F
A E D T G N J T D F H K S O P H
```

8. Encuentra los verbos que se ha comido la serpiente.

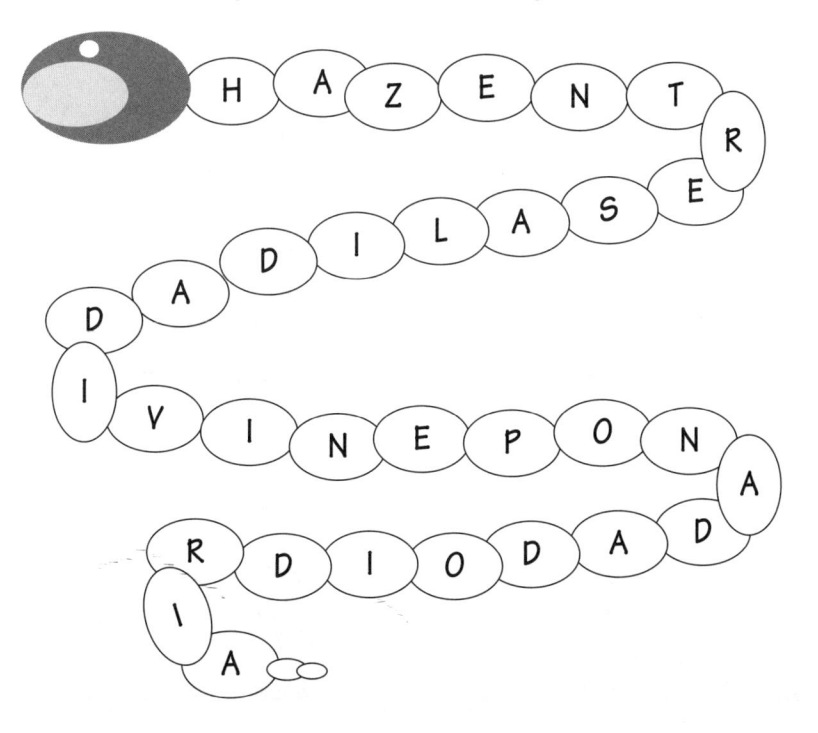

HAZENTRESALIDADAIVINEPONADADOIDRAIA

PRÁCTICA 5

PRESENTE DE SUBJUNTIVO IRREGULAR

1 Completa con -ie y -ue.

1. atrav __ __ se
2. env __ __ lva
3. qu __ __ ran
4. pr __ __ bes
5. ll __ __ va
6. emp __ __ ce
7. adqu __ __ ras
8. m __ __ rdan
9. v __ __ le
10. fr __ __ gue
11. v __ __ rtas
12. c __ __ nten
13. ac __ __ rte
14. com __ __ ncen
15. h __ __ lan
16. s __ __ ne
17. mer __ __ ndes
18. pref __ __ ras
19. m __ __ va
20. desp __ __ rtes

2 Señala a qué personas les corresponden -ie, -i y -ue, -u en su raíz.

Ejemplo: *mient-* → *yo, tú, él / ella / usted, ellos /-as / ustedes*
mint- → *nosotros /-as, vosotros /-as*

1. prefir- ....
2. prefier- ....
3. duerm- ....
4. dur- ....
5. sient- ....
6. sint- ....
7. mur- ....
8. muer- ....

3 Indica a qué infinitivos pertenecen las siguientes raíces verbales.

Ejemplo: *dig-* → *decir*

1. veng- ....
2. est- ....
3. vay- ....
4. sep- ....
5. d- ....
6. hag- ....
7. hay- ....
8. quep- ....

PRÁCTICA 5

4 Conjuga en la tabla el presente de subjuntivo de los siguientes infinitivos. Ten en cuenta la primera persona del singular del presente de indicativo.

	Yo	Tú	Él / ella / usted	Nosotros /-as	Vosotros /-as	Ellos /-as / ustedes
REPETIR						
SERVIR						
CONOCER						
CONSTRUIR						
DEDUCIR						
HUIR						
INTUIR						
PRODUCIR						

5 Escribe la primera persona del singular del presente de subjuntivo de los siguientes infinitivos y a continuación búscalos en la sopa de letras.

1. hacer . . . .
2. salir . . . .
3. decir . . . .
4. poner . . . .
5. venir . . . .
6. tener . . . .
7. caer . . . .
8. traer . . . .
9. oír . . . .
10. ver . . . .

D	F	G	G	H	D	P	F	J	I	O	J	G	E	E	G
H	A	G	A	M	O	S	S	F	S	Q	R	V	N	J	G
S	E	D	F	N	J	A	T	E	O	S	A	T	J	T	F
Ñ	V	G	G	A	E	L	T	U	M	B	H	R	M	Y	D
Ñ	B	A	M	D	I	G	A	J	A	C	R	A	A	J	J
Ñ	I	G	X	Z	A	A	H	U	G	J	O	I	G	A	A
S	H	I	Y	U	I	S	A	F	N	G	H	G	Q	I	Y
U	O	A	L	B	N	F	S	T	E	N	G	A	I	S	G
A	I	C	E	T	G	X	G	J	V	A	G	N	J	H	V
L	H	I	F	L	H	I	A	G	J	U	Y	T	W	D	G

Práctica 5

6 Ordena las letras y escribe a qué persona pertenecen los verbos que encuentres. Te indicamos en negrita la primera letra.

Ejemplo: *gsanop* → *pongas* → 2.ª pers. sg.

1. a**g**hasom	9. **i**ásel ....
2. **y**ahsa	10. e**v**sa ....
3. **s**ed	11. **g**amso**c**ai ....
4. gi**d**iás	12. **n**ets**g**a ....
5. s**i**ed	13. a**v**van ....
6. a**g**op**n**oms	14. **s**iálgas ....
7. la**s**agn	15. **t**esmos**e** ....
8. **o**gia	16. sa**h**ga ....

7 Corrige los errores de las siguientes formas del presente de subjuntivo.

1. pedamos ....   6. construiamos ....
2. llouva ....   7. traduza ....
3. preferas ....   8. meda ....
4. moráis ....   9. soñe ....
5. servan ....   10. queran ....

8 Encuentra el intruso.

1.	2.	3.
comáis	tengas	corras
escuchéis	hagas	sudes
digan	comas	ordene
tengas	lavéis	caliente
habla	vayas	enfriemos
durmamos	sueñes	investiguen

-168-

PRÁCTICA 6

PRETÉRITO IMPERFECTO DE INDICATIVO

1 Escribe al lado de cada forma verbal la persona correspondiente del pretérito imperfecto.

1. temíamos ....
2. acampabais ....
3. tosías ....
4. acariciaban ....
5. abrían ....
6. esculpíamos ....
7. peinábamos ....
8. instruías ....

9. saltábamos ....
10. teñíais ....
11. rodeabas ....
12. bostezábamos ....
13. cocía ....
14. atajabas ....
15. investigabais ....
16. discutían ....

2 Completa los huecos con los verbos que faltan.

SER
Yo ....
Tú .... *eras* ....
Él / ella / usted ....
Nosotros /-as ....
Vosotros /-as ....
Ellos /-as / ustedes ....

IR
Yo ....
Tú ....
Él / ella / usted ...... *iba* ......
Nosotros /-as ....
Vosotros /-as ....
Ellos /-as / ustedes ....

3 Busca los errores y corrígelos.

1. cabía ....
2. protestabas ....
3. bebeban ....
4. pronunciabais ....
5. aparcaba ....

6. recogébamos ....
7. regaba ....
8. correban ....
9. escalabais ....
10. tosebas ....

Práctica 6

4 **Escribe y busca en la sopa de letras las siguientes formas verbales.**

1. acunar (vosotros /-as) ....
2. soplar (nosotros /-as) ....
3. ser (ellos /-as / ustedes) ....
4. mecer (él / ella / usted) ....
5. abanicar (tú) ....
6. barrer (tú) ....
7. llorar (ellos /-as / ustedes) ....
8. ir (nosotros /-as) ....
9. ser (vosotros /-as) ....
10. seguir (vosotros /-as) ....

A	C	U	N	A	B	A	I	S	W	C	U	S	H	L	M
B	E	G	A	Y	I	M	P	O	J	N	F	E	O	H	A
A	E	M	R	C	Q	E	Y	P	I	P	E	B	I	Q	W
N	S	S	E	S	F	T	U	L	L	O	R	A	B	A	N
I	V	M	A	C	M	L	P	A	V	E	A	Ñ	A	C	X
C	N	S	V	E	F	U	O	B	S	E	I	N	M	U	M
A	H	K	P	Q	A	F	B	A	D	U	S	Ñ	O	A	F
B	A	R	R	I	A	S	C	M	X	C	I	A	S	I	H
A	A	D	V	B	U	O	L	O	D	G	E	T	I	P	B
S	H	I	Y	P	Ñ	E	A	S	E	G	U	I	A	I	S

PRÁCTICA 7

FUTURO Y CONDICIONAL

1 Escribe si las siguientes formas verbales pertenecen al condicional, futuro o pretérito imperfecto.

Ejemplo: *sacudiré → futuro*
comía → pretérito imperfecto
bebería → condicional

1. aparcaré ....
2. encontrarían ....
3. encendíamos ....
4. barrerían ....
5. atajaremos ....
6. soplarías ....
7. corríais ....
8. moverás ....
9. abrigaréis ....
10. rompían ....
11. nevaría ....
12. repasaremos ....
13. aplaudíais ....
14. tronará ....
15. colgaríais ....
16. tendía ....
17. resumirías ....
18. reservarás ....
19. buscarían ....
20. pegaréis ....

2 Relaciona con flechas la raíz del verbo con su infinitivo.

1. har-   salir
2. dir-   tener
3. pon-   hacer
4. cabr-   decir
5. pod-   venir
6. sabr-   querer
7. tendr-   caber
8. querr-   poder
9. saldr-   saber
10. vendr-   haber
11. habr-   poner

PRÁCTICA 7

3 **Corrige los errores que encuentres.**

Ejemplo: *caberán → cabrán*

1. Salderé ....
2. Vendrás ....
3. Tenirás ....
4. Cabremos ....
5. Pondré ....

6. Vendréis ....
7. Decirá ....
8. Podrás ....
9. Haceréis ....
10. Querréis ....

4 **Rellena los huecos con la forma verbal de futuro o condicional en la persona que le corresponda.**

Ejemplo: *Raúl (tener, condicional) tendría quince años cuando se fue a Londres.*

1. Yo (salir, condicional) .... esta noche pero me duele mucho la cabeza.
2. Pedro nos prometió que (venir, condicional) .... a la fiesta.
3. El profesor nos (decir, futuro) .... la nota del examen mañana.
4. Los aviones (llegar, futuro) .... aproximadamente con 20 minutos de retraso.
5. La asistenta (planchar, futuro) .... esta tarde la ropa de toda la semana.
6. El próximo sábado (haber, futuro) .... una cena para celebrar tu ascenso.
7. Marta me dijo que (comprar, condicional) .... entradas para el partido.
8. Mi coche es muy pequeño; así que probablemente no (caber, futuro) .... todos.
9. Antonio y Eva aseguraron que (venir, condicional) .... a la excursión del jueves.
10. ¿(Poder, condicional, vosotros /-as) .... ayudarnos con la mudanza este fin de semana?

PRÁCTICA 7

5 Relaciona con flechas cada forma del futuro o del condicional con su persona.

1. plancharás
2. soñaré
3. moverías
4. romperíamos
5. saltaremos
6. correréis
7. mordería
8. responderá
9. abrirán
10. besaríais
11. nadaréis
12. flotaré
13. abrazarían
14. cultivaremos

Tú

Él / ella / usted

Nosotros /-as

Vosotros /-as

Ellos /-as / ustedes

PRÁCTICA 8

PRETÉRITOS INDEFINIDOS IRREGULARES

1 Relaciona la raíz del verbo con su infinitivo.

1. cup-   decir
2. vin-   querer
3. estuv-   venir
4. dij-   caber
5. pud-   haber
6. hic-   hacer
7. pus-   poder
8. quis-   saber
9. sup-   estar
10. hub-   poner

2 Completa los huecos de los cuadros en pretérito indefinido.

HACER	
Yo	
Tú	
Él / ella / usted ..... *hizo*	
Nosotros /-as	
Vosotros /-as	
Ellos /-as / ustedes ..*hicieron*..	

DECIR	
Yo .... *dije*	
Tú	
Él / ella / usted	
Nosotros /-as ..... *dijimos*	
Vosotros /-as	
Ellos /-as / ustedes	

PODER	
Yo .... *pude*	
Tú	
Él / ella / usted	
Nosotros /-as .... *pudimos*	
Vosotros /-as	
Ellos /-as / ustedes	

PONER	
Yo	
Tú	
Él / ella / usted ..... *puso*	
Nosotros /-as .... *pusimos*	
Vosotros /-as	
Ellos /-as / ustedes	

PRÁCTICA 8

TENER	
Yo .... *tuve* ....
Tú ....
Él / ella / usted ....
Nosotros /-as ..... *tuvimos* ....
Vosotros /-as ....
Ellos /-as / ustedes ....

SABER	
Yo ....
Tú .... *supiste* ....
Él / ella / usted ....
Nosotros /-as ....
Vosotros /-as ..... *supisteis* ....
Ellos /-as / ustedes ....

QUERER	
Yo ....
Tú ....
Él / ella / usted ..... *quiso* .....
Nosotros /-as ....
Vosotros /-as ..... *quisisteis* ....
Ellos /-as / ustedes ....

SER / IR	
Yo ....
Tú ....
Él / ella / usted ..... *fue* ......
Nosotros /-as ....
Vosotros /-as ....
Ellos /-as / ustedes ... *fueron* ...

3 Escribe los verbos en la persona que se indica del pretérito indefinido y completa con ellos el crucigrama.

1. dormir (yo) ....
2. hacer (ellos)..................
3. morir (ellos)..................
4. repetir (ella)..................
5. vestir (vosotros) ....
6. andar (ella)..................
7. oír (usted) ....
8. traer (yo)..................
9. traer (ustedes)................
10. ser (usted) ....
11. saber (nosotros) ....
12. haber (él) ....
13. estar (yo) ....
14. traducir (yo)..................
15. hacer (él) ....

16. seguir (él)..................
17. reír (ella) ....
18. ver (él) ....
19. venir (yo) ....
20. caber (ella)..................
21. ver (yo) ....
22. venir (usted) ....
23. dar (vosotros) ....
24. seguir (ellos)..................
25. reír (yo) ....
26. saber (él)..................
27. querer (ella)..................
28. traducir (ellas)................
29. caer (ella)..................
30. poner (yo)..................

-175-

PRÁCTICA 8

4 Escribe las formas que faltan.

PEDIR	REPETIR
Yo	Yo ....
Tú .... pediste	Tú .... repetiste ....
Él / ella / usted	Él / ella / usted ....
Nosotros /-as ..... pedimos	Nosotros /-as .... repetimos ...
Vosotros /-as	Vosotros /-as ....
Ellos /-as / ustedes	Ellos /-as / ustedes ....

-176-

Práctica 8

Medir	
Yo	
Tú	
Él / ella / usted ....*midió*....	
Nosotros /-as	
Vosotros /-as ....*medisteis*....	
Ellos /-as / ustedes	

Vestir	
Yo ....*vestí*..........	
Tú ....*vestiste*..........	
Él / ella / usted	
Nosotros /-as	
Vosotros /-as	
Ellos /-as / ustedes	

Servir	
Yo	
Tú ....*serviste*..........	
Él / ella / usted	
Nosotros /-as ....*servimos*....	
Vosotros /-as	
Ellos /-as / ustedes	

Dormir	
Yo ....*dormí*..........	
Tú	
Él / ella / usted	
Nosotros /-as	
Vosotros /-as	
Ellos /-as / ustedes ....*durmieron*...	

Corregir	
Yo ....*corregí*..........	
Tú ....*corregiste*..........	
Él / ella / usted	
Nosotros /-as	
Vosotros /-as	
Ellos /-as / ustedes	

Seguir	
Yo ....*seguí*..........	
Tú	
Él / ella / usted ....*siguió*....	
Nosotros /-as	
Vosotros /-as	
Ellos /-as / ustedes	

5 **Completa los huecos con pretérito indefinido.**

1. No (hacer, yo) .... nada ayer, porque no (tener, yo) .... tiempo.
2. Mis amigos no (venir) .... porque estaba lloviendo a mares.
3. Ellas no (poder) .... regalarme nada porque estaban sin blanca.
4. Mi tío (traer) .... unas maletas muy pesadas.
5. Marcos no (dormir) .... en casa el sábado pasado.

Práctica 8

6. Los ladrones (mentir) .... ante el juez.

7. Su marido (morir) .... de un ataque al corazón.

8. Él (conducir) .... a Barcelona de un tirón.

9. El rotulador (caerse) .... al suelo.

10. Los clientes (pedir) .... la cuenta al camarero.

11. Tú (traducir) .... doce páginas en un día.

12. Los ladrones (huir) .... de la policía a toda velocidad.

13. Los pasajeros (seguir) .... las indicaciones de la azafata.

14. El ingeniero (construir) .... el puente colgante.

15. La profesora (repetir) .... la explicación con más claridad.

16. El director (despedir) .... al empleado.

17. El profesor (corregir) .... los ejercicios en la pizarra.

18. Ellos (sentir) .... mucho haber perdido el avión.

19. Las gimnastas (conseguir) .... ganar el primer premio.

20. Yo (vestirse) .... rápidamente para acudir a la cita.

21. Tú (preferir) .... quedarte en casa descansando.

22. Los niños (divertirse) .... mucho en la piscina.

23. Mi ahijado no (querer) .... aceptar mi regalo.

24. Mi abuelo no (oír) .... la explosión porque está un poco sordo.

25. Los invitados (leer) .... unos poemas.

26. Mis sobrinos (dormir) .... durante todo el viaje.

6 Completa con *e, i* y *o, u* las siguientes formas verbales.

1. p __ rdimos
2. h __ rió
3. cons __ guisteis
4. desp __ dió
5. el __ giste
6. rep __ tieron
7. imp __ dió
8. d __ rmiste
9. r __ ñí
10. v __ stió
11. sonr __ ísteis
12. cons __ ntieron
13. s __ rvimos
14. m __ dió
15. s __ rví
16. d __ rmió
17. cons __ guieron
18. r __ í

PRÁCTICA 8

19. m __ diste
20. r __ ñó
21. el __ gieron
22. d __ rmí

23. m __ rieron
24. pers __ guimos
25. s __ ntiste
26. desp __ dieron

27. cons __ ntí
28. m __ rimos
29. s __ guí
30. div __ rtisteis

7 Relaciona el contenido de cada nube con la característica que lo define.

1.
cupieron
supiste
pude
dijeron
hizo

2.
comió
bebí
navegasteis
cotilleamos
insultaron

3.
habló
subió
hizo
vino
repasó

a) irregularidad total
b) 3.ª persona del singular
c) irregularidad e > i / o > u
d) irregularidad i > y
e) regulares

4.
durmieron
sintió
midieron
serví
murió

5.
creíste
oyeron
huyeron
intuiste
caíste

PRÁCTICA 9

PRETÉRITO IMPERFECTO DE SUBJUNTIVO

1 Completa los siguientes verbos con las terminaciones del pretérito imperfecto de subjuntivo.

REGALAR

Yo ..... *regalara / regalase* .....
Tú ....
Él / ella / usted ....
Nosotros /-as ....
Vosotros /-as ....
Ellos /-as / ustedes ....

CORRER

Yo ..... *corriera / corriese* .....
Tú ....
Él / ella / usted ....
Nosotros /-as ....
Vosotros /-as ....
Ellos /-as / ustedes ....

SUBIR

Yo ..... *subiera / subiese* .....
Tú ....
Él / ella / usted ....
Nosotros /-as ....
Vosotros /-as ....
Ellos /-as / ustedes ....

2 Escribe al lado de cada forma verbal la persona que le corresponde.

1. posarais ....
2. recogieran ....
3. lloraseis ....
4. descalzase ....
5. masticases ....
6. denunciáramos ....
7. imprimiera ....
8. alumbraseis ....
9. adivinarais ....
10. tragases ....

Práctica 9

11. teclearan ....
12. derrochara ....
13. surgieran ....
14. añadiéramos ....

15. deambulasen ....
16. huyera ....
17. saltáramos ....
18. atajáramos ....

3 A partir de la 3.ª persona del plural del pretérito indefinido forma las personas de plural del pretérito imperfecto de subjuntivo.

	Nosotros /-as	Vosotros /-as	Ellos /-as / ustedes
1. decir → dij-eron	....	....	....
2. estar → estuv-ieron	....	....	....
3. dar → d-ieron	....	....	....
4. hacer → hic-ieron	....	....	....
5. venir → vin-ieron	....	....	....
6. querer → quis-ieron	....	....	....
7. poder → pud-ieron	....	....	....
8. saber → sup-ieron	....	....	....
9. servir → sirv-ieron	....	....	....
10. poner → pus-ieron	....	....	....
11. ver → v-ieron	....	....	....
12. tener → tuv-ieron	....	....	....
13. huir → huy-eron	....	....	....
14. caer → cay-eron	....	....	....
15. dormir → durm-ieron	....	....	....
16. ser / ir → fu-eron	....	....	....

PRÁCTICA 9

4 Corrige los errores que encuentres.

1. produjiesen . . . .
2. durmieses . . . .
3. posieras . . . .
4. caieseis . . . .
5. huyéramos . . . .
6. pudieseis . . . .
7. oiesen . . . .
8. trajera . . . .
9. tradujiese . . . .
10. fueran . . . .
11. minteran . . . .
12. riesen . . . .
13. mediésemos . . . .
14. supiéramos . . . .

PRÁCTICA 10

GERUNDIO

1 Construye los gerundios de los siguientes verbos incompletos.

1. aconsej- ....
2. resist- ....
3. ventil- ....
4. respond- ....
5. almorz- ....

6. sub- ....
7. cos- ....
8. rez- ....
9. debat- ....
10. luch- ....

2 Escribe la letra que falta en los siguientes gerundios irregulares: *i, u* e *y.*

1. d __ rmiendo
2. s __ rviendo
3. ca __ endo
4. s __ guiendo

5. destru __ endo
6. r __ endo
7. m __ riendo
8. el __ giendo

9. o __ endo
10. corr __ giendo

3 Busca el intruso que se ha colado en cada globo.

1. Recitando / Exigiendo / Remando / Suspirando

2. Sirviendo / Vistiendo / Resistiendo / Riendo

3. Cayendo / Sorprendiendo / Yendo / Instruyendo

4 Escribe la forma de gerundio de los verbos de las siguientes frases.

1. Nos pillaron (robar) .... en el supermercado.
2. Se ha tirado (dormir) .... todo el día.
3. Se pasó toda la noche (tiritar) .... de frío.
4. Lleva una semana (diluviar) .... sin parar.
5. Últimamente no estás (rendir) .... en el trabajo.

6. Estamos (construir) .... una biblioteca.
7. El avión está (caer) .... en picado.
8. Pepe anda (murmurar) .... de todo el mundo.
9. Se estaban (reír) .... de sus chistes.
10. Mi madre está (leer) .... el libro que le regalé.

PRÁCTICA 11

PRETÉRITO PERFECTO

1 Completa el cuadro con las formas del verbo *haber*.

REMAR		
Yo	*he*	remado
Tú	....	remado
Él / ella / usted	....	remado
Nosotros /-as	*ha*	remado
Vosotros /-as	....	remado
Ellos /-as / ustedes	*han*	remado

RESISTIR		
Yo	....	resistido
Tú	*has*	resistido
Él / ella / usted	....	resistido
Nosotros /-as	....	resistido
Vosotros /-as	....	resistido
Ellos /-as / ustedes	*han*	remado

2 Escribe el infinitivo de los siguientes participios irregulares.

1. roto ....
2. escrito ....
3. vuelto ....
4. puesto ....
5. abierto ....
6. descubierto ....
7. hecho ....
8. visto ....
9. dicho ....
10. resuelto ....
11. cubierto ....
12. muerto ....

PRÁCTICA 11

3 Completa con las formas del pretérito perfecto.

1. Mi primo aún no me (devolver) .... el libro de Coelho.
2. El ordenador (estropearse) .... esta tarde.
3. Los bancos no (abrir) .... hoy.
4. Los sindicatos (resolver) .... la huelga de trenes.
5. Mis amigos y yo (volver) .... a las tantas esta noche.
6. El perro (romper) .... el florero jugando.
7. Esta mañana (ponerse, yo) .... el vaquero negro.
8. El arqueólogo (descubrir) .... una nueva tumba en Perú.
9. ¿Todavía no (ver, vosotros /-as) .... el musical *Cats*?
10. No (hacer, yo) .... nada de lo que me dijiste.

4 Completa con las formas del pretérito perfecto de subjuntivo.

LLEGAR		
Yo	....	*llegado*
Tú	*hayas*	....
Él / ella / usted	*haya*	....
Nosotros /-as	....	*llegado*
Vosotros /-as	....	*llegado*
Ellos /-as / ustedes	*hayan*	....

CRECER		
Yo	*haya*	....
Tú	....	*crecido*
Él / ella / usted	....	*crecido*
Nosotros /-as	*hayamos*	....
Vosotros /-as	*hayáis*	....
Ellos /-as / ustedes	....	*crecido*

Práctica 11

5 Completa las siguientes frases con las formas del pretérito perfecto de subjuntivo.

1. Es muy extraño que los taxistas (hacer) .... huelga.
2. No saldréis hasta que no (resolver, vosotros)........................... el problema.
3. Aunque (decir, él) .... la verdad no le creerán.
4. Es curioso que (volver, vosotros) .... tan pronto.
5. Hace calor, es normal que (abrir, tú) .... la ventana.
6. Espero que te (ponerse, tú) .... el pañuelo de seda.
7. Confiamos en que la policía (disolver) .... la manifestación.
8. Devuélveme la película cuando la (ver, tú) ....
9. Es una pena que (romper, vosotros) .... vuestra relación.
10. Siento mucho que tus peces (morirse, ellos) ....

Índice alfabético de verbos

Índice alfabético de verbos

def.: verbo defectivo.

A

abalanzarse 19
abanderar 10
abandonar 10
abanicar 20
abaratar 10
abarcar 20
abarrotar 10
abastecer (de) 34
abatir 43
abdicar 20
ablandar 10
abnegarse 83
abochornar 10
abofetear 10
abogar (por) 12
abolir 43
abominar (de) 10
abonar 10
abordar 10
aborrecer 34
abortar 10
abotonar 10
abollar 10
abrasar 10
abrazar 19
abreviar 10
abrigar 12
abrillantar 10
abrir 1
abrochar 10
abrumar 10
absolver (de)
(absuelto) 130
absorber 18
abstenerse (de) 118
abstraer 123
abuchear 10
abultar 10
abundar 10
aburrir 43
abusar (de) 10
acabar 10
acaecer **def.** 34, 35
acalambrarse 10

acallar 10
acalorarse 10
acampar 10
acaparar 10
acariciar 10
acarrear 10
acartonar 10
acatar 10
acatarrarse 10
acaudalar 10
acaudillar 10
acceder (a) 18
accidentarse 10
accionar 10
acechar 10
acelerar 10
acentuar 10
aceptar 10
acercarse (a) 2
acertar 3
achacar 10
achicar 10
achicharrarse 10
achuchar 10
acicalarse 10
aclamar 10
aclarar 10
aclimatarse (a) 10
acobardar 10
acoger 28
acolchar 10
acometer 80
acomodar 10
acompañar 4
acondicionar 10
aconsejar 10
acontecer **def.** ... 34, 35
acoplar 10
acordar 9
acordarse (de) 5
acordonar 10
acorralar 10
acortar 10
acosar 10
acostarse 6
acostumbrarse (a) .. 7

acotar 10
acrecentar 25
acribillar 10
acristalar 10
activar 10
actuar 10
acuchillar 10
acudir 43
acumular 10
acunar 10
acuñar 10
acurrucarse 20
acusar 10
adaptar 10
adecentar 10
adecuar 10
adelantar 10
adelgazar 19
aderezar 19
adeudar 10
adherir 111
adiestrar 10
adivinar 10
adjetivar 10
adjudicar 20
administrar 10
admirar 10
admitir 43
adobar 10
adoctrinar 10
adolecer 34
adoptar 10
adorar 10
adormecer 34
adormilarse 10
adornar 10
adosar 10
adquirir 8
aducir 32
adueñarse (de) 10
adular 10
adulterar 10
advertir 111
afanarse (en) (por) . 10
afear 10
afectar 10

Índice alfabético de verbos

afeitar 10	ahumar 10	amagar 12
afeminar 10	ahuyentar 10	amainar 10
aferrarse (a) 10	airear 10	amamantar 10
afianzar 19	aislar 10	amanecer **def.** 34, 84
aficionarse (a) 10	ajetrear 10	amañar 10
afilar 10	ajustar 10	**amar** 10
afiliarse (a) 10	ajusticiar 10	amargar 12
afinar 10	alabar 10	amarrar 10
afincarse (en) 20	alambrar 10	amasar 10
afirmar 10	alardear (de) 10	ambicionar 10
afligir 114	alargar 12	amedrentar 10
aflojar 10	alarmar 10	amenazar 19
afluir 70	alborotar 10	amenizar 19
afrontar 10	alcoholizar 19	americanizar 19
agacharse 10	aleccionar 10	ametrallar 10
agarrar 10	alegar 12	amilanar 10
agarrotar 10	alegorizar 19	aminorar 10
agasajar 10	alejarse (de) 10	amodorrar 10
agazaparse 10	alentar 25	amoldar 10
agenciarse 10	alertar 10	amonestar 10
agigantar 10	aletargar 12	amontonar 10
agitar 10	aletear 10	amordazar 19
aglomerar 10	alfabetizar 19	amortajar 10
aglutinar 10	aliarse (con) 10	amortiguar 17
agobiar 10	alicatar 10	amortizar 19
agolparse 10	aligerar 10	amotinar 10
agonizar 19	alimentar 10	amparar 10
agotar 10	alinear 10	ampliar 10
agradar 10	aliñar 10	amplificar 20
agradecer 34	alisar 10	amputar 10
agrandar 10	alistarse (en) 10	amueblar 10
agravar 10	aliviar 10	amurallar 10
agraviar 10	allanar 10	analizar 19
agredir 43	almacenar 10	anclar 10
agregar 12	almidonar 10	**andar** 11
agriar 10	**almorzar** 9	anegar 12
agrietar 10	alojar 10	anestesiar 10
agrupar 10	alquilar 10	anexionarse 10
aguantar 10	alterar 10	angustiar 10
aguardar 10	alternar 10	anhelar 10
agujerear 10	alucinar 10	anidar 10
ahogar 12	aludir 43	animar 10
ahondar 10	alumbrar 10	aniquilar 10
ahorcar 20	alzar 19	anochecer **def.** . . . 34, 84
ahorrar 10	amadrinar 10	anotar 10
ahuecar 20	amaestrar 10	ansiar 10

Índice alfabético de verbos

anteceder 18	apocopar 10	arrendar 25
anteponer 94	apodar 10	**arrepentirse (de)** 15
anticipar 10	apoderarse (de) 10	arrestar 10
antojarse 10	apolillar 10	arriar 10
anudar 10	aporrear 10	arribar 10
anular 10	aportar 10	arriesgar 12
anunciar 10	aposentar 10	arrimar 10
añadir 43	apostar 9	arrinconar 10
añorar 10	apoyar 10	arrodillar 10
apabullar 10	apreciar 10	arrojar 10
apaciguar 17	apremiar 10	arrugar 12
apadrinar 10	**aprender** 13	arruinar 10
apagar 12	apresar 10	arrullar 10
apalancar 20	apresurarse (a) 10	articular 10
apalear 10	apretar 25	asaltar 10
apañar 10	apretujar 10	asar 10
aparcar 20	aprisionar 10	ascender 55
aparear 10	**aprobar** 14	asear 10
aparecer 34	apropiarse (de) 10	asediar 10
aparejar 10	aprovechar 10	asegurar 10
aparentar 10	aprovisionar 10	asemejarse (a) 10
apartar 10	aproximarse (a) 10	asentar 25
apasionar 10	apuntalar 10	asentir 111
apearse (de) 10	apuntar 10	asesinar 10
apechugar (con) 12	apuntillar 10	asesorar 10
apedrear 10	apuñalar 10	aseverar 10
apelar 10	apurar 10	asfaltar 10
apellidar 10	armonizar 19	asfixiar 10
apelmazar 19	aromatizar 19	asignar 10
apelotonarse 10	arquear 10	asilar 10
apenar 10	arraigar 12	asimilar 10
apercibir 43	arramblar 10	asistir 43
apesadumbrarse 10	arrancar 20	asociar 10
apestar 10	arrasar 10	asolar 9
apetecer 34	arrastrar 10	asomar 10
apiadarse (de) 10	arrear 10	asombrar 10
apilar 10	arrebatar 10	aspirar 10
apiñarse 10	arrebujar 10	asquear 10
aplacar 20	arreciar 10	asumir 43
aplanar 10	arredrarse 10	asustar 10
aplastar 10	arreglar 10	atacar 20
aplaudir 43	arremangarse 12	atajar 10
aplazar 19	arremeter (contra) . . . 80	atañer* **def.** 18, 35
aplicar 20	arremolinarse 10	atar 10

* La -i- desaparece en la 3.ª pers. pl. del pretérito indefinido y pretérito imperfecto de subjuntivo.

-190-

Índice alfabético de verbos

atardecer **def.** 34, 84
atarear 10
atascar 20
ataviarse 10
atemorizar 19
atenazar 19
atender 16
atenerse (a) 118
atentar (contra) 10
atenuar 10
aterrar 10
aterrizar 19
aterrorizar 19
atestiguar 17
atiborrar 10
atinar 10
atisbar 10
atizar 19
atontar 10
atorarse 10
atormentar 10
atornillar 10
atosigar 12
atracar 20
atraer 123
atragantarse (con) ... 10
atrancar 20
atrapar 10
atrasar 10
atravesar 25
atreverse (a) 18
atribuir 70
atrincherar 10
atrofiar 10
atropellar 10
atufar 10
aturdir 43
aturullar 10
atusar 10
augurar 10
aullar 10
aumentar 10
aunar 10
aupar 10
auscultar 10
ausentarse (de) 10

auspiciar 10
autorizar 19
auxiliar 10
avanzar 19
avasallar 10
avejentar 10
aventajar 10
aventurar 10
avergonzar 9
averiar 10
averiguar 17
avinagrar 10
avisar 10
avistar 10
avituallar 10
avivar 10
avocar 20
ayudar 10
ayunar 10
azarar 10
azorar 10
azotar 10
azucarar 10

B

babear 10
babosear 10
bailar 10
bailotear 10
bajar 10
balancearse 10
balar 10
balbucear 10
banderillear 10
bañar 10
baquetear 10
barajar 10
barnizar 19
barrer 18
barruntar 10
bastar 10
batallar 10
batir 43
bautizar 19
beatificar 20

beber 18
bendecir (bendecido) .. 44
beneficiar 10
berrear 10
besar 10
besuquear 10
bifurcarse 20
birlar 10
bisbisear 10
biselar 10
bizquear 10
blandir 43
blanquear 10
blasfemar 10
blindar 10
bloquear 10
boicotear 10
bombardear 10
bombear 10
bordar 10
bordear 10
borrar 10
bostezar 19
botar 10
boxear 10
bramar 10
bregar 12
brillar 10
brincar 20
brindar 10
bromear 10
broncear 10
brotar 10
bruñir* 43
bucear 10
bullir* 43
burlarse (de) 10
buscar 20

C

cabalgar 12
cabecear 10
caber 21
cabrear 10
cacarear 10

Índice alfabético de verbos

cachear 10	casar 10	chiflar 10
cachondearse (de) 10	cascar 20	chillar 10
caducar **def.** 20, 35	castañetear 10	chinchar 10
caer 22	castellanizar 19	chirriar 10
calar 10	castigar 12	chismorrear 10
calcar 20	castrar 10	chispear **def.** 84
calcificar 20	catalogar 12	chisporrotear **def.** . . . 84
calcinar 10	catar 10	chivarse (de) 10
calcular 10	catear 10	chocar (con) (contra) . . 20
caldear 10	catequizar 19	chochear 10
calentar 23	causar 10	chorrear 10
calibrar 10	cauterizar 19	chulear 10
calificar 20	cautivar 10	chupar 10
callar 10	cavar 10	chupetear 10
callejear 10	cavilar 10	churruscar 20
calmar 10	cazar 19	chutar 10
calumniar 10	cebar 10	cicatrizar 19
calzar 19	cecear 10	cifrar 10
cambiar 10	ceder 18	cimbrear 10
camelar 10	cegar 25 (12)	cimentar 25
caminar 10	cejar (en) 10	circular 10
campar 10	celebrar 10	circuncidar 10
canalizar 19	cenar 10	circundar 10
cancelar 10	censurar 10	circunscribir 63
canjear 10	centellear 10	circunvalar 10
canonizar 19	centralizar 19	citar 10
cansarse (de) 24	centrar 10	civilizar 19
cantar 10	centrifugar 12	clamar (por) 10
canturrear 10	ceñirse (a)* 111	clarear 10
capacitar 10	cepillar 10	clarificar 20
capar 10	cercar 20	clasificar 20
capear 10	cercenar 10	claudicar 20
capitalizar 19	cerciorarse (de) 10	clausurar 10
capitanear 10	cernirse 25	clavar 10
capitular 10	**cerrar** 25	clavetear 10
captar 10	certificar 20	coagular 10
capturar 10	cesar 10	coartar 10
caracterizar 19	chafar 10	cobijar 10
carbonizar 19	chamuscar 20	cobrar 10
carcajearse 10	chantajear 10	cocear 10
carcomer 18	chapotear 10	**cocer** 26
carecer (de) 34	chapucear 10	**cocinar** 27
cargar 12	chapurrear 10	codearse (con) 10
caricaturizar 19	charlar 10	codiciar 10
carraspear 10	chatear 10	codificar 20
cartearse 10	chequear 10	coexistir 43

Índice alfabético de verbos

coger 28	comprobar 9	congraciarse (con) 10
cohabitar 10	comprometer 80	congratularse (por) . . . 10
cohesionar 10	compulsar 10	congregar 12
cohibir 43	computar 10	conjeturar 10
coincidir (en) 43	comulgar 12	conjugar 12
cojear 10	comunicar 20	conjurar 10
colaborar (a) (en) (con) .10	concebir 90	conllevar 10
colar 9	conceder 18	conmemorar 10
colear 10	concentrar 10	conmover 81
coleccionar 10	conceptuar 10	conmutar 10
colectar 10	concernir **def.** . . . 35, 111	connotar 10
colegiarse (en) 10	concertar 25	**conocer** 34
colegir 53	concienciar 10	conquistar 10
colgar 29	conciliar 10	consagrar 10
colmar 10	concitar 10	conseguir 109
colocar 20	concluir 70	consentir 111
colonizar 19	concordar 9	conservar 10
colorear 10	concretar 10	considerar 10
columpiarse 10	concurrir 43	consignar 10
comandar 10	concursar 10	**consistir (en)** 35
combar 10	condecorar 10	consolar 9
combatir 43	condenar 10	consolidar 10
combinar 10	condensar 10	conspirar 10
comentar 10	condicionar 10	constar **def.** 10, 35
comenzar 25 (19)	condimentar 10	constatar 10
comer 30	**conducir** 32	constiparse 10
comerciar 10	conectar 10	constituir 70
cometer 80	confabular 10	**construir** 36
comisionar 10	confeccionar 10	consultar 10
compadecer 34	conferir 111	consumar 10
compaginar 10	confesar 25	consumir 43
comparar 10	**confiar (en)** 33	contabilizar 19
comparecer 89	configurar 10	contactar (con) 10
compartir 43	confinar 10	contagiar 10
compenetrarse 10	confirmar 10	contaminar 10
compensar 10	confiscar 20	**contar** 37
competir 90	confluir 70	contemplar 10
complacer 34	conformar 10	contener 118
complementar 10	confortar 10	contentar 10
completar 10	confraternizar 19	**contestar** 38
complicar 20	confrontar 10	continuar 10
componer 94	confundir (con) 43	contornear 10
comportarse 10	congelar 10	contorsionarse 10
comprar 31	congeniar (con) 10	contraatacar 20
comprender 18	congestionar 10	contradecir 44
comprimir 43	conglomerar 10	contraer 123

-193-

Índice alfabético de verbos

contraindicar 20	crecer 34	debatir 43
contraponer 94	**creer** 41	deber 18
contrariar 10	crepitar 10	debilitar 10
contrarrestar 10	criar 10	debutar 10
contrastar 10	crispar 10	decaer 22
contratar 10	cristalizar 19	decantar 10
contravenir 125	cristianizar 19	decepcionar 10
contribuir 70	criticar 20	**decidir** 43
controlar 10	croar 10	**decir** 44
contusionar 10	cronometrar 10	declamar 10
convalecer (de) 34	crucificar 20	declarar 10
convalidar 10	crujir **def.** 35	declinar 10
convencer 78	cruzar 19	decolorar 10
convenir 125	cuadrar 10	decomisar 10
converger 28	cuadricular 10	decorar 10
conversar 10	cuadruplicar 20	decrecer 34
convertir (en) 111	cuajar 10	decretar 10
convidar 10	cualificar 20	dedicar 20
convivir 129	cuantificar 20	deducir 32
convocar 20	cubrir 1	defecar 20
convulsionar 10	cuchichear 10	defender 16
cooperar 10	cuestionar 10	definir 43
coordinar 10	cuidar 10	deforestar 10
copar 10	culminar 10	deformar 10
copear 10	culpar 10	defraudar 10
copiar 10	cultivar 10	degenerar 10
copular 10	culturizar 19	degollar 9
coquetear 10	cumplimentar 10	degradar 10
corear 10	cumplir 43	degustar 10
corregir 39	cundir **def.** 35	dejar 10
correlacionar 10	curar 10	delatar 10
correr 18	curiosear 10	delegar 12
corresponder 18	currar 10	deleitar 10
corretear 10	cursar 10	deletrear 10
corroborar 10	curtir 43	deliberar 10
corromper 18	curvar 10	delimitar 10
cortar 10	custodiar 10	delinear 10
cortejar 10		delirar 10
cosechar 10	**D**	demandar 10
coser 18		demarcar 20
costar 40	damnificar 20	democratizar 19
cotejar 10	danzar 19	demoler 81
cotillear 10	dañar 10	demorarse 10
cotizar 19	**dar** 42	demostrar 9
cotorrear 10	datar 10	denegar 83
crear 10	deambular 10	denigrar 10

-194-

Índice alfabético de verbos

denominar	10	desalmar	10	**descansar**	45
denotar	10	desalojar	10	descargar	12
denunciar	10	desalquilar	10	descarrilar	10
deparar	10	desamortizar	19	descender	55
departir	43	desamparar	10	descentrar	10
depender (de)	18	desamueblar	10	descerrajar	10
depilar	10	desandar	11	descifrar	10
deplorar	10	desangrar	10	desclavar	10
deponer	94	desanimar	10	descocarse	20
deportar	10	desaparecer	34	descodificar	20
depositar	10	desapasionar	10	descojonarse (de)	10
depredar	10	desapolillar	10	descolgar	29
deprimir	43	desaprisionar	10	descolocar	20
depurar	10	desaprobar	98	descollar	9
derivar	10	desaprovechar	10	descompaginar	10
derogar	12	desarmar	10	descompasarse	103
derramar	10	desarraigar	12	descompensar	10
derrapar	10	desarreglar	10	descomponer	94
derretir	90	desarrollar	10	descomprimir	43
derribar	10	desarropar	10	desconcertar	25
derrocar	20	desarticular	10	desconectar	10
derrochar	10	desasosegar	25 (12)	desconfiar (de)	33
derrotar	10	desatar	10	descongelar	10
derruir	70	desatascar	20	descongestionar	10
derrumbar	10	desatender	16	desconocer	34
desabastecer	34	desatinar	10	desconsiderar	10
desabotonar	10	desatornillar	10	desconsolar	9
desabrigarse	12	desatrancar	20	descontaminar	10
desabrochar	10	desautorizar	19	descontar	37
desacelerar	10	desayunar	10	descorazonar	10
desaconsejar	10	desazonar	10	descorchar	10
desacostumbrar	10	desbancar	20	descorrer	18
desacreditar	10	desbandarse	10	descoser	18
desactivar	10	desbarajustar	10	descoyuntar	10
desafiar	10	desbaratar	10	describir	63
desafinar	10	desbloquear	10	descuartizar	19
desagradar	10	desbocar	20	descubrir	1
desagradecer	34	desbordar	10	descuidar	10
desaguar	17	descabalar	10	desdecir	44
desahogar	12	descabalgar	12	desdeñar	10
desahuciar	10	descabellar	10	desdibujarse	10
desajustar	10	descalabrar	10	desdoblar	10
desalar	10	descalcificar	20	desear	10
desalentar	25	descalificar	20	desecar	20
desalinear	10	descalzar	19	desechar	10
desaliñar	10	descambiar	10	desembalar	10

Índice alfabético de verbos

desembarazarse (de) . . 19
desembarcar 20
desembocar (en) 20
desembolsar 10
desempañar 10
desempaquetar 10
desemparejar 10
desempatar 10
desempeñar 10
desempolvar 10
desenamorar 10
desencajar 10
desencallar 10
desencaminar 10
desencantar 10
desencarcelar 10
desenchufar 10
desencolar 10
desencuadernar 10
desenfocar 20
desenfrenar 10
desenfundar 10
desengañar 10
desengrasar 10
desenhebrar 10
desenlazar 19
desenmarañar 10
desenmascarar 10
desenredar 10
desenrollar 10
desenroscar 20
desentablar 10
desentenderse (de) . . . 59
desenterrar 25
desentonar 10
desentrañar 10
desentumecer 34
desenvainar 10
desenvolver 130
desequilibrar 10
desertar 10
desesperanzar 19
desesperar 10
desestabilizar 19
desestimar 10
desfalcar 20

desfallecer 34
desfasar 10
desfavorecer 34
desfigurar 10
desfilar 10
desfogarse 12
desgajar 10
desgañitarse 10
desgarrar 10
desgastar 10
desglosar 10
desgraciar 10
desgranar 10
desgravar 10
desguazar 19
deshabitar 10
deshabituar 10
deshacer 69
deshelar 25
desheredar 10
deshidratar 10
deshilachar 10
deshilar 10
deshilvanar 10
deshinchar 10
deshojar 10
deshollinar 10
deshonrar 10
deshuesar 10
deshumanizar 19
deshumedecer 34
designar 10
desigualar 10
desilusionar 10
desinfectar 10
desinflamar 10
desinflar 10
desinsectar 10
desintegrar 10
desinteresarse (de) . . . 10
desintoxicar 20
desistir 43
desliar 10
desligar 12
deslizar 19
deslomar 10

deslucir 34
deslumbrar 10
desmadejar 10
desmadrar 10
desmandar 10
desmantelar 10
desenmarañar 10
desmarcarse (de) 20
desmayarse 10
desmejorar 10
desmelenarse 10
desmembrar 25
desmentir 79
desmenuzar 19
desmerecer 34
desmigar 12
desmilitarizar 19
desmitificar 20
desmontar 10
desmoralizar 19
desmoronarse 10
desmovilizar 19
desnatar 10
desnaturalizar 19
desnivelar 10
desnucar 20
desnudar 10
desnutrirse 10
desobedecer 34
desocupar 10
desoír 85
deshojar 10
desollar 9
desorbitar 10
desordenar 10
desorganizar 19
desorientar 10
despabilar 10
despachar 10
desparejar 10
desparramar 10
despatarrar 10
despechugar 12
despedazar 19
despedirse (de) 46
despegar 12

Índice alfabético de verbos

despeinar 10	destronar 10	dilatar 10
despejar 10	destrozar 19	dilucidar 10
despelotar 10	destruir 70	diluir 70
despellejar 10	desunir 43	diluviar **def.** 84
despeñarse 10	desvalijar 10	dimitir 43
desperdiciar 10	desvalorizar 19	dinamitar 10
desperdigar 12	desvanecerse 34	diptongar 12
desperezarse 19	desvariar 10	dirigir 114
despertarse 47	desvelar 10	discernir 111
despilfarrar 10	desvestir 127	disciplinar 10
despintar 10	desviar 10	discrepar 10
despiojar 10	desvincular 10	discriminar 10
despistar 10	desvirgar 12	disculpar 10
desplantar 10	desvirtuar 10	discurrir 43
desplazar 19	desvivirse (por) 129	discutir 43
desplegar 25	detallar 10	disecar 20
desplomar 10	detectar 10	diseminar 10
desplumar 10	detener 118	disentir 111
despoblar 9	detentar 10	diseñar 10
despojar 10	deteriorar 10	disertar 10
desposar 10	determinar 10	disfrazar 19
despotricar 20	detestar 10	disfrutar 10
despreciar 10	detonar 10	disgregar 12
desprender 18	detraer 123	disgustarse (por) 10
despreocuparse (de) . . 97	devaluar 10	disipar 10
desprestigiar 10	devanar 10	dislocar 20
desproporcionar 10	devastar 10	disminuir 70
despuntar 10	devenir 125	disociar 10
desquiciar 10	devolver 130	disolver 130
desquitar 10	devorar 10	disparar 10
desriñonar 10	diagnosticar 20	disparatar 10
destacar 20	dialogar 12	dispensar 10
destapar 10	dibujar 10	dispersar 10
destaponar 10	dictaminar 10	disponer 94
destejer 18	dictar 10	disputar 10
destellar 10	diezmar 10	distanciar 10
destemplar 10	difamar 10	distar 10
desteñir* 90	diferenciar 10	**distinguir** 48
desternillarse (de) . . . 10	diferir (de) 111	distraer 123
desterrar 25	dificultar 10	distribuir 70
destetar 10	difuminar 10	disuadir (de) 43
destilar 10	difundir 43	divagar 12
destinar 10	digerir 111	diversificar 20
destituir 70	dignarse (a) 10	**divertirse** 49
destornillar 10	dignificar 20	dividir 43
destripar 10	dilapidar 10	divinizar 19

Índice alfabético de verbos

divisar 10
divorciar 10
divulgar 12
doblar 10
doblegar 12
doctorar 10
documentar 10
dogmatizar 19
doler 50
domar 10
domesticar 20
domiciliar 10
dominar 10
donar 10
dopar 10
dorar 10
dormir 51
dormitar 10
dosificar 20
dotar 10
dramatizar 19
drenar 10
drogar 12
duchar 10
dudar 10
dulcificar 20
duplicar 20
durar 10

E

echar 52
eclipsar 10
economizar 19
edificar 20
editar 10
educar 20
edulcorar 10
efectuar 10
ejecutar 10
ejemplificar 20
ejercer 78
ejercitar 10
elaborar 10
electrificar 20
electrocutar 10

elegir 53
elevar 10
eliminar 10
elogiar 10
elucubrar 10
eludir 43
emanar 10
emancipar 10
embadurnar 10
embalar 10
embalsamar 10
embarazarse 19
embarcar 20
embaucar 20
embellecer 34
embestir 90
embolsar 10
emborrachar 10
emborronar 10
embotarse 10
embotellar 10
embriagar 12
embrollar 10
embrujar 10
embrutecer 34
embutir 43
emerger 28
emigrar 10
emitir 43
emocionar 10
empachar 10
empadronar 10
empalagar 12
empalar 10
empalmar 10
empanar 10
empantanar 10
empañar 10
empapar 10
empapelar 10
empaquetar 10
emparejar 10
emparentar 10
empatar 10
empeñar 10
empeorar 10

empequeñecer 34
emperifollar 10
empezar 25 (19)
empinar 10
emplazar 19
emplear 10
empobrecer 34
empollar 10
empotrar 10
emprender 18
empujar 10
empuñar 10
emular 10
enajenar 10
enaltecer 34
enamorarse (de) 54
enarbolar 10
encabezar 19
encadenar 10
encajar 10
encalar 10
encallar 10
encandilar 10
encantar 10
encapricharse (con) (de) 10
encapuchar 10
encaramarse (a) 10
encarar 10
encarecer 34
encargar 12
encariñarse (con) 10
encarnar 10
encarrilar 10
encasillar 10
encasquetar 10
encasquillarse 10
encauzar 19
encebollar 10
encelar 10
encender 55
encerar 10
encerrar 25
encestar 10
encharcar 20
enchironar 10
enchufar 10

Índice alfabético de verbos

enclaustrar 10	enjoyarse 10	**enterarse (de)** 60
enclavar 10	enjuagar 12	enternecer 34
encoger 28	enlatar 10	enterrar 25
encolerizar 19	enlazar 19	entonar 10
encomendar 25	enloquecer 34	entornar 10
encontrar 56	enmadrarse 10	entorpecer 34
encrespar 10	enmarañar 10	entrampar 10
encubrir 1	enmarcar 20	entrañar 10
encuestar 10	enmascarar 10	**entrar** 61
encumbrar 10	enmendar 25	entreabrir 1
enderezar 19	enmohecer 34	entrecomillar 10
endeudarse 10	enmudecer 34	entrecortar 10
endiosar 10	ennegrecer 34	entregar 12
endosar 10	ennoblecer 34	entrelazar 19
endulzar 19	enojar 10	entremezclarse 10
endurecer 34	enorgullecer 34	entrenar 10
enemistar 10	enquistarse 10	entresacar 20
enervar 10	enraizar 19	entretejer 18
enfadarse 57	enrarecer 34	entretener 118
enfatizar 19	enredar 10	entrevistar 10
enfermar 10	enrejar 10	entristecer 34
enfervorizar 19	enriquecer 34	entrometerse (en) 80
enfilar 10	enrojecer 34	entronar 10
enfocar 20	enrolarse (en) 10	entroncar 20
enfrascarse (en) 20	enrollar 10	entronizar 19
enfrentar 10	enronquecer 34	entumecer 34
enfriar 10	enroscar 20	enturbiar 10
enfundar 10	ensalzar 19	entusiasmar 10
enfurecer 34	ensamblar 10	enumerar 10
enfurruñarse 10	ensanchar 10	enunciar 10
engalanar 10	ensangrentar 25	envainar 10
enganchar 10	enseñar 10	envalentonarse 10
engañar 10	ensartar 10	envasar 10
engarzar 19	ensayar 10	envejecer 34
engatusar 10	**enseñar** 58	envenenar 10
engendrar 10	ensillar 10	enviar 10
englobar 10	ensimismar 10	enviciar 10
engominar 10	ensombrecer 34	envidiar 10
engordar 10	ensoñar 9	envilecer 34
engranar 10	ensordecer 34	enviudar 10
engrandecer 34	ensortijar 10	**envolver** 62
engrasar 10	ensuciar 10	enzarzarse (en) 19
engrosar 9	entablar 10	equilibrar 10
enhebrar 10	entablillar 10	equipar 10
enjabonar 10	entallar 10	equiparar 10
enjaular 10	**entender** 59	equivaler 124

Índice alfabético de verbos

equivocarse 20	esforzarse (en) 19	estorbar 10
erigir 114	esfumarse 10	estornudar 10
erizar 19	esgrimir 43	estrangular 10
erosionar 10	esmaltar 10	estratificar 20
erradicar 20	esmerarse (en) 10	estrechar 10
eructar 10	espabilar 10	estrellar 10
esbozar 19	espachurrar 10	estremecer 34
escabechar 10	espaciar 10	estrenar 10
escabullirse* (de)	espantar 10	estropear 10
(entre) 43	españolizar 19	estructurar 10
escacharrar 10	esparcir 78	estrujar 10
escalar 10	espatarrarse 10	**estudiar** 66
escaldar 10	especializarse (en) 19	eternizar 19
escalfar 10	especificar 20	etiquetar 10
escalonar 10	especular 10	europeizar 19
escamar 10	esperar 10	evacuar 10
escamotear 10	espesar 10	evadir 43
escampar **def.** 84	espetar 10	evaluar 10
escanciar 10	espiar 10	evangelizar 19
escandalizar 19	espiritualizar 19	evaporar 10
escapar 10	espolvorear 10	evaporizar 19
escaquear 10	esponjar 10	evidenciar 10
escarbar 10	esposar 10	evitar 10
escarmentar 25	esquematizar 19	evocar 20
escasear 10	esquiar 10	evolucionar 10
escatimar 10	esquilar 10	exacerbar 10
escayolar 10	esquilmar 10	exagerar 10
escenificar 20	esquivar 10	exaltar 10
escindir 43	estabilizar 19	examinar 10
esclarecer 34	establecer 34	exasperar 10
esclavizar 19	estacionar 10	excarcelar 10
escocer 26	estafar 10	excavar 10
escoger 28	estallar 10	exceder 18
escoltar 10	estancar 20	exceptuar 10
esconder 18	estandarizar 19	excitar 10
escotar 10	**estar** 65	exclamar 10
escribir 63	esterilizar 19	excluir 70
escriturar 10	estigmatizar 19	excomulgar 12
escrutar 10	estilizar 19	exculpar (de) 10
escuchar 64	estimar 10	excusar 10
escudarse (en) 10	estimular 10	exfoliar 10
escudriñar 10	estipular 10	exhalar 10
esculpir 43	estirar 10	exhibir 43
escupir 43	estofar 10	exhortar 10
escurrir 43	estomagar 12	exhumar 10

Índice alfabético de verbos

exigir 114	**F**	flexibilizar 19
exiliar 10	fabricar 20	flexionar 10
eximir 43	facilitar 10	flirtear 10
existir 43	facturar 10	flojear 10
exorcizar 19	facultar 10	florecer 34
expandir 43	fallar 10	flotar 10
expansionarse 10	fallecer 34	fluctuar 10
expatriar 10	falsear 10	fluir 70
expectorar 10	falsificar 20	fomentar 10
expedientar 10	faltar 10	fondear 10
expedir 90	familiarizar 19	forcejear 10
expeler 18	fanfarronear 10	forjar 10
expender 18	fantasear 10	formalizar 19
experimentar 10	fardar 10	formar 10
expiar 10	farfullar 10	formular 10
expirar 10	fascinar 10	fornicar 20
explayarse (en) 10	fastidiar 10	forrar 10
explicar 20	fatigar 12	fortalecer 34
explorar 10	favorecer 34	fortificar 20
expoliar 10	fechar 10	forzar 9
exponer 94	fecundar 10	fosilizarse 19
exportar 10	fecundizar 19	fotocopiar 10
expresar 10	federar 10	fotografiar 10
exprimir 43	felicitar 10	fracasar 10
expropiar 10	fenecer 34	fraccionar 10
expulsar (de) 10	fermentar 10	fracturar 10
expurgar 12	fertilizar 19	fragmentar 10
extasiarse 10	festejar 10	fraguar 17
extender 16	**fiarse (de)** 67	franquear 10
extenuarse 10	fichar 10	fraternizar 19
exteriorizar 19	figurar 10	frecuentar 10
exterminar 10	fijar 10	fregar 25 (12)
extinguir 48	filmar 10	freír (frito) 102
extirpar 10	filosofar 10	frenar 10
extorsionar 10	filtrar 10	friccionar 10
extractar 10	finalizar 19	frotar 10
extraditar 10	financiar 10	fructificar 20
extraer 123	fingir 114	fruncir 78
extralimitarse 10	firmar 10	frustrar 10
extrañar 10	fiscalizar 19	fugarse (de) 12
extrapolar 10	fisgar 12	fulminar 10
extraviar 10	fisgonear 10	fumar 10
extremar 10	flanquear 10	fumigar 12
exultar 10	flaquear 10	funcionar 10
eyacular 10	fletar 10	fundamentar 10
		fundar 10

Índice alfabético de verbos

fundir 43
fusilar 10
fusionar 10
fustigar 12

G

galantear 10
galardonar 10
galopar 10
ganar 10
gandulear 10
gangrenarse 10
garabatear 10
garantizar 19
gasear 10
gastar 10
gatear 10
gemir 90
generalizar 19
generar 10
germinar 10
gestar 10
gesticular 10
gestionar 10
girar 10
glasear 10
glorificar 20
glosar 10
gobernar 25
golear 10
golfear 10
golpear 10
golpetear 10
gorjear 10
gorronear 10
gotear 10
gozar 19
grabar 10
graduar 10
granizar **def.** 84
granjear 10
grapar 10
gratificar 20
gravar 10
gravitar 10
graznar 10

gritar 10
gruñir* 43
guardar 10
guarecerse 34
guarnecer 34
guarrear 10
guerrear 10
guerrillear 10
guiar 10
guillotinar 10
guiñar 10
guisar 10
gustar 10

H

habilitar 10
habitar 10
habituar 10
hablar 68
hacer 69
hacinar 10
halagar 12
hallar 10
hartar 10
hastiar 10
hechizar 19
helar **def.** 84
heredar 10
herir 111
hermanar 10
herrar 25
hervir 111
hibernar 10
hidratar 10
higienizar 19
hilar 10
hilvanar 10
hincar 20
hinchar 10
hipnotizar 19
hipotecar 20
hispanizar 19
historiar 10
hojear 10
holgazanear 10

homenajear 10
homogeneizar 19
homologar 12
honrar 10
horadar 10
hornear 10
horripilar 10
horrorizar 19
hospedar 10
hospitalizar 19
hostigar 12
huir 70
humanizar 19
humear 10
humedecer 34
humillar 10
hundir 43
hurgar 12
hurtar 10

I

idealizar 19
idear 10
identificar 20
idolatrar 10
ignorar 10
igualar 10
iluminar 10
ilusionar 10
ilustrar 10
imaginar 10
imitar 10
impacientarse 10
impactar 10
impartir 43
impedir 90
imperar 10
impersonalizar 19
implantar 10
implicar 20
implorar 10
imponer 94
importar 10
importunar 10
imposibilitar 10

Índice alfabético de verbos

impostar 10	influenciar 10	interceptar 10
impregnar (de) 10	influir (en) (sobre) 70	**interesarse (por)** 72
impresionar 10	informar 10	interferir 111
imprimir 43	infravalorar 10	interiorizar 19
improvisar 10	infringir 114	internar 10
impugnar 10	infundir 43	interpelar 10
impulsar 10	ingerir 111	interponer 94
imputar 10	ingresar 10	interpretar 10
inaugurar 10	inhabilitar 10	interrogar 12
incapacitar 10	inhalar 10	interrumpir 43
incautarse (de) 10	inhumar 10	intervenir 125
incendiar 10	iniciar 10	intimidar 10
incentivar 10	injertar 10	intoxicar 20
incidir (en) 43	injuriar 10	intranquilizar 19
incinerar 10	inmigrar 10	intrigar 12
incitar 10	inmiscuirse (en) 70	introducir 32
inclinar 10	inmolar 10	intubar 10
incluir 70	inmortalizar 19	intuir 70
incomodar 10	inmovilizar 19	inundar 10
incomunicar 20	inmunizar 19	inutilizar 19
incordiar 10	inmutar 10	invadir 43
incorporar 10	innovar 10	invalidar 10
incrementar 10	inquietar 10	inventar 10
increpar 10	inquirir 8	inventariar 10
incrustar 10	inscribir 63	invernar 10
incubar 10	insensibilizarse 19	invertir 111
inculcar 20	insertar 10	investigar 12
inculpar 10	insinuar 10	investir 127
incumplir 43	**insistir (en)** 71	invitar 10
incurrir (en) 43	insonorizar 19	invocar 20
indagar 12	inspeccionar 10	involucrar 10
indemnizar 19	inspirar 10	inyectar 10
indicar 20	instalar 10	**ir** 73
indigestar 10	instar 10	irradiar 10
indignar 10	instaurar 10	irritar 10
indisponer 94	instigar 12	irrumpir 43
individualizar 19	instituir 70	islamizar 19
inducir 32	instruir 70	izar 19
indultar 10	insubordinar 10	
industrializar 19	insultar 10	**J**
infectar 10	integrar 10	
inferir 111	intensificar 20	jabonar 10
infestar 10	intentar 10	jactarse (de) 10
infiltrar 10	intercalar 10	jadear 10
inflar 10	intercambiar 10	jalear 10
infligir 114	interceder 18	jerarquizar 19

-203-

Índice alfabético de verbos

joder 18
jorobar 10
jubilar 10
jugar (a/ con) 74
juguetear 10
juntar 10
jurar 10
justificar 20
juzgar 12

L

labrar 10
lacrar 10
ladear 10
ladrar 10
lamentar 10
lamer 18
languidecer 34
lanzar 19
lapidar 10
largar 12
latir 43
leer 75
legalizar 19
legar 12
legislar 10
legitimar 10
lesionar 10
levantar 10
levitar 10
lexicalizar 19
liar 10
liberalizar 19
liberar 10
libertar 10
librar 10
licenciar 10
licuar 10
liderar 10
lidiar 10
ligar 12
lijar 10
limar 10
limitar 10
limpiar 10

linchar 10
lindar 10
liquidar 10
lisiar 10
lisonjear 10
litigar 12
litografiar 10
llamar 10
llamear 10
llegar 12
llenar 10
llevar 10
llorar 10
lloriquear 10
llover 76
lloviznar **def.** 84
localizar 19
lograr 10
lubricar 20
lucir 34
lucrar 10
luchar 10
lustrar 10

M

macerar 10
machacar 20
machetear 10
madrugar 12
madurar 10
magnetizar 19
magrear 10
magullar 10
malcasar 10
malcomer 30
malcriar 10
maldecir (maldecido) . . 44
malear 10
malentender 59
malgastar 10
malherir 111
malhumorarse 10
malmeter 80
malnutrir 43
malograr 10

malquerer 100
maltraer 123
maltratar 10
malversar 10
malvivir 129
mamar 10
manar 10
manchar 10
mancillar 10
mandar 10
manejar 10
mangar 12
mangonear 10
maniatar 10
manifestar 25
maniobrar 10
manipular 10
manosear 10
mantener 118
manufacturar 10
maquillar 10
maquinar 10
maravillar 10
marcar 20
marcharse 77
marchitar 10
marear 10
marginar 10
mariposear 10
martillear 10
martirizar 19
masacrar 10
mascar 20
mascullar 10
masticar 20
matar 10
materializar 19
matizar 19
matricular 10
maullar 10
maximizar 19
mear 10
mecanizar 19
mecanografiar 10
mecer 78
mediar 10

Índice alfabético de verbos

mediatizar 19
medicar 20
medir 90
meditar 10
mejorar 10
memorizar 19
mencionar 10
mendigar 12
menear 10
menguar 17
menospreciar 10
menstruar 10
mentar 25
mentir 79
merecer 34
merendar 25
mermar 10
merodear 10
mesar 10
metaforizar 19
metamorfosear 10
meter 80
mezclar 10
migar 12
militar 10
militarizar 19
mimar 10
minar 10
mineralizar 19
minimizar 19
mirar 10
mitificar 20
mitigar 12
modelar 10
moderar 10
modernizar 19
modificar 20
modular 10
mofar 10
mojar 10
moldear 10
moler 81
molestar 10
momificar 20
mondar 10
monopolizar 19

monoptongar 12
montar 10
moquear 10
moralizar 19
morar 10
morder 81
mordisquear 10
morir (muerto) 51
morrear 10
mortificar 20
mosquear 10
mostrar 9
motivar 10
motorizar 19
mover 81
movilizar 19
mudar 10
mugir 114
mullir* 43
multar 10
multiplicar 20
murmurar 10
musitar 10
mutilar 10

N

nacer 34
nacionalizar 19
nadar 10
narcotizar 19
narrar 10
naufragar 12
navegar 12
necesitar 82
negar 83
negociar 10
neutralizar 19
nevar 84
nivelar 10
nombrar 10
nominar 10
normalizar 19
notar 10
notificar 20
novelar 10

nublar **def.** 84
numerar 10
nutrir 43

O

obcecarse (con) 20
obedecer 34
objetar 10
objetivar 10
obligar 12
obnubilar 10
obrar 10
obsequiar 10
observar 10
obsesionar 10
obstaculizar 19
obstinarse (en) 10
obstruir 70
obtener 118
obviar 10
ocasionar 10
ocultar 10
ocupar 10
ocurrir **def.** 35
odiar 10
ofender 18
ofertar 10
oficializar 19
oficiar 10
ofrecer 34
ofrendar 10
ofuscar 20
oír 85
ojear 10
oler 86
olfatear 10
olisquear 10
olvidar 8
omitir 43
ondear 10
ondular 10
operar 10
opinar 10
oponer 94
opositar 10

Índice alfabético de verbos

oprimir 43
optar (por) 10
optimizar 19
orar 10
ordenar 10
ordeñar 10
organizar 19
orientar 10
originar 10
orinar 10
ornamentar 10
orquestar 10
osar 10
oscilar 10
oscurecer **def.** 34, 84
ostentar 10
otorgar 12
ovacionar 10
oxidar 10
oxigenar 10

P

pacer 34
pacificar 20
pactar 10
padecer 34
pagar 88
paginar 10
paladear 10
paliar 10
palidecer 34
palmar 10
palmear 10
palmotear 10
palpar 10
palpitar 10
papear 10
parafrasear 10
paralizar 19
parar 10
parcelar 10
parecerse (a) 89
parir 43
parlamentar 10
parlotear 10

parodiar 10
parpadear 10
participar 10
particularizar 19
partir 43
pasar 103
pasear 10
pasmar 10
pastar 10
pasteurizar 19
pastorear 10
patalear 10
patear 10
patentar 10
patinar 10
patrocinar 10
patrullar 10
pavimentar 10
pavonearse 10
pecar 20
pedalear 10
pedir 90
pegar 12
pegotear 10
peinar 10
pelar 10
pelear 10
peligrar 10
pellizcar 20
pelotear 10
penalizar 19
pender 18
pendonear 10
penetrar 10
pensar 91
percatarse (de) 10
percibir 43
perder 92
perdonar 10
perdurar 10
perecer 34
peregrinar 10
perfeccionar 10
perfilar 10
perforar 10
perfumar 10

perjudicar 20
perjurar 10
permanecer 34
permitir 43
permutar 10
pernoctar 10
perpetrar 10
perseguir 109
perseverar 10
persignarse 10
persistir (en) 43
personalizar 19
personarse 10
personificar 20
persuadir 43
pertenecer 34
perturbar 10
pervertir 111
pervivir 129
pesar 10
pescar 20
pestañear 10
petrificar 20
piar 10
picar 20
picotear 10
pifiar 10
pillar 10
pilotar 10
pimplar 10
pinchar 10
pintar 10
pintarrajear 10
pinzar 19
pirarse 10
piratear 10
piropear 10
pirrarse (por) 10
pisar 10
pisotear 10
pitar 10
plagiar 10
planchar 10
planear 10
planificar 20
plantar 10

Índice alfabético de verbos

plantear 10	preferir 95	profundizar 19
plasmar 10	prefijar 10	programar 10
plastificar 20	pregonar 10	progresar 10
platicar 20	preguntar 96	prohibir 43
plegar 25 (12)	prejuzgar 12	proliferar 10
pleitear 10	premeditar 10	prologar 12
plisar 10	premiar 10	prolongar 12
pluralizar 19	prendarse (de) 10	prometer 80
poblar 9	prender 18	promocionar 10
podar 10	prensar 10	promover 81
poder 93	preñarse 10	promulgar 12
polarizar 19	preocuparse 97	pronosticar 20
polemizar 19	preparar 10	pronunciar 10
policromar 10	preponderar 10	propagar 88
politizar 19	presagiar 10	propasar 103
ponderar 10	prescindir (de) 43	propinar 10
poner 94	prescribir 63	proponer 94
pontificar 20	presenciar 10	proporcionar 10
popularizar 19	presentar 10	propugnar 10
porfiar 10	presentir 111	propulsar 10
pormenorizar 19	preservar 10	prorratear 10
portar 10	presidir 43	prorrogar 12
portear 10	presionar 10	prorrumpir 43
posar 10	prestar 10	proscribir 63
poseer 41	presumir 43	proseguir 109
posibilitar 10	presuponer 94	prosperar 10
posponer 94	presupuestar 10	prostituir 70
postergar 12	pretender 18	protagonizar 19
postrar 10	prevalecer 34	proteger 28
postular 10	prevenir 125	protestar 10
potenciar 10	prever 126	proveer (provisto) . . . 41
practicar 20	primar 10	provenir 125
precaver 18	pringar 12	provocar 20
preceder 18	privar (de) 10	proyectar 10
precintar 10	probar 98	publicar 20
precipitar 10	proceder 18	pudrir (podrido) 43
precisar 10	procesar 10	pugnar 10
preconcebir 90	proclamar 10	pujar 10
preconizar 19	procrear 10	pulimentar 10
predecir 44	procurar 10	pulir 43
predestinar 10	prodigar 12	pulsar 10
predeterminar 10	producir 32	pulular 10
predicar 20	profanar 10	pulverizar 19
predisponer 94	proferir 111	puntear 10
predominar 10	profesar 10	puntualizar 19
prefabricar 20	profetizar 19	puntuar 10

Índice alfabético de verbos

purgar 12
purificar 20
putear 10

Q

quebrantar 10
quebrar 25
quedarse (en) 99
quejar 10
quemar 10
querellarse 10
querer 100
quitar 10

R

rabiar 10
racionalizar 19
radiar 10
radicar 20
rajar 10
rallar 10
ramificar 20
rapar 10
raptar 10
rascar 20
rasgar 12
rasguear 10
raspar 10
rastrear 10
rastrillar 10
rasurar 10
ratificar 20
rayar 10
razonar 10
reabrir 1
reabsorber 18
reaccionar 10
reactivar 10
readmitir 43
reafirmar 10
reagrupar 10
reajustar 10
realizar 19
realzar 19

reanimar 10
reanudar 10
reaparecer 34
rearmar 10
reavivar 10
rebajar 10
rebanar 10
rebañar 10
rebasar 10
rebatir 43
rebelarse 10
reblandecer 34
rebobinar 10
rebosar (de) 10
rebotar 10
rebozar 19
rebuscar 20
rebuznar 10
recabar 10
recaer 22
recalar 10
recalcar 20
recalentar 23
recapacitar 10
recapitular 10
recargar 12
recaudar 10
recetar 10
rechazar 19
rechinar 10
rechistar 10
recibir 43
reciclar 10
recitar 10
reclamar 10
recluir 70
reclutar 10
recobrar 10
recoger 28
recolectar 10
recomendar 25
recomenzar 25 (19)
recompensar 10
recomponer 94
reconciliar 10
reconcomerse 30

reconducir 32
reconfortar 10
reconocer 34
reconquistar 10
reconsiderar 10
reconstituir 70
reconstruir 36
reconvertir 111
recopilar 10
recordar 101
recorrer 18
recortar 10
recostarse 6
recrear 10
recriminar 10
rectificar 20
recubrir 1
recular 10
recuperar 10
recurrir 43
redactar 10
redimir 43
redistribuir 70
redoblar 10
redondear 10
reducir 32
redundar 10
reduplicar 20
reedificar 20
reeditar 10
reeducar 20
reelegir 53
reembolsar 10
reemplazar 19
reencarnar 10
reencontrar 56
reenganchar 10
reenviar 10
reestructurar 10
referirse (a) 111
refinar 10
reflejar 10
reflexionar 10
reforestar 10
reformar 10
reforzar 9

Índice alfabético de verbos

refreír (refrito) 102
refrenar 10
refrescar 20
refrigerar 10
refugiar 10
refulgir 114
refundir 43
refunfuñar 10
refutar 10
regalar 10
regañar 10
regar 25 (12)
regatear 10
regenerar 10
regentar 10
regir 90 (114)
registrar 10
reglamentar 10
reglar 10
regodearse (con) (en) . . 10
regresar 10
regular 10
regularizar 19
regurgitar 10
rehabilitar 10
rehacer 69
rehuir 70
rehusar 10
reimplantar 10
reimprimir 43
reinar 10
reincidir (en) 43
reincorporar 10
reiniciar 10
reinstalar 10
reintegrar 10
reír 102
reiterar 10
reivindicar 20
rejonear 10
rejuvenecer 34
relacionar 10
relajar 10
relamer 18
relampaguear **def.** 84
relatar 10

releer 75
relegar 12
relevar 10
relinchar 10
rellenar 10
relucir 34
relumbrar 10
remachar 10
remangarse 12
remansarse 10
remar 10
remarcar 20
rematar 10
remediar 10
rememorar 10
remendar 25
remitir 43
remojar 10
remolcar 20
remolonear 10
remontar 10
remover 81
remunerar 10
renacer 34
rendir 90
renegar 83
renombrar 10
renovar 9
renquear 10
rentar 10
renunciar (a) 10
reñir 90
reorganizar 19
repantingarse 12
reparar 10
repartir 43
repasar 103
repatriar 10
repeler 18
repercutir 43
repescar 20
repetir 104
repicar 20
repintar 10
repiquetear 10
replantar 10

replantear 10
replegar 25 (12)
replicar 20
repoblar 9
reponer 94
reportar 10
reposar 10
repostar 10
reprender 18
representar 10
reprimir 43
reprobar 98
reprochar 10
reproducir 32
reptar 10
repudiar 10
repugnar 10
requebrar 25
requemar 10
requerir 111
requisar 10
resabiar 10
resaltar 10
resarcir 78
resbalar 10
rescatar 10
rescindir 43
resecar 20
resentirse (de) (por) . . 111
reseñar 10
reservar 10
resfriarse 10
resguardar 10
residir 43
resignarse (a) 10
resistir 43
resolver (resuelto) . . 130
resonar 9
resoplar 10
respaldar 10
respetar 10
respingar 12
respirar 10
resplandecer 34
responder 18
resquebrajar 10

Índice alfabético de verbos

restablecer 34	rimar 10	santificar 20
restar 10	rivalizar 19	santiguarse 17
restaurar 10	rizar 19	saquear 10
restituir 70	**robar** 105	satirizar 19
restregar 25 (12)	robotizar 19	satisfacer 69
restringir 114	robustecer 34	saturar 10
resucitar 10	rociar 10	sazonar 10
resultar 10	rodar 9	secar 20
resumir 43	romanizar 19	seccionar 10
resurgir 114	romper (roto) 18	secuenciar 10
retar 10	roncar 20	secuestrar 10
retardar 116	rondar 10	secularizar 19
retener 118	ronronear 10	secundar 10
retirar 10	rotar 10	sedar 10
retocar 120	rotular 10	sedimentar 10
retorcer 26	roturar 10	seducir 32
retozar 19	rozar 19	segar 25 (12)
retractarse (de) 10	ruborizar 19	segmentar 10
retraer 123	rubricar 20	segregar 12
retransmitir 43	rugir 114	**seguir** 109
retrasar 10	rumbear 10	seleccionar 10
retratar 10	rumiar 10	sellar 10
retribuir 70		sembrar 25
retroceder 18		sensibilizar 19
retumbar 10	**S**	**sentarse** 110
reunir 43	saber 106	sentenciar 10
revalidar 10	sablear 10	**sentir** 111
revalorizar 19	saborear 10	señalar 10
revelar 10	sabotear 10	señalizar 19
revender 18	**sacar** 107	señorearse 10
reventar 25	saciar 10	separar 10
reverberar 10	sacrificar 20	sepultar 10
reverdecer 34	sacudir 43	**ser** 112
reverenciar 10	salar 10	serenar 10
revestir 127	**salir** 108	sermonear 10
revisar 10	salpicar 20	serpentear 10
revitalizar 19	salpimentar 25	serrar 25
revivir 129	saltar 10	**servir** 113
revocar 20	saltear 10	sesgar 12
revolcar 9 (20)	saludar 10	significar 20
revolotear 10	salvaguardar 10	silabear 10
revolucionar 10	salvar 10	silbar 10
revolver 130	sanar 10	silenciar 10
rezar 19	sancionar 10	simbolizar 19
ridiculizar 19	sanear 10	simpatizar 19
rifar 10	sangrar 10	simplificar 20

Índice alfabético de verbos

simular 10	solventar 10	suicidarse 10
simultanear 10	sombrear 10	sujetar 10
sincerarse (con) 10	someter 80	sumar 10
sincronizar 19	sonar 9	**sumergir** 114
sintetizar 19	sondar 10	suministrar 10
sintonizar 19	sondear 10	sumir 43
sisar 10	sonorizar 19	supeditar 10
sistematizar 19	sonreír 102	superar 10
sitiar 10	sonrojar 10	superponer 94
situar 10	sonsacar 107	supervisar 10
sobar 10	soñar (con) 9	suplantar 10
sobornar 10	sopesar 10	suplicar 20
sobrar 10	soplar 10	suplir 43
sobrealimentar 10	soportar 10	suprimir 43
sobrecargar 12	sorber 18	supurar 10
sobrecoger 28	sorprender 18	surcar 20
sobreentender 59	sortear 10	surgir 114
sobrellevar 10	sosegar 25	surtir **def.** 35
sobrepasar 103	sospechar 10	suscitar 10
sobreponer 94	sostener 118	suscribir 63
sobresalir 108	soterrar 10	suspender 18
sobresaltarse 10	suavizar 19	suspirar 10
sobrescribir 63	subarrendar 25	sustantivar 10
sobrevenir 125	subastar 10	sustentar 10
sobrevivir 129	subdividir 43	**sustituir** 115
sobrevolar 9	subestimar 10	sustraer 123
sobrexcitar 10	subir 43	susurrar 10
socavar 10	sublevar 10	suturar 10
socializar 19	sublimar 10	
socorrer 18	subordinar 10	**T**
sofisticar 20	subrayar 10	
sofocar 20	subrogar 12	tabular 10
sofreír (sofrito) 102	subsanar 10	tacañear 10
solapar 10	subsistir 43	tachar 10
soldar 9	subvencionar 10	taconear 10
solar 9	subyugar 12	taladrar 10
soler[1] **def.** 81	succionar 10	talar 10
solicitar 10	suceder **def.** 18, 35	tallar 10
solidarizar 19	sucumbir 43	tambalear 10
solidificar 20	sudar 10	tamborilear 10
soliviantar 10	sufragar 12	tamizar 19
sollozar 19	sufrir 43	tantear 10
soltar 9	sugerir 111	tapar 10
solucionar 10	sugestionar 10	tapiar 10

[1] Carece de formas de futuro, condicional e imperativo.

Índice alfabético de verbos

tapizar	19
taponar	10
taquigrafiar	10
tararear	10
tardar	116
tartamudear	10
tasar	10
tatuar	10
teatralizar	19
techar	10
teclear	10
tejer	18
telefonear	10
telegrafiar	10
televisar	10
temblar	117
temer	18
templar	10
temporalizar	19
tender	16
tener	118
tensar	10
tentar	25
teñir*	90
teorizar	19
terciar	10
tergiversar	10
terminar	119
testar	10
testificar	20
testimoniar	10
tildar	10
timar	10
tintinear	10
tipificar	20
tiranizar	19
tirar	10
tiritar	10
tirotear	10
titubear	10
tiznar	10
tocar	120
tolerar	10
tomar	10
tonificar	20
tontear (con)	10
topar (con)	10
toquetear	10
torcer	26
torear	10
tornar	10
torpedear	10
torrar	10
torturar	10
toser	18
tostar	9
trabajar	121
trabar	10
traducir	122
traer	123
traficar	20
tragar	12
traicionar	10
trajinar	10
tramar	10
tramitar	10
trampear	10
trancar	20
tranquilizar	19
transbordar	10
transcribir	63
transcurrir def.	35
transferir	111
transfigurar	10
transformar	10
transgredir	43
transigir	114
transitar	10
transmitir	43
transparentarse	10
transpirar	10
transponer	94
transportar	10
transvasar	10
trapichear	10
traquetear	10
trasbordar	10
trascender	55
trasladar	10
trasnochar	10
traspapelarse	10
traspasar	103
trasplantar	10
trastornar	10
trastocar	120
trasvasar	10
traumatizar	19
travestirse	127
trazar	19
trenzar	19
trepar	10
tributar	10
trillar	10
trinar	10
trincar	20
trinchar	10
triplicar	20
triptongar	12
tripular	10
triturar	10
triunfar	10
trivializar	19
trocar	20
trocear	10
tronar def.	9, 84
tronchar	10
tropezar	25 (19)
trotar	10
truncar	20
tumbar	10
turbar	10
turnarse	10
tutear	10
tutelar	10

U

ubicar	20
ultimar	10
ultrajar	10
ulular	84
unificar	20
uniformar	10
unir	43
universalizar	19
untar	10
urbanizar	19
urdir	43

Índice alfabético de verbos

usar 10
usurpar 10
utilizar 19

V

vaciar 10
vacilar 10
vacunar 10
vadear 10
vagabundear 10
vagar 12
vaguear 10
valer 124
validar 10
vallar 10
valorar 10
valorizar 19
vanagloriarse (de) 10
vaporizar 19
vapulear 10
varar **def.** 10, 35
varear 10
variar 10
vaticinar 10
vedar 10
vegetar 10
vejar 10
velar 10
vencer 78
vendar 10
vender 18
vendimiar 10
venerar 10

vengar 12
venir 125
ventilar 10
ver 126
veranear 10
verdear 10
verificar 20
versar **def.** (acerca de)
(sobre) 10, 35
versificar 20
verter 16
vestir 127
vetar 10
viajar 128
salir 108
vibrar 10
vigilar 10
vincular 10
violar 10
violentar 10
virar 10
visitar 10
vislumbrar 10
visualizar 19
vitorear 10
vituperar 10
vivaquear 10
vivir 129
vocalizar 19
vocear 10
vociferar 10
volar 9
volatilizar 19

volcar 9 (20)
voltear 10
volver 130
vomitar 10
vosear 10
votar 10
vulgarizar 19
vulnerar 10

X

xerografiar 10

Y

yacer 34
yuxtaponer 94

Z

zafarse (de) 10
zambullir* 43
zampar 10
zanganear 10
zanjar 10
zapatear 10
zapear 10
zarandear 10
zarpar 10
zigzaguear 10
zozobrar 10
zumbar 10
zurcir 78
zurrar 10

Soluciones

Soluciones

PRÁCTICA 1

1. 1. ellos /-as / ustedes; 2. nosotros /-as; 3. yo; 4. él /ella / usted; 5. yo; 6. vosotros /-as; 7. ellos /-as / ustedes; 8. yo; 9. vosotros /-as; 10. tú; 11. ellos /-as / ustedes; 12. vosotros /-as; 13. nosotros /-as; 14. tú; 15. él / ella / usted; 16. ellos /-as / ustedes; 17. él / ella / usted; 18. ellos /-as / ustedes; 19. nosotros /-as; 20. tú.

2. 1. luchamos; 2. levantamos; 3. toca; 4. abren; 5. besáis; 6. soplan; 7. escribís; 8. insulta; 9. sudas; 10. comprendo; 11. laváis; 12. ayudo; 13. aplaudís; 14. veo; 15. coses.

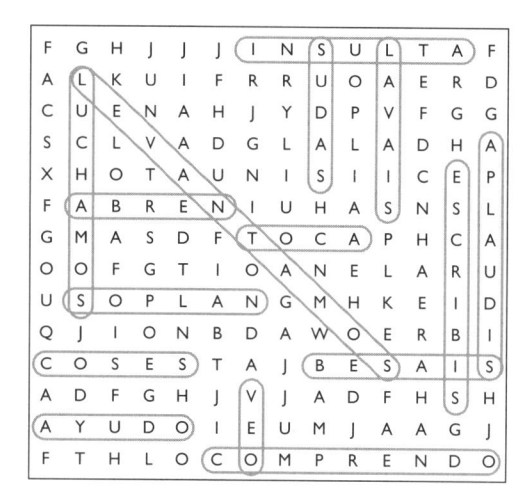

```
F G H J J I N S U L T A F
A L K U I F R R U O A E R D
C U E N A H J Y D P V F G G
S C L V A D G L A L A D H A
X H O T A U N I S I I C E P
F A B R E N I U H A S N S L
G M A S D F T O C A P H C A
O O F G T I O A N E L A R U
U S O P L A N G M H K E I D
Q J I O N B D A W O E R B I
C O S E S T A J B E S A I S
A D F G H J V J A D F H S H
A Y U D O I E U M J A A G J
F T H L O C O M P R E N D O
```

3. 1. hago; 2. salgo; 3. digo; 4. quepo; 5. pongo; 6. vengo; 7. doy; 8. traigo; 9. tengo; 10. oigo; 11. caigo; 12. voy; 13. soy; 14. estoy; 15. sé.

4. 1. hacer; 2. salir; 3. decir; 4. caber; 5. poner; 6. venir; 7. dar; 8. traer; 9. tener; 10. oír; 11. caer; 12. ir; 13. ser; 14. estar; 15. saber.

5. 1. pongo; 2. traigo; 3. voy; 4. digo; 5. Estoy; 6. tengo; 7. sé; 8. Vengo.

6. CAER: caigo, cae, caemos; CABER: quepo, cabes, cabe, cabéis; OÍR: oigo, oyes, oímos, oís; DAR: doy, das, dais; HACER: hago, hacéis, hacen; SALIR: salgo, sale, salimos, salen.

PRÁCTICA 2

1. 1. muerdo; 2. cierran; 3. empiezas; 4. despierta; 5. vuelven; 6. mienten; 7. sueñas; 8. meriendo; 9. enciende; 10. nieva; 11. duelen; 12. pierdes; 13. calientas; 14. prueba; 15. cuento; 16. duermen; 17. encuentro; 18. vuelas; 19. prefieren; 20. tiemblo; 21. truena; 22. mueres; 23. siente; 24. resuelven; 25. consienten; 26. defiendo; 27. vierte; 28. hieren.

2. 1. muerda; 2. cierren; 3. empieces; 4. despierte; 5. vuelvan; 6. mientan; 7. sueñes; 8. meriende; 9. encienda; 10. nieve; 11. duelan; 12. pierdas; 13. calientes; 14. pruebe; 15. cuente; 16. duerman; 17. encuentre; 18. vueles; 19. prefieran; 20. tiemble; 21. truene; 22. mueras; 23. sienta; 24. resuelvan; 25. consientan; 26. defienda; 27. vierta; 28. hieran.

3. 1. usted; 2. vosotros /-as; 3. tú; 4. ustedes; 5. nosotros /-as; 6. tú; 7. tú; 8. nosotros /-as; 9. tú; 10. ustedes; 11. ustedes; 12. tú; 13. usted; 14. usted; 15. vosotros /-as; 16. tú; 17. vosotros /-as; 18. ustedes.

4. 1. cuento; 2. sobrevuela; 3. nos acordamos; 4. cuelga; 5. se sientan; 6. meriendan; 7. perdéis; 8. tiende; 9. muerde; 10. gobierna; 11. atravesamos; 12. vuelan; 13. envuelve; 14. se siente;

15. se divierten; 16. miente; 17. muere; 18. consiento.

PRÁCTICA 3

1. Regulares: subir, repartir, abrir, insistir, confundir.
   Irregularidad e > i: pedir, repetir, teñir, reír, medir.

2. REÑIR: riño, riñes, riñe, reñimos, reñís, riñen; REPETIR: repito, repites, repite, repetimos, repetís, repiten; SERVIR: sirvo, sirves, sirve, servimos, servís, sirven.

3. 1. conozco; 2. deduzco; 3. ofrezco; 4. seduzco; 5. merezco; 6. conduzco; 7. nazco; 8. traduzco.

4. CONOCER: conozco, conoces, conoce, conocéis; OFRECER: ofrezco, ofrece, ofrecemos, ofrecen; SEDUCIR: seduzco, seduces, seducimos, seducís; NACER: nazco, naces, nacemos, nacéis, nacen.

5. 1. huyo; 2. construimos; 3. instruís; 4. concluyo; 5. destruyen; 6. distribuye; 7. intuyes; 8. disminuís; 9. concluís; 10. huyes; 11. construyo; 12. instruyes; 13. disminuyen; 14. destruimos; 15. distribuyen; 16. intuimos.

6. CONCLUIR: concluyo, concluyes, concluye, concluimos, concluís, concluyen; DISMINUIR: disminuyo, disminuyes, disminuye, disminuimos, disminuís, disminuyen; HUIR: huyo, huyes, huye, huimos, huís, huyen; INTUIR: intuyo, intuyes, intuye, intuimos, intuís, intuyen.

7. 1. destruyen; 2. pide; 3. se tiñe; 4. intuyes; 5. conozco; 6. concluís; 7. ofrezco; 8. se viste; 9. nos divertimos; 10. seduce; 11. mide; 12. riñe; 13. aborrezco; 14. se visten; 15. construyen; 16. merezco; 17. repiten; 18. nacen; 19. sirven; 20. pides.

8. 1. 1.ª persona irregular; 2. o > ue; 3. c > zc; 4. e > ie; 5. e > i; 6. -uir.

PRÁCTICA 4

1. reparte / no repartas; 2. coloreemos / no coloreemos; 3. esconda / no esconda; 4. discurrid / no discurráis; 5. dispare / no dispare; 6. frena / no frenes; 7. aliñad / no aliñéis; 8. crean / no crean; 9. saltad / no saltéis; 10. limpien / no limpien; 11. hunde / no hundas; 12. cosamos / no cosamos; 13. parta / no parta; 14. aplaudid / no aplaudáis.

2. 1. haz; 2. pon; 3. di; 4. ve; 5. ten; 6. sal; 7. ven; 8. da; 9. oye; 10. sé.

3. 1. tú; 2. usted; 3. vosotros /-as; 4. nosotros /-as; 5. usted; 6. vosotros /-as; 7. ustedes; 8. tú; 9. tú; 10. nosotros /-as; 11. tú; 12. vosotros /-as; 13. ustedes; 14. vosotros /-as; 15. ustedes; 16. nosotros /-as.

4. 1. huela; 2. disienta; 3. mueva; 4. merienden; 5. duerma; 6. recuerde; 7. vierta; 8. sueñe; 9. vuelvan; 10. adquiera; 11. cuelguen; 12. apriete; 13. siembre; 14. suenen; 15. tiendan; 16. piense.

Soluciones

5. MEDIR: mida, medid, midan; MORIR: muere, muramos, morid; REÍR: ríe, ría, riamos; MERECER: merezcamos, mereced, merezcan; SERVIR: sirvamos, servid, sirvan; OFRECER: ofrece, ofrezca, ofrezcan; DORMIR: duerma, dormid, duerman; TRADUCIR: traduzca, traduzcamos, traduzcan.

6. 1. haz, haga; 2. ven, venid, vengan; 3. ten, tengan; 4. sal, salga, salid; 5. oye, oíd, oigan; 6. pon, ponga, poned; 7. di, decid, digan; 8. da, dé, dad; 9. sé, sea, sean; 10. ten, tenga, tened.

7. 1. tengamos, 2. poned; 3. vengamos; 4. haz; 5. vayan; 6. demos; 7. decid; 8. ten; 9. vengan; 10. tened; 11. sal; 12. oigamos; 13. ve; 14. salgan.

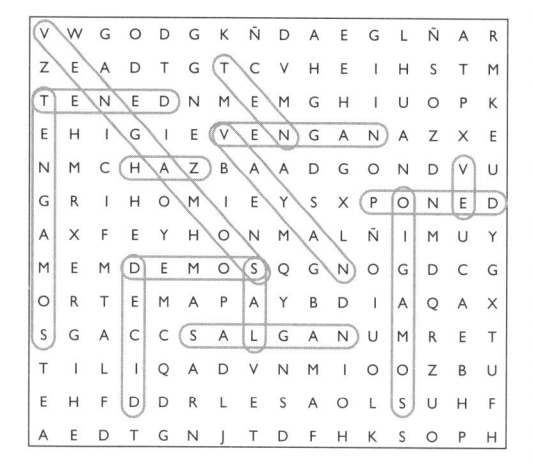

8. haz; entre; sal; id; salid; adivine; pon; nadad; oíd; ría.

PRÁCTICA 5

1. 1. atraviese; 2. envuelva; 3. quieran; 4. pruebes; 5. llueva; 6. empiece; 7. adquieras; 8. muerdan; 9. vuele; 10. friegue; 11. viertas; 12. cuenten; 13. acierte; 14. comiencen; 15. huelan; 16. suene; 17. meriendes; 18. prefieras; 19. mueva; 20. despiertes.

2. 1. nosotros /-as, vosotros /-as; 2. yo, tú, él / ella / usted, ellos /-as / ustedes; 3. yo, tú, él / ella / usted, ellos /-as / ustedes; 4. nosotros /-as, vosotros /-as; 5. yo, tú, él / ella / usted, ellos /-as / ustedes; 6. nosotros /-as, vosotros /-as; 7. nosotros /-as, vosotros /-as; 8. yo, tú, él / ella / usted, ellos /-as / ustedes.

3. 1. venir; 2. estar; 3. ir; 4. saber; 5. dar; 6. hacer; 7. haber; 8. caber.

4. REPETIR: repita, repitas, repita, repitamos, repitáis, repitan; SERVIR: sirva, sirvas, sirva, sirvamos, sirváis, sirvan; CONOCER: conozca, conozcas, conozca, conozcamos, conozcáis, conozcan; CONSTRUIR: construya, construyas, construya, construyamos, construyáis, construyan; DEDUCIR: deduzca, deduzcas, deduzca, deduzcamos, deduzcáis, deduzcan; HUIR: huya, huyas, huya, huyamos, huyáis, huyan; INTUIR: intuya, intuyas, intuya, intuyamos, intuyáis, intuyan; PRODUCIR: produzca, produzcas, produzca, produzcamos, produzcáis, produzcan.

5. 1. haga; 2. salga; 3. diga; 4. ponga; 5. venga; 6. tenga; 7. caiga; 8. traiga; 9. oiga; 10. vea.

Soluciones

4. 1. acunabais; 2. soplábamos; 3. eran; 4. mecía; 5. abanicabas; 6. barrías; 7. lloraban; 8. íbamos; 9. erais; 10. seguíais.

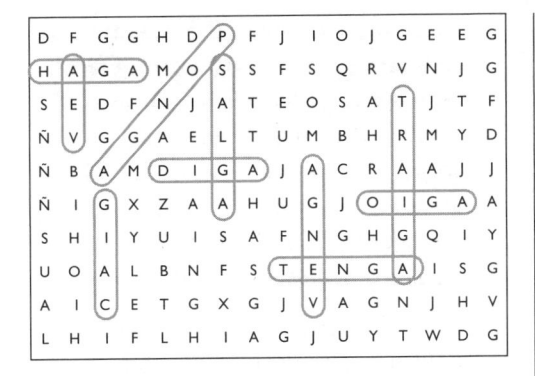

6. 1. hagamos (1.ª p. pl.); 2. hayas (2.ª p. sg.); 3. des (2.ª p. sg.); 4. digáis (2.ª p. pl.); 5. deis (2.ª p. pl.); 6. pongamos (1.ª p. pl.); 7. salgan (3.ª p. pl.); 8. oiga (1.ª, 3.ª p. sg.); 9. leáis (2.ª p. pl.); 10. veas (2.ª p. sg.); 11. caigamos (1.ª p. pl.); 12. gasten (3.ª p. pl.); 13. vayan (3.ª p. pl.); 14. salgáis (2.ª p. pl.); 15. estemos (1.ª p. pl.); 16. hagas (2.ª p. sg.).

7. 1. pidamos; 2. llueva; 3. prefieras; 4. muráis; 5. sirvan; 6. construyamos; 7. traduzca; 8. mida; 9. sueñe; 10. quieran.

8. 1. habla (no es subjuntivo); 2. lavéis (es 2.ª p. plural); 3. caliente (es irregular).

PRÁCTICA 6

1. 1. nosotros /-as; 2. vosotros /-as; 3. tú; 4. ellos /-as / ustedes; 5. ellos/-as / ustedes; 6. nosotros /-as; 7. nosotros /-as; 8. tú; 9. nosotros /-as; 10. vosotros /-as; 11. tú; 12. nosotros /-as; 13. yo, él / ella / usted; 14. tú; 15. vosotros /-as; 16. ellos /-as / ustedes.

2. SER: era, era, éramos, erais, eran; IR: iba, ibas, íbamos, ibais, iban.

3. 3. bebían; 6. recogíamos; 8. corrían; 10. tosías.

PRÁCTICA 7

1. 1. futuro; 2. condicional; 3. pretérito imperfecto; 4. condicional; 5. futuro; 6. condicional; 7. pretérito imperfecto; 8. futuro; 9. futuro; 10. pretérito imperfecto; 11. condicional; 12. futuro; 13. pretérito imperfecto; 14. futuro; 15. condicional; 16. pretérito imperfecto; 17. condicional; 18. futuro; 19. condicional; 20. futuro.

2. 1. hacer; 2. decir; 3. poner; 4. caber; 5. poder; 6. saber; 7. tener; 8. querer; 9. salir; 10. venir; 11. haber.

3. 1. saldré; 3. tendrás; 7. dirá; 9. haréis.

4. 1. saldría; 2. vendría; 3. dirá; 4. llegarán; 5. planchará; 6. habrá; 7. compraría; 8. cabremos; 9. vendrían; 10. podríais.

5. 1. tú; 2. yo; 3. tú; 4. nosotros /-as; 5. nosotros /-as; 6. vosotros /-as; 7. yo, él / ella / usted; 8. él / ella / usted; 9. ellos /-as / ustedes; 10. vosotros /-as; 11. vosotros /-as; 12. yo; 13. ellos /-as / ustedes; 14. nosotros /-as.

PRÁCTICA 8

1. 1. caber; 2. venir; 3. estar; 4. decir; 5. poder; 6. hacer; 7. poner; 8. querer; 9. saber; 10. haber.

2. HACER: hice, hiciste, hicimos, hicisteis; DECIR: dijiste, dijo, dijisteis, dijeron; PODER: pudiste, pudo, pudisteis, pudieron; PONER: puse, pusiste, pusisteis, pusieron; TENER: tuviste, tuvo, tuvisteis, tuvieron; SABER: supe, supo, supimos, supieron; QUERER: quise, quisiste, quisimos, quisieron; SER / IR: fui, fuiste, fuimos, fuisteis.

3. 1. dormí; 2. hicieron; 3. murieron; 4. repitió; 5. vestisteis; 6. anduvo; 7. oyó; 8. traje; 9. trajeron; 10. fue; 11. supimos; 12. hubo; 13. estuve; 14. traduje; 15. hizo; 16. siguió; 17. rió; 18. vio; 19. vine; 20. cupo; 21. vi; 22. vino; 23. disteis; 24. siguieron; 25. reí; 26. supo; 27. quiso; 28. tradujeron; 29. cayó; 30. puse.

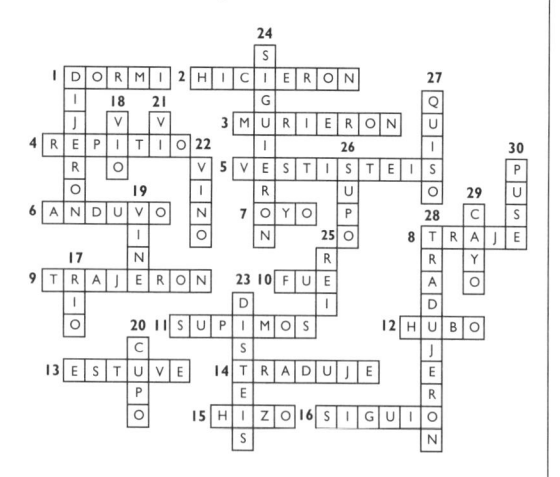

4. PEDIR: pedí, pidió, pedisteis, pidieron; REPETIR: repetí, repitió, repetisteis, repitieron; MEDIR: medí, mediste, medimos, midieron; VESTIR: vistió, vestimos, vestisteis, vistieron; SERVIR: serví, sirvió, servisteis, sirvieron; DORMIR: dormiste, durmió, dormimos, dormisteis; CORREGIR: corrigió, corregimos, corregisteis, corrigieron; SEGUIR: seguiste, seguimos, seguisteis, siguieron.

5. 1. hice / tuve; 2. vinieron; 3. pudieron; 4. trajo; 5. durmió; 6. mintieron; 7. murió; 8. condujo; 9. se cayó; 10. pidieron; 11. tradujiste; 12. huyeron; 13. siguieron; 14. construyó; 15. repitió; 16. despidió; 17. corrigió; 18. sintieron; 19. consiguieron; 20. me vestí; 21. preferiste; 22. se divirtieron; 23. quiso; 24. oyó; 25. leyeron; 26. durmieron.

6. 1. perdimos; 2. hirió; 3. conseguisteis; 4. despidió; 5. elegiste; 6. repitieron; 7. impidió; 8. dormiste; 9. reñí; 10. vistió; 11. sonreísteis; 12. consintieron; 13. servimos; 14. midió; 15. serví; 16. durmió; 17. consiguieron; 18. reí; 19. mediste; 20. riñó; 21. eligieron; 22. dormí; 23. murieron; 24. perseguimos; 25. sentiste; 26. despidieron; 27. consentí; 28. morimos; 29. seguí; divertisteis.

7. 1. irregularidad total; 2. regulares; 3. 3.ª persona del singular; 4. irregularidad vocálica e > i y o > u; 5. irregularidad i > y.

PRÁCTICA 9

1. REGALAR: regalaras / regalases, regalara / regalase, regaláramos / regalásemos, regalarais / regalaseis, regalaran / regalasen; CORRER: corrieras / corrieses, corriera / corriese, corriéramos /

corriésemos, corrierais / corrieseis, corrieran / corriesen; SUBIR: subieras / subieses, subiera / subiese, subiéramos / subiésemos, subierais / subieseis, subieran / subiesen.

2. 1. vosotros /-as; 2. ellos /-as / ustedes; 3. vosotros /-as; 4. yo, él / ella / usted; 5. tú; 6. nosotros /-as; 7. yo, él / ella / usted; 8. vosotros /-as; 9. vosotros /-as; 10. tú; 11. ellos /-as / ustedes; 12. yo, él / ella / usted; 13. ellos /-as / ustedes; 14. nosotros /-as; 15. ellos /-as / ustedes; 16. yo, él / ella / usted; 17. nosotros /-as; 18. nosotros /-as.

3. 1. dijéramos / dijésemos, dijerais / dijeseis, dijeran / dijesen; 2. estuviéramos / estuviésemos, estuvierais / estuvieseis, estuvieran / estuviesen; 3. diéramos / diésemos, dierais / dieseis, dieran / diesen; 4. hiciéramos / hiciésemos, hicierais / hicieseis, hicieran / hiciesen; 5. viniéramos / viniésemos, vinierais / vinieseis, vinieran / viniesen; 6. quisiéramos / quisiésemos, quisierais / quisieseis, quisieran / quisiesen; 7. pudiéramos / pudiésemos, pudierais / pudieseis, pudieran / pudiesen; 8. supiéramos / supiésemos, supierais / supieseis, supieran / supiesen; 9. sirviéramos / sirviésemos, sirvierais / sirvieseis, sirvieran / sirviesen; 10. pusiéramos / pusiésemos, pusierais / pusieseis, pusieran / pusiesen; 11. viéramos / viésemos, vierais / vieseis, vieran / viesen; 12. tuviéramos / tuviésemos, tuvierais / tuvieseis, tuvieran / tuviesen; 13. huyéramos / huyésemos, huyerais / huyeseis, huyeran / huyesen; 14. cayéramos / cayésemos, cayerais / cayeseis, cayeran / cayesen; 15. durmiéramos / durmiésemos, durmierais / durmieseis, durmieran / durmiesen; 16. fuéramos / fuésemos, fuerais / fueseis, fueran / fuesen.

4. 1. produjesen; 3. pusieras; 4. cayeseis; 7. oyesen; 9. tradujese; 11. mintieran; 13. midiésemos.

PRÁCTICA 10

1. 1. aconsejando; 2. resistiendo; 3. ventilando; 4. respondiendo; 5. almorzando; 6. subiendo; 7. cosiendo; 8. rezando; 9. debatiendo; 10. luchando.

2. 1. durmiendo; 2. sirviendo; 3. cayendo; 4. siguiendo; 5. destruyendo; 6. riendo; 7. muriendo; 8. eligiendo; 9. oyendo; 10. corrigiendo.

3. 1. exigiendo; 2. resistiendo; 3. sorprendiendo.

4. 1. robando; 2. durmiendo; 3. tiritando; 4. diluviando; 5. rindiendo; 6. construyendo; 7. cayendo; 8. murmurando; 9. riendo; 10. leyendo.

PRÁCTICA 11

1. REMAR: has remado, hemos remado, habéis remado; RESISTIR: he resistido, ha resistido, hemos resistido, habéis resistido.

2. 1. romper; 2. escribir; 3. volver; 4. poner; 5. abrir; 6. descubrir; 7. hacer; 8. ver; 9. decir; 10. resolver; 11. cubrir; 12. morir.

3. 1. ha devuelto; 2. se ha estropeado; 3. han abierto; 4. han resuelto; 5. hemos vuelto; 6. ha roto; 7. me he puesto; 8. ha descubierto; 9. habéis visto; 10. he hecho.

Soluciones

4. LLEGAR: Yo haya llegado. Tú hayas llegado. Él haya llegado. Nosotros hayamos llegado. Vosotros hayáis llegado. Ellos hayan llegado. CRECER: Yo haya crecido. Tú hayas crecido. Él haya crecido. Nosotros hayamos crecido. Vosotros hayáis crecido. Ellos hayan crecido.

5. 1. hayan hecho 2. hayáis resuelto 3. haya dicho 4. hayáis vuelto 5. hayas abierto 6. hayas puesto 7. haya disuelto 8. hayas visto 9. hayáis roto 10. se hayan muerto.